Joachim Kuwert · Michael Erdbrügger

Privat-Haftpflichtversicherung

Leitfaden durch die Besonderen Bedingungen und Risikobeschreibungen

Zweite, vollständig überarbeitete und erweiterte Auflage

CIP-Kurztitelaufnahme der Deutschen Bibliothek

Kuwert, Joachim:
Privat-Haftpflichtversicherung: Leitfaden durch die
Besonderen Bedingungen und Risikobeschreibungen /
Joachim Kuwert; Michael Erdbrügger. – 2., vollst.
überarb. u. erw. Aufl. – Wiesbaden: Gabler, 1990

ISBN 978-3-322-91121-6   ISBN 978-3-322-91120-9 (eBook)
DOI 10.1007/978-3-322-91120-9
NE: Erdbrügger, Michael:

Es haben bearbeitet:

Joachim Kuwert
Kapitel 1, 2, 4, 5 und 7

Michael Erdbrügger
Kapitel 3 und 6

Der Gabler Verlag ist ein Unternehmen der Verlagsgruppe Bertelsmann International.

1. Auflage 1984
2. vollständig überarbeitete und erweiterte Auflage 1990

© Betriebswirtschaftlicher Verlag Dr. Th. Gabler GmbH, Wiesbaden 1990
Softcover reprint of the hardcover 2nd edition 1990

Lektorat: Hans-Ulrich Bauer

Das Werk einschließlich aller seiner Teile ist urheberrechtlich
geschützt. Jede Verwertung außerhalb der engen Grenzen des Ur-
heberrechtsgesetzes ist ohne Zustimmung des Verlags unzulässig
und strafbar. Das gilt insbesondere für Vervielfältigungen, Über-
setzungen, Mikroverfilmungen und die Einspeicherung und Verar-
beitung in elektronischen Sysytemen.

Satz: SATZPUNKT Ursula Ewert, Braunschweig

ISBN 978-3-322-91121-6

Vorwort

Von der Anzahl der versicherten Risiken her spielt die Privathaftpflichtversicherung innerhalb des Versicherungszweiges der Allgemeinen Haftpflichtversicherung die größte Rolle. Der Versicherungsschutz regelt sich nach den gesetzlichen Bestimmungen und den Allgemeinen Versicherungsbedingungen für die Haftpflichtversicherung. Dieses Bedingungswerk gilt für den gesamten weiten Haftpflichtbereich und ist deshalb sehr allgemein abgefaßt.

Um den speziellen Risikoverhältnissen in der Privathaftpflichtversicherung Rechnung zu tragen, gibt es Besondere Bedingungen und Risikobeschreibungen (BBR) für die Privathaftpflichtversicherung, die einen auf dieses Risiko abgestimmten Versicherungsschutz festlegen.

Mit der vorliegenden Auslegung der BBR für die Privathaftpflichtversicherung ist der Versuch unternommen worden, aus der Praxis im Betriebs- und Schadenbereich heraus die Handhabung dieser die AHB ergänzenden bzw. abändernden Bedingungen zu erleichtern. Die äußere Form wurde bewußt so gewählt, daß dieses auch zugleich als Nachschlagewerk wie auch zu Schulungs- und Einarbeitungszwecken genutzt werden kann.

Dortmund, im März 1984 *Joachim Kuwert*
Michael Erdbrügger

Vorwort zur 2. Auflage

Die vergriffene Vorauflage machte eine im Hinblick auf fortgeschrittene Rechtsprechung und Literatur überarbeitete und ergänzte Neuauflage erforderlich.

An der Zielsetzung, die sich aus dem Vorwort zur 1. Auflage ergibt, hat sich nichts geändert. Bei der äußeren Form wurde das Randnummernsystem, das sich durchgängig in der Praxis bewährt hat, eingeführt und über das Stichwortverzeichnis verwendbar gemacht. Außerdem wurden die Rechtsprechungs- und Literaturzitate in den laufenden Text eingearbeitet. Bewußt wurde die zum Teil wörtliche Wiedergabe von Entscheidungsgründen beibehalten, um dem Benutzer die Auffassung des Gerichts zu elementaren Fragen besonders deutlich vor Augen zu führen. Insoweit ist eine Verbindung zwischen einem lehrbuchartigen Leitfaden und dem amerikanischen case-book geschaffen worden.

Literatur und Entscheidungen konnten bis Mitte 1989, in Einzelfällen auch später, berücksichtigt werden.

Für Anregung und Kritik sind wir – wie nach der ersten Auflage – dankbar.

Dortmund, im Juni 1990 *Joachim Kuwert*
Michael Erdbrügger

Inhalt

Abkürzungen	9
Besondere Bedingungen und Risikobeschreibungen (BBR) – Text –	11
0. Einleitung	19
1. Rechtliche Stellung der BBR	21
1.1. Zivilrechtliche Bedeutung der Versicherungsbedingungen	22
1.1.1. Entstehung	22
1.1.2. Inhalt und Anwendung	23
1.1.3. Geltung, Vereinbarung und Rangordnung	23
1.1.4. Auslegung und Lückenfüllung	25
1.1.5. Revisibilität	26
1.2. Aufsichtsrechtliche Bedeutung der Versicherungsbedingungen	27
1.2.1. Entstehungsvorgang	27
1.2.2. Genehmigungsverfahren	27
1.2.3. Möglichkeit der Änderung	28
1.2.4. Beifügung	29
2. Wirtschaftliche und soziale Bedeutung der Privathaftpflichtversicherung und ihre Stellung innerhalb der Allgemeinen Haftpflichtversicherung	31
3. Versicherte Risiken	37
3.1.. Gesetzliche Haftpflicht des Versicherungsnehmers	37
3.2. Positive Vertragsverletzung	38
3.3. Culpa in contrahendo	39
3.4. Zusammenfassung der gesetzlichen Haftpflichtansprüche	40
3.5. Versicherungsnehmer als Privatperson bei Gefahren des täglichen Lebens	41
3.5.1. Abgrenzung zu Betrieb und Beruf	41
3.5.2. Dienst	74
3.5.3. Amt/Ehrenamt	75
3.5.4. Verantwortliche Betätigung in Vereinigungen	75
3.6. Ungewöhnliche und gefährliche Beschäftigung	76
3.7. Heimwerkertätigkeit	90
3.8. Schwarzarbeit	91
3.9. Besondere Haftpflichtgefahren	92
3.9.1. Wohnungsinhaber/-eigentümer	92
3.9.2. Sondereigentum	94

3.9.3.	Bauherrenrisiko	95
3.9.4.	Radfahrer	96
3.9.5.	Ausübung von Sport	96
3.9.6.	Waffenbesitz	97
3.9.7.	Reiter	99
3.9.8.	Haustierhaltung	100

4. Versicherter Personenkreis ... 103
4.1.	Versicherungsnehmer	108
4.2.	Ehegatte	109
4.3.	Kinder	113
4.4.	Hausangestellte	120

5. Erweiterung des Versicherungsschutzes gegenüber den AHB ... 127
5.1.	Abwässerschäden	127
5.2.	Auslandsschäden	129
5.3.	Mietsachschäden	131
5.4.	Vermögensschäden	138
5.5.	Gewässerschäden	143

6. Nicht versicherte Risiken ... 153
6.1.	Benzinklausel	153
6.1.1.	Flugmodelle/Wassersportfahrzeuge	157
6.1.2.	Modellfahrzeuge	157
6.2.	Vorschriftswidriger Umgang mit brennbaren oder explosiblen Stoffen	158
6.3.	Baumfällen	161

7. Tabellarische Übersicht ... 163

Schrifttum ... 169

Stichwortverzeichnis ... 171

Abkürzungen

a. a. O.	am angegebenen Ort
Abs.	Absatz
a. F.	alte Fassung
AGB	Allgemeine Geschäftsbedingungen
AHB	Allgemeine Versicherungsbedingungen für die Haftpflichtversicherung
AKB	Allgemeine Versicherungsbedingungen für die Kraftfahrtversicherung
Anm.	Anmerkung
BAG	Bundesarbeitsgericht
BAV	Bundesaufsichtsamt für das Versicherungswesen
BB	Der Betriebsberater (Jahrgang, Seite)
BBR	Besondere Bedingungen und Risikobeschreibungen
BG	Berufsgenossenschaft
BGB	Bürgerliches Gesetzbuch
BGH	Bundesgerichtshof
BGHZ	Entscheidungen des BGH in Zivilsachen
BSG	Bundessozialgericht
BVB	Besondere Versicherungsbedingungen
c. i. c.	culpa in contrahendo
GE	Geschäftsplanmäßige Erklärung der Versicherer gegenüber dem BAV
GG	Grundgesetz
HUK-Verband	Verband der Haftpflichtversicherer, Unfallversicherer, Autoversicherer und Rechtsschutzversicherer e. V.
i. d. R.	in der Regel
JWG	Jugendwohlfahrtsgesetz
KG	Kammergericht Berlin
LG	Landgericht
Luft VG	Luftverkehrsgesetz
MDR	Monatsschrift für Deutsches Recht (Jahrgang, Seite)
n. F.	neue Fassung
NJW	Neue Juristische Wochenschrift (Jahrgang, Seite)
ÖOGH	Österreichischer Oberster Gerichtshof
OLG	Oberlandesgericht
PflVG	Pflichtversicherungsgesetz
PHV	Privathaftpflichtversicherung
pVV	Positive Vertragsverletzung
Rdnr.	Randnummer
RG	Reichsgericht
RGZ	Amtliche Sammlung der Entscheidungen des Reichsgerichts (Band, Seite)
RHG	Reichshaftpflichtgesetz

Rspr.	Rechtsprechung
RVO	Reichsversicherungsordnung
StVG	Straßenverkehrsgesetz
StVZO	Straßenverkehrszulassungsordnung
VAG	Versicherungsaufsichtsgesetz
VerBAV	Veröffentlichungen des Bundesaufsichtsamtes für das Versicherungswesen (Jahrgang, Seite)
VHB	Allgemeine Bedingungen für die Neuwertversicherung des Hausrats
VersR	Versicherungsrecht (Jahrgang, Seite)
VK	Versicherungskaufmann (Jahrgang, Seite)
VN	Versicherungsnehmer
VVG	Versicherungsvertragsgesetz
VW	Versicherungswirtschaft (Jahrgang, Seite)
WHG	Wasserhaushaltsgesetz
ZfS	Zeitschrift für Schadensrecht (Jahrgang, Seite)
Ziff.	Ziffer
ZPO	Zivilprozeßordnung

Besondere Bedingungen und Risikobeschreibungen zur Privathaftpflichtversicherung (BBR) – Text –

(Bei den umrandeten Bestimmungen handelt es sich um Abweichungen von den Allgemeinen Versicherungs-Bedingungen für die Haftpflichtversicherung (AHB), die als Besondere Bedingungen vom Bundesaufsichtsamt für das Versicherungswesen genehmigt worden sind.)

I. Versichert ist

die gesetzliche Haftpflicht des Versicherungsnehmers *als Privatperson* aus den Gefahren des täglichen Lebens – mit *Ausnahme* der Gefahren eines Betriebes, Berufes, Dienstes, Amtes (auch Ehrenamtes), einer verantwortlichen Betätigung in Vereinigungen aller Art oder einer ungewöhnlichen und gefährlichen Beschäftigung –,

Insbesondere

1. als Familien- und Haushaltungsvorstand (z. B. aus der Aufsichtspflicht über Minderjährige);
2. als Dienstherr der in seinem Haushalt tätigen Personen;
3. als Inhaber
   a) einer oder mehrerer Wohnungen (bei Wohnungseigentum als Sondereigentümer) – einschließlich Ferienwohnung –,
   b) eines im Inland gelegenen Einfamilienhauses,
   c) eines im Inland gelegenen Wochenendhauses,
   sofern sie vom Versicherungsnehmer ausschließlich zu Wohnzwecken verwendet werden, einschließlich der zugehörigen Garagen und Gärten sowie eines Schrebergartens.

Hierbei ist *mitversichert* die gesetzliche Haftpflicht

aus der Vermietung von nicht mehr als drei einzeln vermieteten Wohnräumen; nicht jedoch von Wohnungen, Räumen zu gewerblichen Zwecken oder Garagen;

als Bauherr oder Unternehmer von Bauarbeiten bis zu einer Bausumme von DM 20.000,– je Bauvorhaben. Wird dieser Betrag überschritten, so entfällt die Mitversicherung. Es gelten dann die Bestimmungen über die Vorsorgeversicherung (§ 2 AHB).

Bei *Sondereigentümern* sind versichert Haftpflichtansprüche der Gemeinschaft der Wohnungseigentümer wegen Beschädigung des Gemeinschaftseigentums. Die Leistungspflicht erstreckt sich jedoch nicht auf den Miteigentumsanteil an dem gemeinschaftlichen Eigentum;

4. als Radfahrer;
5. aus der Ausübung von Sport, ausgenommen Jagd;
6. aus dem erlaubten privaten Besitz und aus dem Gebrauch von Hieb-, Stoß- und Schußwaffen sowie Munition und Geschossen, nicht jedoch zu Jagdzwecken oder zu strafbaren Handlungen;
7. als Reiter bei Benutzung fremder Pferde zu privaten Zwecken, Haftpflichtansprüche der Tierhalter oder -eigentümer sind nicht versichert;
8. als Halter oder Hüter von zahmen Haustieren, gezähmten Kleintieren und Bienen – nicht jedoch von Hunden, Rindern, Pferden, sonstigen Reit- und Zugtieren, wilden Tieren sowie von Tieren, die zu gewerblichen oder landwirtschaftlichen Zwecken gehalten werden.

II. Mitversichert sind

1. die gleichartige gesetzliche Haftpflicht
   a) des Ehegatten des Versicherungsnehmers;
   b) ihrer unverheirateten Kinder (auch Stief-, Adoptiv- und Pflegekinder), bei volljährigen Kindern jedoch nur, solange sie sich noch in der Schul- oder sich unmittelbar anschließenden Berufs*aus*bildung (nicht Fortbildung) befinden;

   > Besondere Bedingungen für die Fortsetzung der Privathaftpflichtversicherung nach dem Tod des Versicherungsnehmers
   >
   > Für den mitversicherten Ehegatten des Versicherungsnehmers und/oder unverheiratete Kinder des Versicherungsnehmers besteht der bedingungsgemäße Versicherungsschutz im Falle des Todes des Versicherungsnehmers bis zum nächsten Beitragsfälligkeitstermin fort.
   >
   > Wird die nächste Prämienrechnung durch den überlebenden Ehegatten eingelöst, so wird dieser Versicherungsnehmer.

2. die gesetzliche Haftpflicht der im Haushalt des Versicherungsnehmers beschäftigten Personen gegenüber Dritten aus dieser Tätigkeit. Das gleiche gilt für Personen, die aus Arbeitsvertrag oder gefälligkeitshalber Wohnung, Haus und Garten betreuen oder Streudienst versehen.

Besondere Bedingung über den Ausschluß von Arbeitsunfällen bei mitversicherten Personen, die weder gesetzliche Vertreter noch zur Leitung oder Beaufsichtigung des Betriebes oder eines Teiles angestellt sind (Arbeitsunfallklausel).

Ausgeschlossen sind Haftpflichtansprüche aus Personenschäden, bei denen es sich um Arbeitsunfälle im Betrieb des Versicherungsnehmers gemäß der Reichsversicherungsordnung handelt.

III. Einschlüsse

1. Einschluß von Abwässerschäden

Besondere Bedingungen für den Einschluß von Sachschäden durch häusliche Abwässer in die Privat-Haftpflichtversicherung

Eingeschlossen sind – abweichend von § 4 Ziff. I 5 AHB – Haftpflichtansprüche wegen Sachschäden durch häusliche Abwässer.

2. Einschluß von Schadenereignissen im Ausland

Besondere Bedingung für Auslandsdeckung

Für vorübergehenden Auslandsaufenthalt bis zu einem Jahr gilt folgendes:

Eingeschlossen ist abweichend von § 4 Ziff. I 3 AHB die gesetzliche Haftpflicht aus im Ausland vorkommenden Schadenereignissen.

Die Leistungen des Versicherers erfolgen in Deutscher Mark. Die Verpflichtung des Versicherers gilt in dem Zeitpunkt als erfüllt, in dem der DM-Betrag bei einem inländischen Geldinstitut angewiesen ist.

3. Einschluß von Mietsachschäden bis zum Betrage von DM 100.000,- je Ereignis

Besondere Bedingung für den Einschluß von Mietsachschäden in die Privathaftpflichtversicherung

Eingeschlossen ist abweichend von § 4 Ziff. I 6a AHB die gesetzliche Haftpflicht aus der Beschädigung von Wohnräumen und sonstigen zu privaten Zwecken gemieteten Räume in Gebäuden.

Ausgeschlossen sind

1. Haftpflichtansprüche wegen

   a) Abnutzung, Verschleißes und übermäßiger Beanspruchung,

   b) Schäden an Heizungs-, Maschinen, Kessel- und Warmwasserbereitungsanlagen sowie an Elektro- und Gasgeräten,

   c) Glasschäden, soweit sich der Versicherungsnehmer hiergegen besonders versichern kann.

2. die unter den Regreßverzicht nach dem Abkommen der Feuerversicherer bei übergreifenden Schadenereignissen fallenden Rückgriffsansprüche.

(Der Text des Abkommens wird auf Wunsch vom Versicherer zur Verfügung gestellt.)

4. Einschluß von Vermögensschäden bis zum Betrag von DM 12.000,- je Ereignis

Besondere Bedingungen für die Mitversicherung von Vermögensschäden in der Haftpflichtversicherung

(1) Falls besonders vereinbart, ist im Rahmen des Vertrages die gesetzliche Haftpflicht wegen Vermögensschäden im Sinne des § 1 Ziff. 3 AHB aus Schadenereignissen mitversichert, die während der Wirksamkeit der Versicherung eingetreten sind.

(2) Ausgeschlossen sind Haftpflichtansprüche aus

1. Schäden, die durch vom Versicherungsnehmer (oder in seinem Auftrage oder für seine Rechnung von Dritten) hergestellte oder gelieferte Sachen oder geleistete Arbeiten entstehen;

2. Schäden durch ständige Immissionen (z. B. Geräusche, Gerüche, Erschütterungen);

3. planender, beratender, bau- oder montageleitender, prüfender oder gutachtlicher Tätigkeit;

4. Tätigkeiten im Zusammenhang mit Geld-, Kredit-, Versicherungs-, Grundstücks-, Leasing- oder ähnlichen wirtschaftlichen Geschäften, aus Zahlungsvorgängen aller Art, aus Kassenführung sowie aus Untreue und Unterschlagung;

5. der Verletzung von gewerblichen Schutzrechten oder Urheberrechten;

6. Nichteinhaltung von Fristen, Terminen, Vor- und Kostenanschlägen;

7. Ratschlägen, Empfehlungen oder Weisungen an wirtschaftlich verbundene Unternehmen;

9. vorsätzlichen Abweichungen von gesetzlichen oder behördlichen Vorschriften, von Anweisungen oder Bedingungen eines Auftraggebers oder aus sonstiger vorsätzlicher Pflichtverletzung;

10. Abhandenkommen von Sachen, auch z. B. von Geld, Wertpapieren und Wertsachen.

Von jedem Schaden hat der Versicherungsnehmer 20 %, mindestens DM 100,–, selbst zu tragen.

5. Einschluß von Gewässerschäden

Besondere Bedingungen für die Versicherung der Haftpflicht aus Gewässerschäden im Rahmen der Privat- sowie Haus- und Grundbesitzerhaftpflichtversicherung – außer Anlagenrisiko – (BB. Gew'sch.).

§ 1

Versichert ist im Umfang des Vertrages, wobei Vermögensschäden wie Sachschäden behandelt werden, die gesetzliche Haftpflicht des Versicherungsnehmers für mittelbare oder unmittelbare Folgen von Veränderungen der physikalischen, chemischen oder biologischen Beschaffenheit eines Gewässers einschließlich des Grundwassers (Gewässerschäden)
mit Ausnahme der Haftpflicht als Inhaber von Anlagen zur Lagerung von gewässerschädlichen Stoffen und aus der Verwendung dieser gelagerten Stoffe.

(Versicherungsschutz hierfür wird ausschließlich durch besonderen Vertrag gewährt.)

§ 2

(1) Aufwendungen, auch erfolglose, die der Versicherungsnehmer im Versicherungsfall zur Abwendung oder Minderung des Schadens für geboten halten durfte (Rettungskosten), sowie außergerichtliche Gutachterkosten werden vom Versicherer insoweit übernommen, als sie zusammen mit der Entschädigungsleistung die Versicherungssumme für Sachschäden nicht übersteigen. Für Gerichts- und Anwaltskosten bleibt es bei der Regelung der Allgemeinen Versicherungsbedingungen für die Haftpflichtversicherung.

(2) Auf Weisung des Versicherers aufgewendete Rettungs- und außergerichtliche Gutachterkosten sind auch insoweit zu ersetzen, als sie zusammen mit der Entschädigung die Versicherungssumme für Sachschäden übersteigen. Eine Billigung des Versicherers von Maßnahmen des Versicherungsnehmers oder Dritter zur Abwendung oder Minderung des Schadens gilt nicht als Weisung des Versicherers.

§ 3

Ausgeschlossen sind Haftpflichtansprüche gegen die Personen (Versicherungsnehmer oder jeden Mitversicherten), die den Schaden durch vorsätzliches Abweichen von dem Gewässerschutz dienenden Gesetzen, Verordnungen, an den Versicherungsnehmer gerichteten behördlichen Anordnungen oder Verfügungen herbeigeführt haben.

§ 4

Ausgeschlossen sind Haftpflichtansprüche wegen Schäden, die unmittelbar oder mittelbar auf Kriegsereignissen, anderen feindseligen Handlungen, Aufruhr, inneren Unruhen, Generalstreik (in der Bundesrepublik oder in einem Bundesland) oder unmittelbar auf Verfügungen oder Maßnahmen von hoher Hand beruhen. Das gleiche gilt für Schäden durch höhere Gewalt, soweit sich elementare Naturkräfte ausgewirkt haben.

IV. Nichtversicherte Risiken

1. Nicht versichert ist

die Haftpflicht des Eigentümers, Besitzers, Halters oder Führers eines Kraft-, Luft- oder Wasserfahrzeugs wegen Schäden, die durch den Gebrauch des Fahrzeugs verursacht werden.

Versichert ist jedoch die Haftpflicht wegen Schäden, die verursacht werden durch den Gebrauch von

a) Flugmodellen, unbemannten Ballonen und Drachen,

– die weder durch Motoren noch durch Treibsätze angetrieben werden,
– deren Fluggewicht 5 kg nicht übersteigt,
– für die keine Versicherungspflicht besteht,

b) Wassersportfahrzeugen, ausgenommen eigene Segelboote und eigene oder fremde Wassersportfahrzeuge mit Motoren – auch Hilfs- oder Außenbordmotoren – oder Treibsätzen.

2. Besondere Bedigungen für Brand- und Explosionsschäden

Bei Schäden infolge vorschriftswidrigen Umgangs mit brennbaren oder explosiblen Stoffen ist der Versicherer von der Verpflichtung zur Leistung frei.

3. *Nicht versichert wird* die Haftpflicht beim Baumfällen:

aus Beschädigung von Bauwerken, Telefon-, Telegrafen- und elektrischen Leitungen, Masten und dgl. in einem Umkreis, dessen Radius der Höhe des zu fällenden Baumes entspricht.

0. Einleitung

Grundlage für alle Haftpflicht-Versicherungsverträge sind die Allgemeinen Versicherungsbedingungen für die Haftpflichtversicherung (AHB). Anstelle einer Erläuterung dieser Allgemeinen Versicherungsbegingungen wird auf die einschlägige Fachliteratur verwiesen (*Kuwert*, Allgemeine Haftpflichtversicherung; *Wagner*, Haftpflichtversicherung; *Wussow*, AHB; *Heimbücher*, Einführung in die Haftpflichtversicherung).

Die AHB haben den Zweck, die allgemeine Vertragsgrundlage für alle Risiken der Allgemeinen Haftpflichtversicherung zu schaffen. Besondere Bedingungen, Zusatzbedingungen und Risikobeschreibungen ergänzen oder ändern diesen allgemeinen Rahmen entsprechend den individuellen Bedürfnissen nach Versicherungsschutz, die sich aus den einzelnen Risiken ergeben. Nach dem Grundsatz, daß Spezialrecht vor Allgemeinrecht geht, rangieren diese Sonderbedingungen dann vor den AHB.

Nach § 5 VAG bedürfen Versicherungsunternehmungen zum Geschäftsbetrieb der Erlaubnis der Aufsichtsbehörde. Bestandteil des Geschäftsplanes, der mit dem Antrag auf Erlaubnis einzureichen ist, sind auch die Allgemeinen Versicherungsbedingungen und die fachlichen Geschäftsunterlagen, soweit solche nach der Art der Versicherungen erforderlich sind.

Diese Bestimmung wird durch § 10 VAG ergänzt, der den Inhalt der Allgemeinen Versicherungsbedingungen festlegt und darüber hinaus bestimmt, daß Besondere Bedingungen, die einer Vielzahl von gleichartigen Verträgen zugrunde gelegt werden, ebenfalls der Genehmigung bedürfen. Die wichtigsten AVB sind im Anhang zu § 10 VAG aufgeführt.

Der vorliegende Leitfaden befaßt sich mit den Besonderen Bedingungen und Risikobeschreibungen (BBR), wie sie der Privathaftpflicht-Versicherung zugrunde liegen. Für die Besprechung wurde die textliche Fassung berücksichtigt, wie sie vom HUK-Verband zur Verwendung empfohlen und in den Veröffentlichungen des Bundesaufsichtsamtes für das Versicherungswesen publiziert worden ist. Im übrigen gibt der Text den Stand Ende 1989 wieder.

Einige Haftpflichtversicherer haben sich in geringem Umfang Änderungen genehmigen lassen, die unberücksichtigt bleiben mußten. Auch in der Reihenfolge der Besonderen Bedingungen und Risikobeschreibungen kann es unterschiedliche Versionen geben.

1. Rechtliche Stellung der BBR

In der Einleitung klang an, daß die BBR dazu dienen, den in den AHB geregelten Versicherungsschutz auf den speziellen Bedarf bestimmter versicherter Risiken zuzuschneiden. Es ist deshalb unabdingbar, eine Klarstellung der Rechtsposition sowohl der AHB als auch der BBR voranzustellen. 1001

Obgleich in unserer marktwirtschaftlichen Ordnung das Recht der Vertragsfreiheit gilt, erfordert die Vielzahl von Verträgen, die innerhalb des heutigen dynamischen Wirtschaftsalltages auf den verschiedensten Ebenen geschlossen werden, *Allgemeine Geschäftsbedingungen*, auf die sich Anbieter und Nachfrager, Verkäufer und Käufer gleichermaßen stützen können. Nach dem Gesetz zur Regelung des Rechts der Allgemeinen Geschäftsbedingungen (AGBG) aus dem Jahre 1976 sind AGB „alle für eine Vielzahl von Verträgen vorformulierten Vertragsbedingungen, die eine Vertragspartei (Verwender) der anderen Vertragspartei bei Abschluß eines Vertrages stellt" (AGBG §1 (1)).

Die AGB von 1976 sind für die Regelung von Versicherungsverträgen nicht anzuwenden. Speziell auf die besonderen Belange der Versicherten abgestellt, gelten in der Versicherungswirtschaft schon seit vielen Jahrzehnten die AVB. Sie sind gleichfalls AGB und unterliegen der Kontrolle durch das AGBG, soweit ihr Inhalt nicht die Leistungsbeschreibung, also die Umschreibung der jeweiligen Gefahrtragung enthält. Anders als AGB werden genehmigte AVB auch dann Vertragsinhalt, wenn auf sie bei Vertragsabschluß nicht ausdrücklich hingewiesen wurde (*Schmidt*, Versicherungsalphabet). 1002

Nach allgemein anerkannter Definition versteht man unter den AVB die Formulierung typisierter Vertragsinhalte von Versicherungsverträgen. Die AVB sind dazu bestimmt, in eine Vielzahl gleichliegender Versicherungsverträge als Bestandteil aufgenommen zu werden (Gablers Wirtschaftslexikon). 1003

Grundsätzlich ist zu unterscheiden zwischen

Allgemeinen Versicherungsbedingungen, zu denen die AHB zählen, und

Besonderen Versicherungsbedingungen, in deren Kategorie die BBR gehören.

Darüber hinaus gibt es noch Sonderbedingungen, Zusatzbedingungen und Klauseln.

Nach allgemeiner Auffassung versteht man unter den AVB solche Bestimmungen, die im voraus, d. h. vor Abschluß der einzelnen Versicherungsverträge, aufgestellt werden. Die Bestimmungen werden jeweils unter dem Gesichtspunkt zusammengefaßt, daß sie regelmäßiger und typischer Inhalt der künftig in den betreffenden Versicherungszweig gelangenden Versicherungsverträge sein sollen. Deshalb sind sie dazu bestimmt, in eine unbegrenzte Zahl derartiger gleichlaufender Verträge einzugehen. Den AVB ist eigentümlich, 1004 daß sie dem Versicherungsvertrag „ohne Rücksicht auf individuelle Verschiedenheiten" des einzelnen Risikos zugrunde gelegt werden (*Eichler*, Versicherungsrecht, S. 98).

1005 Im Gegensatz dazu sind Besondere Versicherungsbedingungen solche, die keine Allgemeinen Bedingungen darstellen, also auf den Einzelvertrag oder eine bestimmte Zahl einzelner Verträge zugschnitten sind. Nach dem Grundsatz, daß die spezielle Norm der generellen vorgeht, sind die AVB nachrangig. Häufig stellen sog. Besondere Versicherungsbedingungen de iure AVB dar (*Schmidt*, Versicherungsalphabet). Das ist immer dann der Fall, wenn die BVB nicht individuell einem bestimmten Vertrag zugrunde gelegt werden, sondern einer Gruppe dem Risiko nach gleichartiger Versicherungen. Diese Aussage trifft besonders auf die BBR für die Privathaftpflicht-Versicherung zu, zumal es sich bei ihr um echtes Massengeschäft handelt.

Trotz dieser Definition haben die BVB aber nicht den Charakter von AVB. Nach allgemeiner Auffassung werden sie auf ein spezielles Wagnis zugeschnitten und geben demgemäß die individuellen, mithin atypischen Vereinbarungen wieder (*Eichler*, Versicherungsrecht, S. 98). Die Nähe zu den AHB ergibt sich für die BBR aber zwingend daraus, daß sie von vornherein für eine unbekannte Anzahl von Versicherungsverträgen gelten, nämlich für alle bestehenden und noch abzuschließenden Privathaftpflicht-Versicherungen.

1006 Die Relevanz der Versicherungsbedingungen ist aus zwei Blickwinkeln zu beleuchten, um ein vollständiges Bild zu erhalten, nämlich einmal unter zivilrechtlichen Aspekten und zum anderen im Hinblick auf die Bestimmungen des Versicherungsaufsichtsrechts.

1.1. Zivilrechtliche Bedeutung der Versicherungsbedingungen

1007 Die Thematik beschränkt die Bedeutung der AVB bewußt auf das Zivilrecht, denn es handelt sich hier nur um Risikoabgrenzungen, Vorschriften, Verhaltensregeln und Hinweise zu Verträgen. Die Befolgung dieser Bedingungen, denen sich der Vertragspartner mit Unterzeichnung des Versicherungsantrages unterwirft, dient also nur dem VN selbst, da eine Verletzung den gewünschten Versicherungsschutz gefährdet. Für den Staat ergibt sich in einem Vergehen gegen diese Bedingungen keine die Öffentlichkeit gefährdende, schädigende oder interessierende Angelegenheit, so daß die AVB allein von daher im Strafrecht keine Rolle spielen.

1.1.1. Entstehung

1008 Gesetzliche Grundlage für die Versicherungsverträge ist das VVG, das die Beziehungen zwischen Versicherer und VN regelt. Diese allgemeinen Vorschriften genügen jedoch nicht zur Festlegung des Vertragsumfangs; auch die Verhaltensrichtlinien für die VN sind nicht für alle Versicherungszweige exakt genug geregelt. Für den Einzelfall ausgehandelte zusätzliche Vereinbarungen sind, abgesehen von rein pragmatischen Problemen, auch unter versicherungstechnischer Sicht für ein Massengeschäft indiskutabel. Allein die Unterschiedlichkeit solcher Bedingungen läßt sich nicht in Einklang mit dem Wesen der Versicherungen bringen, das auf dem Gesetz der großen Zahl beruht. Hinzu kommt, daß über dem Grundsatz des freien Wettbewerbs für die Versicherer das Prinzip der *Gefahrengemeinschaft* steht. Diese erfordert, daß die Bedingungen der einzelnen Unternehmungen im wesentlichen übereinstimmen, damit sie einerseits für diese akzeptabel sind und zum anderen auch dem Interesse der Versicherten entgegenkommen. Die Lösung dieses Problems ist die Schaffung eines einheitlichen Vertragsschemas, das einer unbegrenzten Zahl von Verträgen für gleichartige Risiken zugrunde gelegt werden kann. Aus dieser Entwicklung entstanden sowohl die AHB, die heute offiziell unter den Begriff der Allgemeinen Geschäftsbedingungen subsumiert werden und somit gesetzesähnlichen Charakter haben, als auch die BBR. Diese Einstufung wird auch durch das äußere Erscheinungsbild der Bedingungen bestärkt, die in systematischer Paragraphenfolge die grundlegenden Bestimmungen für den Inhalt aller Verträge in der Allgemeinen Haftpflichtversicherung wiedergeben.

1.1.2. Inhalt und Anwendung

Das VVG als gesetzliche Basis eines jeden Versicherungsvertrages sagt über den notwendigen Inhalt der AVB nichts Konkretes aus. Statt dessen gibt das VAG in § 10 Richtlinien, nach denen bestimmte Bestandteile für die Bedingungen vorgeschrieben werden. 1009

Aus zivilrechtlicher Sicht dienen sowohl die AHB als auch die BBR der Klarstellung der rechtlichen Beziehungen zwischen den Partnern eines Haftpflicht-Versicherungsvertrages. Ergeben sich aus diesem Verhältnis Unstimmigkeiten, die durchaus im Rahmen eines Zivilprozesses einem ordentlichen Gericht zur Entscheidung übergeben werden können, sind nicht zuletzt diese Bedingungen Grundlage für eine gerichtliche Klärung der Streitigkeiten. Die Anwendung der Bedingungen schafft also nicht nur gleichlautende Vertragsgestaltung für eine Vielzahl von Versicherungen gleichartiger Risiken, sondern auch die rechtliche Basis für eine Einigung bei Aufeinandertreffen verschiedener Auffassungen. Es zeigt sich an dieser Stelle erneut die enge Verwandtschaft mit den AGB. Die Anwendung der Bedingungen ist durch die Vorschriften des VVG für alle Verträge obligatorisch.

Während die AHB für sämtliche Verträge auf Haftpflicht-Versicherung bestimmt sind, werden die BBR in der hier abgedruckten Fassung zusätzlich zu Privathaftpflicht-Versicherungsverträgen vereinbart. 1010

1.1.3. Geltung, Vereinbarung und Rangordnung

Grundlage für die Geltung von AHB und BBR ist die Genehmigung durch das BAV, das nach § 5 VAG die Verpflichtung hat, die Bedingungen als Bestandteil des *Geschäftsplanes* zu prüfen und gegebenenfalls zuzulassen. Die gleichen Vorschriften sind auch bei *Bedingungsänderungen* zu beachten. 1011

Die *Genehmigung* der Aufsichtsbehörde, die sich zwar nicht vom juristischen, aber doch vom versicherungstechnischen Standpunkt aus durch die Besonderheiten der Bedingungen als notwendig erweist, ist Voraussetzung für die Geltung der BBR. In der Literatur wird dies damit begründet, daß die AVB durch das objektive Moment der Versicherungstechnik, also die mathematischen, wahrscheinlichkeitstheoretischen und statistischen Erfordernisse des Versicherungswesens gekennzeichnet sind. Der VN kann in den Versicherungsbedingungen keinen weitergehenden Versicherungsschutz erwarten, als es den wirtschaftlichen und technischen Möglichkeiten eines Versicherungszweiges auf einer bestimmten Entwicklungsstufe entspricht. Andererseits darf der Versicherer mit seiner in den AVB beschriebenen Versicherungsleistung auch nicht über die mathematisch-statistischen Notwendigkeiten hinausgehen, weil er sich sonst der Gefahr aussetzt, die Rechtsansprüche der VN im Schadenfall nicht befriedigen zu können (*Eichler*, Versicherungsrecht, S. 103).

1012 Der Schutz der Interessen des VN steht auch hier wieder im Vordergrund und verdrängt das ansonsten geltende Prinzip des freien Wettbewerbs. Der gesetzesähnliche Charakter der AHB in Verbindung mit der staatlichen Aufsicht verhindert ein Ausbrechen einzelner Versicherer, das sich später zum Schaden des VN auswirken könnte. Die genehmigten Bedingungen sind für alle am Vertrag Beteiligten grundsätzlich bindend und müssen jedem abzuschließenden Versicherungsvertrag zugrunde gelegt werden. Letzteres ist erforderlich, da die AHB keine Rechtsquelle im Sinne des objektiven Rechts sind. Daraus ergibt sich die notwendige Folgerung, daß sie nicht automatisch gelten, sondern von den Vertragspartnern ausdrücklich zu vereinbaren sind.

Diese Verpflichtung gilt nicht nur bei Abschluß eines Versicherungsverhältnisses, sondern auch während der Vertragslaufzeit, wenn die ursprünglich vereinbarten Bedingungen durch neue ersetzt werden sollen. Beinhaltet die neue Fassung Verbesserungen des Versicherungsschutzes zugunsten des Versicherungsnehmers, so hat der Versicherer eine *Informationspflicht*. Das OLG Saarbrücken hat dazu im Urteil vom 25.11.1987 folgenden Leitsatz entwickelt (VersR 1989, 245 = NJW 1989, 92):

1. Die von dem Versicherer vorgenommene Einbeziehung geänderter Versicherungsbedingungen in laufende Versicherungsverträge setzt als Vertragsänderung eine vertragliche Vereinbarung und damit die Zustimmung des VN voraus.

2. Eine Einbeziehung der jeweils geltenden Fassung der Versicherungsbedingungen in laufende Verträge kann nur dann als gewollt angenommen werden, wenn das Abstellen auf die jeweils gültige Fassung der Versicherungsbedingungen in dem Vertrag ausdrücklich vereinbart ist.

3. Der Versicherer hat den VN nach den Grundsätzen von Treu und Glauben auf geänderte, aber bislang nicht Vertragsinhalt gewordene AVB hinzuweisen, wenn bei einer Verhandlung über eine Vertragsverlängerung oder Vertragsumgestaltung neue, für den VN günstigere Versicherungsbedingungen in Frage stehen, die jedoch keine Erhöhung des Risikos des Versicherers bedeuten.

Wenn auch grundsätzlich gegen eine stillschweigende Verweisung nichts einzuwenden 1013
ist, sofern eine Kenntnis des VN von der Anwendung der AHB vorausgesetzt werden
kann, sieht es in der Praxis doch regelmäßig so aus, daß auf die Vereinbarung in dem zu
unterzeichnenden Antrag auf Versicherungsschutz besonders deutlich hingewiesen wird.
Durch die *Unterschrift* erfolgt die Anerkennung der Bestimmungen zum Versicherungs-
umfang, die bis zu einer besonderen anderslautenden Vereinbarung für die Gesamtdauer
des Vertrages Gültigkeit haben. Daraus ergibt sich die Notwendigkeit, dem VN grundsätzlich sowohl den Text der AHB als auch der BBR auszuhändigen.

Bei der Untersuchung der zivilrechtlichen Bedeutung der Versicherungsbedingungen darf 1014
nicht versäumt werden, sie ihrem Rang nach gegenüber anderen den Versicherungsvertrag
betreffenden gesetzlichen und gesetzesähnlichen Bestimmungen einzustufen.

Werden im VVG nicht enthaltene Regelungen getroffen, kann und braucht ein *Rangver-* 1015
hältnis nicht festgelegt zu werden. Anders ist dies in den Fällen zu beurteilen, in denen die
AHB das VVG abändern. Grundsätzlich ist dies möglich, soweit sich die Änderung auf
abdingbare gesetzliche Vorschriften beschränkt; dann gehen die AHB dem VVG vor.
Dies gilt jedoch nicht gegenüber den absolut zwingenden sog. *unabdingbaren Vorschrif-*
ten des VVG, da die AHB als Bestandteil des Versicherungsvertrages anzusehen sind, der
seinerseits dem VVG unterliegt. Als eine Art Zwischenstufe fungieren die *halbzwingen-*
den Vorschriften, die nur abgeändert werden dürfen, wenn dies nicht zum Nachteil des VN
oder dritter durch das Gesetz geschützter Personen geschieht. Wird dieses Prinzip nicht
verletzt, rangieren die AHB wieder vor dem VVG, im anderen Fall sind die Spezialbestim-
mungen nichtig oder unwirksam und somit rechtlich irrelevant.

Die Feststellung einer Rangordnung erübrigt sich immer dann, wenn die AHB die Vorschriften des VVG ohne sachliche Abweichung wiederholen, um sie entweder übersichtli-
cher und verständlicher zu machen oder speziellen Bedürfnissen anzupassen.

Bei einer Gegenüberstellung der AHB mit den BBR ergibt sich eine ähnliche Relation wie 1016
oben dargestellt. Hier gehen die Besonderen Bedingungen den Allgemeinen Haftpflicht-
Versicherungsbedingungen vor, sofern diese nicht zwingende Vorschriften der AHB
abwandeln oder halbzwingende zuungunsten des VN ändern. Hieraus wird deutlich, daß
den Verhandlungen in bezug auf die Vertragsgestaltung gewisse Beschränkungen auferlegt sind, was insbesondere im Massengeschäft, zu dem die PHV zu zählen ist, als ständige
Praxis angesehen werden muß.

1.1.4. Auslegung und Lückenfüllung

Als Teil des Versicherungsvertrages sind die AHB und die BBR mehr vertraglicher als 1017
objektiv-rechtlicher Natur. Da sie aber durch ihren gesetzesähnlichen Charakter die den
Vertragsinhalt bildenden Regelungen ziemlich eng umreißen, bedeutet der Abschluß von
Versicherungsverträgen eher die Unterwerfung unter eine fertig bereitliegende Rechtsord-
nung. Daraus ergibt sich die Folgerung, daß die Bedingungen ähnlich wie Gesetze

ausgelegt werden müssen, sofern sie überhaupt auslegungsbedürftig sind. Dabei ist jedoch unbedingt zu beachten, daß aufgrund von Interpretationen getroffene Regelungen sich auf eine Vielzahl von bereits bestehenden und noch abzuschließenden Versicherungsverträgen auswirken. Denn das Prinzip der *Risikogleichheit* verlangt eine einheitliche Behandlung. Es genügt also nicht die Beurteilung eines Einzelfalles; vielmehr sind in genereller Betrachtungsweise sowohl die Interessen der Versicherer, als auch die Belange aller VN gegeneinander abzuwägen (vgl. *Eichler*, Versicherungsrecht, S. 110). Auch muß bei der Auslegung weniger die fachtechnische Ausdrucksform als vielmehr der allgemeine Sprachgebrauch in Erwägung gezogen werden.

1018 An sich wird eine *Auslegung* immer nur dann erforderlich, wenn eine Bestimmung so gefaßt ist, daß der VN sie anders definieren kann als der Versicherer, der Wortlaut also unklar ist. In der Vergangenheit tendierten die Gerichte dazu, die Versicherer für die Beschaffenheit und den Inhalt der Bedingungen verantwortlich zu machen und sich in jedem Fall der für den VN günstigeren Deutung zu Lasten der Versicherer anzuschließen. Diesem Grundsatz folgt die Rechtsprechung heute nicht mehr uneingeschränkt. Es soll verhindert werden, daß dieser Weg zu einer starren Auslegungsmethode führt, die allein den Willen und die Vorstellungen des VN in Betracht zieht. Darüber hinaus sind Unklarheiten in den Bedingungen kaum noch zu finden, da die vom HUK-Verband vorgelegten Entwürfe nochmals von der Aufsichtsbehörde geprüft werden. Dadurch ist der sog. *Unklarheitenregel* die ohnehin auf schwachen Füßen aufgebaute Existenzberechtigung genommen, und die Auslegung kann allein nach objektiven Gesichtspunkten erfolgen.

1019 Speziell in der Haftpflicht-Versicherung ist zu beachten, daß durch sich verändernde Verhältnisse ursprünglich vollständige und klare Bedingungen lückenhaft werden und damit zu Unstimmigkeiten führen können. Es liegt aber im Interesse des VN, daß er ständig einen Versicherungsschutz hat, der ihnen die finanziellen Risiken eines gegen sie gerichteten Haftpflichtanspruches nimmt.

Kurzfristig kann eine *Anpassung* in besonders relevanten Fällen durch eine *Geschäftsplanmäßige Erklärung* der Versicherer gegenüber dem BAV erfolgen, in der die Erstgenannten sich zu einer bestimmten Handhabung verpflichten.

1020 Diese Regelung kann jedoch nur für den Übergang gelten. Auf Dauer müssen die Bedingungen den geänderten Verhältnissen angepaßt werden, wobei hier überwiegend die BBR betroffen sind, deren wesentliche Eigenschaft darin liegt, die Bestimmungen der AHB zu ergänzen oder im Bedarfsfall abzuändern.

1.1.5. Revisibilität

1021 Die AHB sind rechtlich Bestandteile einer Vielzahl von Versicherungsverträgen. Sie unterscheiden sich aber dadurch von Gesetzen, daß sie nicht generell für alle Bürger verbindlich sind, sondern nur für einen, zwar der Anzahl nach unbegrenzten, aber doch bestimmbaren Personenkreis, nämlich alle Haftpflichtversicherten. Nicht zuletzt durch diesen Tatbestand erlangen die Versicherungsbedingungen ihre gesetzesähnliche Natur.

Die AHB regeln Rechtsverhältnisse und sind deshalb im Hinblick auf ihre Anwendung und Auslegung revisibel. Das bedeutet, daß gerichtliche Entscheidungen in einem Zivilprozeß im Rahmen eines Revisionsverfahrens einer höchstrichterlichen Überprüfung auf richtige Anwendung der AHB unterworfen werden können.

Gleiches muß selbstverständlich auch für die die AHB ergänzenden oder abändernden BBR gelten.

1.2. Aufsichtsrechtliche Bedeutung der Versicherungsbedingungen

Neben der zivilrechtlichen Bedeutung der Versicherungsbedingungen ist auch eine Betrachtung aus dem Blickwinkel des Versicherungsaufsichtsrechts erforderlich. Die Vielzahl von Bestimmungen und Vorschriften, die durch das VAG vorgegeben werden, machen diese Betrachtung notwendig. 1022

1.2.1. Entstehungsvorgang

Die *Entstehung* der AHB und der BBR ist nicht aus historischer oder versicherungstechnischer Sicht, sondern aus rein aufsichtsrechtlicher Perspektive zu betrachten. Der Text der AHB und der BBR ist gemäß § 5 Abs. 3 Ziff. 2 VAG als Bestandteil der *Geschäftspläne* der Haftpflichtversicherer von der Aufsichtsbehörde zu prüfen und zu genehmigen; dasselbe gilt auch für jede Änderung von genehmigungspflichtigen Teilen gemäß § 13 VAG. 1023

Ist die Fassung eines Bedingungswerkes genehmigt, wird sie zu sog. *Normativ- oder Musterbedingungen*, bei deren Vorlage zusammen mit dem Antrag auf Erlaubnis zum Geschäftsbetrieb ein Versicherer damit rechnen kann, daß diese Erlaubnis erteilt wird. Abgesehen von den aufsichtsfreien Versicherungszweigen werden die Texte erst durch die Genehmigung des BAV zu Allgemeinen Versicherungsbedingungen. 1024

1.2.2. Genehmigungsverfahren

Die AHB bedürfen der Genehmigung durch das BAV, da sie nach den §§ 5 und 10 VAG zum *Geschäftsplan* einer Versicherungsunternehmung gehören. In dieser Beziehung gleichgestellt sind den AHB auch die BVB, sofern sie für alle VN vereinbart werden, die Versicherungsschutz für ein bestimmtes Wagnis nehmen. Diese Voraussetzung trifft auf die BBR für die PHV zu. 1025

Im Rahmen des Genehmigungsverfahrens prüft das BAV in erster Linie, ob die Belange der Versicherten ausreichend gewahrt und die Verpflichtung aus den Verträgen als dauernd erfüllbar dargetan ist; diese Vorschrift ergibt sich aus § 8 Abs. 1 Ziff. 2 VAG. Weiterhin wird insbesondere untersucht, ob die zwingenden oder halbzwingenden Vorschriften des VVG beachtet sind.

1026 Wenn das Genehmigungsverfahren auch gesetzlich vorgeschrieben ist, kann es rechtlich doch nur als Verwaltungsakt bezeichnet werden, nicht aber als Gesetzesverabschiedung der Legislative. Aus diesem Grunde lassen sich den AHB nur gesetzesähnliche Züge zugestehen. Privatrechtlich ist es damit unerheblich, ob vereinbarte AHB oder auch die BBR genehmigt sind oder nicht. Weder Versicherer noch VN oder andere am Vertrag beteiligte Dritte können sich auf die Nichtgenehmigung berufen; auch § 134 BGB kommt nicht zum Zuge. Trotzdem ist eine Gewähr dafür gegeben, daß die Versicherungsgesellschaften nur genehmigte Bedingungen verwenden, denn das BAV hat die Möglichkeit, bei *Zuwiderhandlung* verwaltungsrechtlich mit Ordnungsstrafen einzuschreiten.

1.2.3. Möglichkeit der Änderung

1027 Während auf der einen Seite die Aufsichtsbehörde bei der Prüfung neuer Bedingungen oder Bedingungsteile von sich aus auf einen Teil der ihr zustehenden Rechte verzichtet und die Mitverantwortung der Versicherungsverbände fördert, wird auf der anderen Seite bei Änderungen der Bedingungen der Einfluß durch § 81 a VAG stark erweitert. Nach dieser Bestimmung kann die Aufsichtsbehörde ohne Vorliegen rechtlicher Voraussetzungen nach eigenem pflichtgemäßem Ermessen ohne Zustimmung der Versicherer oder VN Versicherungsbedingungen vor Abschluß neuer Versicherungsverträge ändern. Nach einem solchen Verwaltungsakt dürfen die bisherigen Bedingungen bei neu abzuschließenden Verträgen nur noch mit den vom BAV verlangten Änderungen vereinbart werden.

1028 Erscheint es zur Wahrung der Belange der VN notwendig, kann die Aufsichtsbehörde darüber hinaus auch mit Auswirkungen auf bestehende Verträge einen *Geschäftsplan* und damit die Versicherungsbedingungen abändern oder sogar aufheben. Der Umfang dieses Eingreifens mit unmittelbarer privatrechtlicher Wirkung auf bestehende Rechtsverhältnisse wird durch gesetzliche Vorschriften nicht begrenzt; allerdings ist üblicherweise für Entscheidungen von so einschneidender Auswirkung die Beschlußkammer zuständig, die aus drei Mitgliedern des BAV und zwei Beiratsmitgliedern besteht. Eine Änderung der AHB oder der BBR hat es auf diese Weise bislang allerdings nicht gegeben.

1029 Eine Abänderung der AHB oder der BBR kann aber nicht nur durch diese Maßnahme erfolgen; auch die Versicherer können Änderungen, z. B. durch Einführung zusätzlicher Bedingungen oder Sonderbedingungen oder durch Neuformulierung von Bestimmungen, vornehmen. Da es sich dabei in jedem Fall um eine *Geschäftsplanänderung* handelt, setzt sie in den beaufsichtigten Versicherungszweigen nach § 13 VAG eine Genehmigung der Aufsichtsbehörde voraus. Vor Erteilung der Zustimmung darf und kann die Änderung nicht in Kraft treten. Eine Zuwiderhandlung ist zwar auch hier ohne privatrechtliche

Bedeutung, dem BAV stehen aber ebenso verwaltungsrechtliche Zwangsmaßnahmen zu. Neue AHB oder BBR würden nach erteilter Genehmigung nur für neu abzuschließende Verträge gelten; für bereits bestehende gilt der Leitsatz der Verweisung. Eine Ausnahme ist lediglich möglich, wenn das BAV aufgrund der Verordnung über die Anwendung Allgemeiner Versicherungsbedingungen vom 29.11.1940 neue AHB oder BBR auch mit Wirkung für bestehende Vertragsverhältnisse bei sämtlichen VN an die Stelle der bisher geltenden Bedingungen treten ließe.

Erachtet das BAV eine Änderung für zweckmäßig, kann es auch den Versicherern dazu einen Anstoß geben, ohne die einschneidenden Maßnahmen nach § 81 a VAG zu ergreifen. Die Berechtigung zu solchem Vorgehen ergibt sich entweder aus § 81 Abs. 2 oder § 89 Abs. 1 VAG. 1030

1.2.4. Beifügung

Früher wurden die Versicherer von den Aufsichtsbehörden verpflichtet, grundsätzlich bei Aushändigung des Versicherungsscheines immer die AVB beizufügen und sie mit der Police fest zu verbinden; dieser *Beifügungszwang* gilt heute noch in vollem Umfang für die Allgemeine Haftpflichtversicherung. Einer PHV-Police müssen demnach die Texte der AHB und der BBR beigeheftet sein. 1031

2. Wirtschaftliche und soziale Bedeutung der Privathaftpflichtversicherung und ihre Stellung innerhalb der Allgemeinen Haftpflichtversicherung

Die Anfänge der Haftpflichtversicherung liegen zu Beginn des 19. Jahrhunderts in Frankreich, wo in Anlehnung an den Code Civil als Ergänzung der Fuhrwerksversicherung für Eigenbeschädigung eine Versicherung für die durch das Fuhrwerk angerichteten Haftpflichtschäden eingeführt wurde.

2001

In Deutschland erhielt die Haftpflichtversicherung ihren ersten Anstoß durch das *Reichs-Haftpflicht-Gesetz* (RHG) vom 5.6.1871, das auf dem preußischen Gesetz von 1838 aufbaut und eine einheitliche verschärfte Haftung für Eisenbahnunternehmen, Industriebetriebe, Bergwerke, Steinbrüche, Grubenbetriebe, sonstige Fabriken usw. zum Inhalt hatte. Der Gesetzgeber wollte mit dieser Festschreibung der Haftung einer wachsenden Gefahr durch die fortschreitende Industrialisierung Rechnung tragen und dem Unternehmer eine besonders strenge Haftung gegenüber seinen Arbeitern und anderen Personen auferlegen.

Dieser kurze Blick in die Historie zeigt, daß die Aufgabe der Haftpflichtversicherung anfangs ausschließlich im gewerblichen Bereich gesehen wurde.

Einer weiteren Verbreitung und der zunehmenden Popularität der Haftpflichtversicherung standen anfänglich Proteste der Bevölkerung aus moralischen und ethischen Gründen entgegen, weil die Gefahr einer Lockerung der Sorgfaltspflicht als Konsequenz einer bestehenden Haftpflichtversicherung befürchtet wurde. Mit Inkrafttreten des BGB am 1.1.1900 wurden aber erstmals von der Legislative eine einheitliche Rechtslage und ein festgelegtes Schadenersatzrecht geschaffen, das den Haftpflichtgedanken festigte.

2002

Auf diese gesetzliche Grundlage ist es im wesentlichen zurückzuführen, daß die Haftpflicht-Sparte sich von einer Versicherung für gewerbliche Anlagen zu einer Dienstleistung für jedermann entwickelte. Wird als Maßeinheit für die Bedeutung die Anzahl der versicherten Risiken herangezogen, so ist heute zweifellos die PHV als die am meisten verbreitete Vertragsform innerhalb der Allgemeinen Haftpflichtversicherung anzusehen. Nach Veröffentlichungen des HUK-Verbandes vom Januar 1990 beträgt die Versicherungsdichte in der PHV ca. 70 %; bei Haushaltungen mit Kindern unter 10 Jahren erreicht sie sogar etwa 80 %.

Bei einer Anzahl von mehr als 15 Mio. Verträgen belaufen sich die Prämieneinnahmen je Versicherungsjahr in der PHV auf einen Betrag von über 800 Mio. DM.

2003

Allein die wenigen aufgezeigten Größenordnungen sind geeignet, die *wirtschaftliche Bedeutung* der PHV innerhalb der Versicherungswirtschaft zu demonstrieren.

2004 Über die rein ökonomische Seite hinaus ist Maßstab für die PHV – wie für alle anderen Haftpflichtversicherungen auch – der soziale Gedanke des Schutzes für den Geschädigten.

2005 Für die *deliktische Haftung* sieht der Gesetzgeber keine Begrenzung der Schadenersatzpflicht in der Höhe vor. Der wesentliche Hinweis findet sich in § 249 BGB. Dort heißt es:

„Wer zum Schadenersatze verpflichtet ist, hat den Zustand herzustellen, der bestehen würde, wenn der zum Ersatz verpflichtende Umstand nicht eingetreten wäre. Ist wegen Verletzung einer Person oder wegen Beschädigung einer Sache Schadenersatz zu leisten, so kann der Gläubiger statt der Herstellung den dazu erforderlichen Geldbetrag verlangen."

2006 Das beste *Schadenersatzrecht* verfehlt aber seine Wirkung hinsichtlich des Schutzes der Geschädigten, wenn der Schadenverursacher zwar juristisch zur Wiedergutmachung verpflichtet, aber aufgrund fehlenden Vermögens zur Zahlung nicht in der Lage ist. In der Beseitigung dieser möglichen Diskrepanz für den Geschädigten zwischen „Recht haben" und „Recht bekommen" ist die besondere *soziale Bedeutung* der Haftpflichtversicherung zu sehen. Ihr Bestehen mit für den Normalfall ausreichenden Deckungssummen schützt Schädiger und Geschädigten gleichermaßen. Das Opfer einer schuldhaft herbeigeführten Handlung kommt über das Instrument der Haftpflichtversicherung zur Realisierung seiner Ansprüche, während auf der anderen Seite der Schädiger gegen einen vorher kalkulierbaren Beitrag davor geschützt ist, sein Vermögen und den Ertrag seiner Arbeit für die Begleichung von Ersatzforderungen zu verlieren.

2007 Der wesentliche Sinn der Haftpflichtversicherung liegt darin, die versicherte Person im Rahmen der Versicherungsbedingungen von Schadenersatzansprüchen freizustellen. Problematisch wird es, wenn versucht wird, Ursache und Wirkung zu vertauschen mit dem Ergebnis, daß erst das Bestehen einer Haftpflichversicherung das Verlangen nach Ersatzansprüchen oder deren forensischen Zuspruch auslöst.

Um der ersten Gefahr vorzubeugen, sehen die AHB z. B. den Ausschluß von Schadenersatzansprüchen durch nahe *Angehörige* vor (*Kuwert*, AHB, 4167 ff.).

2008 In besonderem Maße ist davor zu warnen, wenn Gerichte die Bestimmungen über den Schadenersatz deshalb zu Gunsten des Geschädigten interpretieren, weil für den Schädiger eine ausreichende Haftpflichtversicherung besteht.

Diese darf jedenfalls nicht als Kompensator für möglicherweise bestehende Lücken im Deliktrecht herangezogen werden. Diesen Grundsatz hat der BGH bereits 1958 sehr deutlich formuliert (BGH 13.6.1958, NJW 1958, 1630):

„Das Bestehen einer Haftpflichtversicherung zu Gunsten des Täters muß außer Betracht bleiben, wenn bei Berücksichtigung aller anderen Umstände eine Ersatzpflicht nicht bestünde."

Trotz dieser klar formulierten Ansicht gibt es aber einen Tatbestand, bei dessen Heranziehen das Bestehen einer Haftpflichtversicherung unter sozialen Gesichtspunkten doch für die Ermittlung eines Schadenersatzanspruches der Höhe nach relevant sein kann. Gemeint ist hier die Bestimmung des § 829 BGB, der die sog. *Billigkeitshaftung* regelt. Diese Bestimmung besagt: 2009

„Wer in einem der in den §§ 823 – 826 bezeichneten Fälle für einen von ihm verursachten Schaden aufgrund der §§ 827, 828 nicht verantwortlich ist, hat gleichwohl, sofern der Ersatz des Schadens nicht von einem aufsichtspflichtigen Dritten erlangt werden kann, den Schaden insoweit zu ersetzen, als die Billigkeit nach den Umständen, insbesondere nach den Verhältnissen der Beteiligten, eine Schadloshaltung erfordert und ihm nicht die Mittel entzogen werden, deren er zum angemessenen Unterhalte sowie zur Erfüllung seiner gesetzlichen Unterhaltspflichten bedarf."

Diese Billigkeitshaftung betrifft in ganz besonderem Maße die PHV, so daß dieser Gesetzestext und seine Folgen ausführlicher betrachtet werden müssen. 2010

Unter Anwendung dieser Bestimmung führte seinerzeit der BGH in dem zitierten Urteil weiter aus, daß auch bei Nichtbestehen einer Entschädigungspflicht des Schädigers eine Feststellung dahingehend getroffen werden kann, daß er den Schaden – ganz oder teilweise – dann zu ersetzen hat, wenn und soweit die Billigkeit dies erfordert und ihm nicht die Mittel entzogen werden, deren er zum standesgemäßen Unterhalt sowie zur Erfüllung seiner gesetzlichen Unterhaltspflichten bedarf.

Für die Wertung der sozialen Bedeutung der PHV ist dieses Grundsatzurteil von so erheblicher Relevanz, daß der behandelte Fall als symptomatisches Beispiel wiedergegeben werden soll: 2011

Die Parteien des Rechtsstreites waren Nachbarskinder und Spielkameraden. Der Vater des Beklagten war durch den Abschluß einer PHV gegen die Folgen von Haftpflichtschäden versichert. Der Vater des Klägers war Arbeiter und hatte eine Familie mit zwei Kindern. Sein Nettoeinkommen betrug 1955 (Schadenjahr) 415,– DM. Er besaß ein Eigenheim mit einem Einheitswert von 3.200,– DM, dem eine Verschuldung in gleicher Höhe gegenüberstand. Der Vater des Beklagten war angestellter Architekt, besaß ein Haus, von dem jedoch das Obergeschoß noch nicht voll ausgebaut war, da bis zum Gerichtstermin die hierzu erforderlichen Mittel fehlten. Die beiden Eigenheime liegen nahe beieinander.

Die zwei Nachbarskinder trafen sich, als sie beide im 7. Lebensjahr standen, der Beklagte allerdings nur einen Monat vor dessen Vollendung, zwischen Schulschluß und Mittagessen zum Spielen im Freien. Sie begaben sich in eine zwischen den elterlichen Wohnungen liegende Bodensenke, die den Zugang zu einem alten Steinbruchtunnel bildet, und in der auch Schutt und Altmaterial, darunter auch alte Flaschen, abgelagert waren. Entgegen dem Verbot der beiderseitigen Eltern durchkletterten sie die Umzäunung, um dort liegende Flaschen zu zerschmettern, indem sie diese gegen einen in der Nähe liegenden Stein warfen. Bei einem Wurf des Beklagten auf den Stein flog ein Glassplitter der platzenden

Flasche dem Kläger in das linke Auge. Dieses mußte infolge der schweren Verletzung entfernt werden.

Die Anwendung einer *Billigkeitshaftung* wurde vom Gericht verneint mit der Begründung, daß für eine Leistungsklage die Berücksichtigung der Verhältnisse der Beteiligten, so wie sie § 829 BGB vorschreibt, nur dahin verstanden wird, daß ihre zur Zeit der Urteilsfindung vorliegenden wirtschaftlichen Umstände in Betracht zu ziehen sind. Aufgrund der eingangs kurz wiedergegebenen Vermögensverhältnisse ergab sich, daß der Kläger und der Beklagte zum entscheidenden Zeitpunkt wirtschaftlich auf gleichem Niveau standen, so daß die wirtschaftlichen Verhältnisse allein keine Billigkeitsleistung des Beklagten rechtfertigten.

Mit dieser Feststellung des BGH wäre der Fall abgeschlossen gewesen, würde keine Haftpflichtversicherung bestanden haben. Das Berufungsgericht hatte nämlich den Umstand berücksichtigt, daß der Beklagte im Rahmen einer von seinem Vater abgeschlossenen PHV Versicherungsschutz genießt. Bei Anwendung einer wirtschaftlichen Betrachtungsweise wurde unterstellt, daß der Versicherungsschutz einen Vermögenswert darstellt, der bei der Billigkeitsabwägung im Rahmen des § 828 BGB zu berücksichtigen ist. Diesem Standpunkt hat der BGH aber zu Recht widersprochen.

Im wesentlichen waren die folgenden Gründe ausschlaggebend für diese Rechtsauffassung:

Eingangs stellte der BGH fest, daß eine für den Schädiger bestehende Haftpflichtversicherung bei der Beurteilung der Vermögenslage im Zusammenhang mit einer Billigkeitshaftung nicht generell negativ bewertet werden darf. Vielmehr ist zwischen verschiedenen Fällen zu differenzieren.

Handelt es sich um einen Schadenfall, in dem die Leistungspflicht ohne weiteres dem Grunde und der Höhe nach feststeht, so ist dies der typische Fall, für den eine Haftpflichtversicherung abgeschlossen wird. Die Leistung des Versicherers muß hier ausschließlich unter rechtlichen Gesichtspunkten aus dem bestehenden Versicherungsvertrag heraus entschieden werden.

Anders stellt es sich dar, wenn die Verpflichtung zum Schadenersatz grundsätzlich feststeht, aber die zu gewährende Entschädigung u. a. von Billigkeitserwägungen abhängt. Es handelt sich hier praktisch um den Schmerzensgeldanspruch im Sinne des § 847 BGB. Dieser ergibt sich unmittelbar aus den §§ 823 ff. und wird nicht aus § 829 abgeleitet. Der BGH hat sich zu dieser Frage grundsätzlich geäußert (BGH 6.7.1955, BGHZ 18, 149 = NJW 1955, 1675).

Der Kernsatz dieser Entscheidung lautet:

> „Bei Festsetzung dieser billigen Entschädigung dürfen grundsätzlich alle in Betracht kommenden Umstände des Falles berücksichtigt werden, darunter auch der Grad des

Verschuldens der Verpflichteten und die wirtschaftlichen Verhältnisse beider Teile ... Findet der Verpflichtete Ersatz seiner Leistung durch einen Ausgleichsanspruch oder durch eine Haftpflichtversicherung, so ist dies bei der Beurteilung seiner wirtschaftlichen Lage zu berücksichtigen."

Mit diesem Urteil wich der BGH von der bis dahin vom Reichsgericht vertretenen Ansicht ab, die Ansprüche des Schädigers aus der Haftpflichtversicherung könnten deshalb nicht berücksichtigt werden, weil die Haftpflichtversicherung den Haftpflichtigen für das schadlos halten wolle, was er aufgrund seiner Verantwortlichkeit zu leisten habe, und dies aber zuerst feststehen müsse, so daß lediglich auf das Verhältnis zwischen Schädiger und Haftpflichtversicherung abzustellen sei. In der nunmehr geäußerten Auffassung geht der BGH davon aus, daß ein Schädiger, der in Höhe der Versicherungssumme durch den Haftpflichtversicherer von seiner Haftung freigestellt wird, wirtschaftlich günstiger gestellt ist als ein Schädiger, der die Schäden aus der unerlaubten Handlung allein zu tragen hat. Der mit der Prämienzahlung erworbene Anspruch auf Versicherungsschutz stellt sich als ein Vermögenswert dar, wenn es um die Zahlung der Entschädigung für verursachte Schäden geht.

Ferner könne – so heißt es weiter – die Berücksichtigung der Haftpflichtversicherung daraus hergeleitet werden, daß es sich bei dem Vermögen der Haftpflichtversicherung um ein Sondervermögen handele, das ein Vermögen im privatwirtschaftlichen Sinn begründe. Demnach stehe nichts im Wege, bei der Höhe der Entschädigung nach § 847 BGB auch den Umstand zu berücksichtigen, daß der Schädiger – in Höhe der Versicherungssumme – gegen den Versicherer einen Anspruch auf Freistellung von Schäden habe.

Im Hinblick auf den zur Verhandlung anstehenden Fall ging der BGH davon aus, daß auch bei Anwendung des § 829 BGB nichts anderes gelten könne, wenn die Gesamtverhältnisse der Beteiligten auch ohne Vorliegen einer Haftpflichtversicherung dahin führten, daß der Schädiger billigerweise einen Schadenersatz zu leisten habe. Für die Beurteilung der Höhe eines derartigen Anspruches sei die Bewertung der gesamten Vermögenslage des Schädigers erforderlich, und damit komme auch die Tatsache des Bestehens einer Haftpflichtversicherung zur Auswirkung. Hierbei stützt sich das Gericht auf eine Entscheidung aus dem Jahre 1957, wo es heißt:

„Bei der Prüfung, ob und in welcher Höhe ein Schadenersatz billig ist, darf eine Haftpflichtversicherung berücksichtigt werden (BGH 15.1.1957, BGHZ 23, 90 = NJW 1957, 674)."

Zu einem anderen Ergebnis ist nur dann zu kommen, wenn ohne das Vorliegen der Haftpflichtversicherung überhaupt keine Schadenersatzpflicht gegeben wäre, weil die anderweitigen wirtschaftlichen Verhältnisse der Beteiligten eine solche nicht rechtfertigen würden. Ist dagegen ein an sich armer und deshalb aus Billigkeitsgründen nicht zur Haftung verpflichteter Schädiger, der aus § 829 BGB in Anspruch genommen wird und gegen den eine Klage nach den gesamten anderweitigen Verhältnissen ungerechtfertigt wäre, zufällig haftpflichtversichert, so kann sich diese Tatsache nicht unmittelbar zugunsten des Geschädigten auswirken. Sonst würde das Bestehen einer Haftpflichtversicherung zur klagebegründenden Tatsache werden, was nicht Sinn dieses Versicherungsvertrages sein kann und darf.

Weiter heißt es in der Begründung, daß die Tatsache des Bestehens einer Versicherung allein nicht ausschlaggebend sein kann, wenn die gesamten Umstände nicht zu einer Haftung führen. Auch der Sinn der freiwilligen Haftpflichtversicherung läuft dem entgegen. Wer eine Haftpflichtversicherung eingeht, will davor geschützt werden, daß ein von ihm angerichteter Schaden sich wirtschaftlich negativ auf sein Vermögen auswirkt und der Versicherer es übernimmt, ihn von solchen Folgen freizustellen. Liegt aber überhaupt kein zur Haftpflicht führender Tatbestand vor, so kann es nicht zu einer Vermögensbeeinträchtigung kommen, für die der Versicherer im Rahmen des bestehenden Versicherungsvertrages zu leisten hätte.

In diesem Zusammenhang ist es auch nicht unwesentlich, daß es sich bei der in Frage kommenden Versicherung um eine freiwillige Versicherung des Vaters des Beklagten handelt. Wird also dem Kläger kein aus der Haftpflichtversicherung abgeleiteter Anspruch gewährt, so steht er nicht anders da, als er im Regelfalle der Verletzung durch ein nicht schuldfähiges Kind ohne Haftung von Aufsichtspflichtigen nach Ansicht des Gesetzgebers stehen würde.

2013 In diesem Grundsatzurteil spiegelt sich sehr deutlich die soziale Bedeutung der Haftpflichtversicherung im allgemeinen und der PHV im besonderen, zumal sich an dieser Rechtsfindung bis heute nichts geändert hat.

2014 Innerhalb der Allgemeinen Haftpflichtversicherung ist die PHV ihrer Stellung nach als eine spezielle Untersparte zu sehen. Grundsätzlich regelt sich ihr Umfang nach den AHB. Den besonderen Anforderungen wird Rechnung getragen durch die auf das Risiko abgestellten BBR.

Das nach einzelnen Tarifen gegliederte Tarifbuch zur Allgemeinen Haftpflichtversicherung sieht in dem Verbandsvordruck unter der Ziff. IX den Tarif Privathaftpflicht-Versicherung vor, der nach Versicherungsgesellschaften unterschiedlich in der Höhe der zur Verfügung gestellten Höchstersatzleistungen je Schadenfall ausgestaltet ist.

2015 *Tarifliche Zuschläge* sind vorgesehen für die Mitversicherung der gesetzlichen Haftpflicht aus der Vermietung von Räumen zu gewerblichen Zwecken und Garagen und aus der Vermietung von Eigentumswohnungen. Darüber hinaus sieht das Tarifbuch auch einen Zuschlag für das Risiko aus Besitz und Verwendung von Modellfahrzeugen über 15 km/h vor.

2016 Im Vergleich zu anderen Tarifen genießt die PHV innerhalb der Allgemeinen Haftpflichtversicherung keinen Sonderstatus.

3. Versicherte Risiken

Es liegt auf der Hand, daß nicht jedes Risiko, das zu einem Schaden führt, versichert werden kann. Die BBR treffen daher für den Bereich der PHV eine Auswahl, durch die spezielle Risiken erfaßt sind, nachdem zunächst eine sehr allgemein gehaltene Begriffsbestimmung des versicherten Risikos erfolgt ist. 3001

3.1. Gesetzliche Haftpflicht des Versicherungsnehmers

An dieser Stelle der BBR wird ein Bezug zu § 1 AHB hergestellt. Danach wird Versicherungsschutz gewährt, wenn ein VN in bestimmten Fällen von einem Dritten aufgrund gesetzlicher Haftpflichtbestimmungen privatrechtlichen Inhalts auf Schadenersatz in Anspruch genommen wird. 3002

Eine gesetzliche Definition des Begriffes der Haftpflicht oder der Haftpflichtbestimmung gibt es nicht. So sagt § 149 VVG im Rahmen der dort vorgenommenen Definition der *Haftpflichtversicherung*, daß der Versicherer verpflichtet ist, dem VN die Leistung zu ersetzen, die er aufgrund der Verantwortlichkeit für eine während der Versicherungszeit eintretende Tatsache an einen Dritten zu bewirken hat. Vorausgesetzt wird somit die Verantwortlichkeit für eine Tatsache. Von einer „Haftung" ist keine Rede. 3003

Wenn man allerdings § 1 AHB als eine Einengung des sehr weit gefaßten § 149 VVG versteht (*Bruck-Möller-Johannsen*, VVG, Anm. G 58), so muß davon ausgegangen werden, daß im Falle der Inanspruchnahme auf Schadenersatz aufgrund „gesetzlicher Haftpflichtbestimmungen" nur Schadenersatzansprüche verstanden werden können.

Gesetzliche Haftpflichtbestimmungen sind demnach Rechtsnormen, die unabhängig von dem Willen der beteiligten Parteien an die Verwirklichung des Tatbestandes eines unter § 1 AHB fallenden Schadenereignisses Rechtsfolgen knüpfen (*Wussow*, AHB, § 1 Anm. 65). 3004

Bei dieser Bestimmung muß es sich um ein Gesetz im materiellen Sinne handeln. Auch eine Rechtsverordnung erfüllt die Voraussetzungen, nicht hingegen eine bloße Verwaltungsanordnung, die keinen Gesetzescharakter hat.

Gesetzliche Haftpflichtbestimmungen sind demnach in erster Linie die Vorschriften der *unerlaubten Handlung* (§§ 823 ff. BGB), weiterhin die Bestimmungen über *Gefährdungshaftung* in den verkehrsrechtlichen und anderen Sondergesetzen und letztlich auch die Haftungsregeln im Falle der *positiven Vertragsverletzung*.

3.2. Positive Vertragsverletzung

3005 Die positive Vertragsverletzung (pVV) kann bezeichnet werden als die gesetzlich nicht geregelten Fälle der zu vertretenden Verletzung von Rechtsgütern des Gläubigers durch schlechte Leistung (*Medicus*, Bürgerliches Recht, § 14 IV 1 g). Der Gesetzgeber ging davon aus, daß mit den Regeln über die Unmöglichkeit, über den Schuldnerverzug und über die Mängelgewährleistung sämtliche Fälle einer Nichterfüllung oder nichtgehörigen Erfüllung einer Verbindlichkeit erfaßt seien. Es gibt aber Fälle, bei denen weder die Regeln über die Unmöglichkeit der Leistung und den *Schuldnerverzug* greifen, noch *Gewährleistungsansprüche* gegeben sind. Insoweit besteht eine echte Gesetzeslücke.

3006 Um diese auszufüllen, ist seit langem gewohnheitsrechtlich anerkannt, daß Ausgleichsansprüche nach den Regeln der pVV gegeben sein können, wenn folgende Voraussetzungen vorliegen:

- Es besteht ein Schuldverhältnis;
- es liegt eine objektive Verletzung einer sich daraus ergebenden Verpflichtung vor;
- die Rechtsfolgen dieser Pflichtverletzung sind weder in den Vorschriften über Unmöglichkeit, Schuldnerverzug, Gläubigerverzug, noch in den Gewährleistungsvorschriften geregelt;
- die Verletzung ist schuldhaft.

3007 Damit umfaßt die pVV insbesondere folgende Fallgruppen:

- Verletzung vertraglicher Nebenpflichten, wie Vorbereitungs-, Obhuts-, Erhaltungs-, Aufbewahrungs-, Anzeige-, Auskunfts- oder Geheimhaltungspflichten.
- Schlechterfüllung einer Hauptleistungspflicht, sofern durch die nicht ordnungsgemäße Erfüllung ein über das Erfüllungsinteresse hinausgehender zusätzlicher Schaden (Begleitschaden) entstanden ist.
- Erklärung des Schuldners, er werde seine Verpflichtung endgültig nicht oder nur unter Bedingungen erfüllen, die ungesetzlich oder unsittlich sind, stellen ebenfalls eine pVV dar, selbst wenn die Leistung noch nicht fällig ist.

3008 Die meisten Schwierigkeiten macht die Abgrenzung der Ansprüche aus pVV gegenüber denen aus Gewährleistungsansprüchen aus Kauf- oder Werkvertrag. Zwischen beiden Ansprüchen besteht Gesetzeskonkurrenz. Soweit der Anspruch als *Gewährleistungsanspruch* besteht, ist die gesetzliche Regelung im BGB ausschließlich, so daß daneben der Anspruch nicht mehr auf pVV gestützt werden kann.

3009 Um also einen Anspruch auf pVV gründen zu können, müssen Nachteile vorliegen, die dem Besteller außerhalb des Werkes selbst erwachsen. Das bedeutet, daß der Mangelschaden unmittelbar dem Werk und damit den *Gewährleistungsansprüchen* zuzuordnen ist, wohingegen der sog. *Mangelfolgeschaden* über die Regeln der pVV zu Ersatzansprüchen führt. *Mangelschaden* bedeutet, daß ein enger und unmittelbarer Zusammenhang des

Schadens mit dem Mangel bestehen muß. Alle anderen aus der Schlechtleistung hervorgehenden Schäden sind Mangelfolgeschäden und unterliegen daher der pVV.

Ein Mangelschaden ist stets dann gegeben, wenn der Schaden dem geschuldeten Werk wegen des Mangels unmittelbar anhaftet. Dies ist meist dann der Fall, wenn wegen Mängeln eines körperlich erstellten Werkes dem Besteller Vermögensnachteile entstehen (MK-Soergel, § 635 Anm. 32).

Für den Bereich der pVV bleiben daher die Schäden, die nicht mehr eng und unmittelbar mit dem Mangel zusammenhängen, sondern entfernte Mangelfolgeschäden sind (BGH NJW 1972, 625 vom 20.1.1972). Zu solchen Mangelfolgeschäden gehören Schäden, die als entfernte Folge am Vermögen des Bestellers auftreten (z. B. an seinem Mobiliar). Dazu zählen auch Schäden an außerhalb des Werkes liegenden selbständigen Rechtsgütern des Bestellers, vor allem, wenn diese nicht in den Herstellungsvorgang mit einbezogen worden sind (MK-Soergel, § 635 Anm. 53; BGH NJW 1973, 1752 vom 12.7.1973). 3010

Besondere Bedeutung erhält die Unterscheidung zwischen Mangel- und Mangelfolgeschaden durch die unterschiedlichen Verjährungsfristen. Diese betragen z. B. im Werkvertragsrecht gemäß § 638 BGB für den Fall des Mangelschadens zwischen sechs Monaten und fünf Jahren, während die auf pVV gestützten Schadenersatzansprüche der langen Verjährungsfrist von 30 Jahren unterliegen (BHG NJW 1967, 340 vom 28.11.1966). 3011

Im Hinlick auf die Versicherbarkeit von Ansprüchen ist festzuhalten, daß nach den AHB nicht Gegenstand einer Haftpflichtversicherung sein können solche Ansprüche auf *Vertragserfüllung* oder Ansprüche auf Ersatzleistung, die anstelle der *Erfüllungsleistungen* treten. Daher gibt es weder für die verschuldensunabhängigen Gewährleistungsansprüche Versicherungsschutz, noch für Schäden, die dem unmittelbaren Mangelschaden zuzuordnen sind. Der Sinn einer Haftpflichtversicherung liegt für diese Fälle darin, vor solchen Ersatzansprüchen zu schützen, die sich auf Schäden außerhalb des Erfüllungsinteresses beziehen und vom Schadenersatzanspruch wegen pVV erfaßt werden (MK-Soergel, § 635 Anm. 24 mit weiterführender Judikatur). 3012

3.3. Culpa in contrahendo

Zu den gesetzlichen Haftpflichtansprüchen gehören auch die aus *Verschulden bei Vertragsabschluß* (*culpa in contrahendo* (c. i. c.)). Voraussetzungen für einen solchen Anspruch sind: 3013

- Ein vorvertragliches Schuldverhältnis muß vorliegen. Dieses entsteht durch Vertragsverhandlungen oder durch die Aufnahme von geschäftlichem Kontakt. Dazu reicht z. B. das Betreten eines Warenhauses aus, selbst wenn es noch nicht zu konkreten Kaufverhandlungen gekommen ist (BGH NJW 1962, 31 vom 26.9.1961).

- Eine sich aus dem vorvertraglichen Schuldverhältnis ergebende Verpflichtung muß verletzt sein. Das vorvertragliche Schuldverhältnis begründet keine Leistungspflichten, sondern Sorgfaltspflichten nach Maßgabe des § 242 BGB. Dabei haben sich hauptsächlich zwei Gruppen von Pflichten herauskristallisiert:

    a) Im Hinblick auf den angestrebten Vertragsschluß muß jeder Beteiligte redlich vorgehen. Damit entstehen Sorgfaltspflichten im Hinblick auf den Vertragszweck.
    b) Jeder Beteiligte muß Schädigungen des anderen unterlassen, die im Zusammenhang mit den Vertragsverhandlungen oder dem entstandenen geschäftlichen Kontakt erfolgen könnten. Es handelt sich um Sorgfaltspflichten, wie sie auch nach Vertragsschluß entstehen können. So muß insbesondere ein Kaufmann dafür sorgen, daß seine Kunden nicht durch Gefahrenquellen in den Verkaufsräumen zu Schaden kommen.

- Die Verletzung der genannten Pflichten muß schuldhaft erfolgen. Hier wird es häufig zu Beweisschwierigkeiten kommen, die aber eine Milderung durch entsprechende Anwendung des § 282 BGB (*Beweislastumkehr*) erhalten. Wenn die Schadenursache im Organisations- oder Gefahrenbereich des Schuldners liegt, ist die genannte Vorschrift entsprechend anwendbar, so daß z. B. bei der Verletzung eines Kunden im Kaufhaus dessen Leitung nachweisen muß, daß sie die erforderliche Sorgfalt hat walten lassen, um den Unfall zu verhüten.
- Rechtsfolge eines Verschuldens bei Vertragsschluß ist die Verpflichtung des Schuldners zum Schadenersatz. Dabei ist allerdings zu beachten, daß ein Schmerzensgeldanspruch aus c. i. c. – wie auch aus pVV – nicht verlangt werden kann (vergl. §§ 253, 847 BGB).
- Wie auch bei der pVV gehen die Regeln über die Vertragsverletzung (Unmöglichkeit, Verzug usw.) der c. i. c. vor. Soweit Ansprüche aus unerlaubter Handlung und pVV bzw. c. i. c. nebeneinander bestehen, schließen diese sich nicht aus, sondern können gemeinsam geltend gemacht werden.

3.4. Zusammenfassung der gesetzlichen Haftpflichtansprüche

3014   Hauptsächlich gibt es folgende gesetzliche *Haftpflichtansprüche*:

a) Haftpflicht nach dem Bürgerlichen Gesetzbuch (BGB)
    aa) Gesetzliche Haftpflicht aus unerlaubten Handlungen
    ab) Gesetzliche Haftpflicht aus Schuld-(Vertrags-)verhältnissen
    ac) Ansprüche aus positiver Vertragsverletzung (pVV)
    ad) Verschulden bei Vertragsschluß (c. i. c.)
    ae) Gesetzliche Haftpflicht juristischer Personen
b) Haftpflicht nach dem Reichshaftpflichtgesetz (RHG)
c) Haftpflicht nach dem Straßenverkehrsgesetz (StVG)
d) Haftpflicht nach dem Atom- und Wasserhaushaltsgesetz (AtG und WHG)

e) Haftpflicht nach dem Arzneimittelgesetz (AMG)
f) Regreßhaftung nach der Reichsversicherungsordnung (RVO)
g) Produkthaftungsgesetz (ProdHaftG)

Zur näheren Erläuterung dieser angesprochenen Haftungsnormen wird auf die vorhandene Spezialliteratur verwiesen.

3.5. Versicherungsnehmer als Privatperson bei Gefahren des täglichen Lebens

Die Begriffe *„Privatperson"* und *„Gefahren des täglichen Lebens"* müssen gemeinsam mit den Ausnahmen betrachtet werden, für die kein Versicherungsschutz besteht, nämlich die Gefahren eines Betriebes, Berufes, Dienstes, Amtes (auch Ehrenamtes) oder einer verantwortlichen Betätigung in Vereinigungen aller Art. Hier geht es um die Abgrenzung zwischen Betriebshaftpflichtversicherung und Privathaftpflichtversicherung, wobei der Ausnahme der ungewöhnlichen und gefährlichen Beschäftigung eine besondere Stellung zukommt. Auf sie wird daher gesondert einzugehen sein. 3015

3.5.1. Abgrenzung zu Betrieb und Beruf

Wenn die BBR ausdrücklich darauf hinweisen, daß nur die gesetzliche Haftpflicht des VN als *Privatperson* aus den Gefahren des täglichen Lebens versichert ist, so wird die Bedeutung der Abgrenzung zwischen den beiden Haftpflichtbereichen für *private* und *betriebliche Tätigkeiten* deutlich. Das liegt nicht zuletzt daran, daß das Risiko im betrieblichen Bereich erheblich höher einzustufen ist als im privaten. Beim ohnehin schon knapp kalkulierten Tarif für die PHV ist daher kein Raum für die erheblich größer eingeschätzten Gefahren des Berufslebens. Daher besteht auch der ausdrückliche Hinweis in den BBR, daß nur Gefahren des täglichen Lebens bei einer Privatperson versichert sind. Diese Formulierung schafft die Abgrenzung zu dem durch die Berufsausübung bedingten Gefahrenbereich (vgl. BGH VersR 1969, 219 vom 18.12.1968). 3016

Aus dem die Haftpflichtversicherung beherrschenden Grundsatz der Spezialität der versicherten Gefahr ergibt sich, daß eine Gefahr im Bereich der Betriebshaftpflichtversicherung nicht von der Privathaftpflicht erfaßt wird. Umgekehrt fällt auch eine Gefahr, die zum Bereich der PHV gehört, nicht in den der Betriebshaftpflichtversicherung (BGH VersR 1961, 399 vom 9.3.1961). 3017

Die Klausel „mit Ausnahme der *Gefahren eines Betriebes*" ist eine negative Risikobeschreibung (BGH VersR 1981, 271 vom 11.12.1980; *Prölss-Voit*, PHV, § 1 Anm. 2).

Soweit streitig ist, unter welche Versicherung ein Fall einzuordnen ist, ist grundsätzlich der VN für die Eintrittspflicht der Versicherung, von der er Deckung erwartet, beweispflichtig (*Wussow*, AHB, § 1 Anm. 103).

3018 Die Abgrenzung zwischen Betriebshaftpflicht- und Privathaftpflichtversicherung und damit zwischen beruflicher und privater Sphäre ist mit erheblichen Schwierigkeiten verbunden. Es kommt wesentlich darauf an, ob die eigentliche Ursache des Schadens in den Rahmen der Betriebshaftpflichtversicherung oder der PHV fällt. Erforderlich ist ein innerer Zusammenhang zwischen der schadenverursachenden Handlung der betrieblichen bzw. privaten Tätigkeit. Dabei muß im Zweifel geprüft werden, welchem Risikobereich vernünftigerweise der Schaden zuzurechnen ist.

Fraglich ist allerdings, wann ein derartiger innerer ursächlicher Zusammenhang vorliegt. Wenn ein Versicherter bei der schadenstiftenden Handlung für den Betrieb, bei dem er beschäftigt ist, tätig geworden ist, unterliegt es keinem Zweifel, daß der erforderliche innere Zusammenhang gegeben ist.

Es genügt sogar schon, wenn sein Handeln dazu bestimmt war, dem Interesse des Betriebes zu dienen. Wenn also das Zusammensein von mehreren Betriebsangehörigen den Schadeneintritt generell gefördert hat oder der Erfolg der schadenverursachenden Handlung erst durch die Verwendung von betrieblichem Werkzeug oder Material ermöglicht wird, liegt bereits ein innerer Zusammenhang zwischen Betrieb, beruflicher Tätigkeit und dem Schadenfall vor (*Theißen*, Abgrenzung zwischen Privathaftpflichtversicherung und Betriebhaftpflichtversicherung, VersR 1964, 705).

3019 Wenn der innere ursächliche Zusammenhang gegeben ist, so ist es wichtig, ob die Handlung für den Betrieb erfolgt ist, oder ob es sich um eine *mutwillige Handlung* gehandelt hat, die mit der dem Versicherten obliegenden Dienstleistung nichts zu tun hat (vgl. BGH VersR 1976, 921 vom 2.6.1976, unter Aufgabe des bis dahin vertretenen Rechtsstandpunktes). So ist zu unterscheiden, wenn z. B. ein Maler einen Kollegen mit dem Pinsel beschmutzt und dies einmal während der Arbeitszeit aus Unvorsichtigkeit geschieht oder während der Mittagspause aus *Mutwillen*. Allein die Tatsache, daß der Schaden mit dem Pinsel und der Farbe des Betriebes durchgeführt wurde, reicht nicht aus, um den erforderlichen inneren Zusammenhang zwischen der schadenverursachenden Handlung und der betrieblichen Tätigkeit herzustellen. Ein Betriebsangehöriger, der nicht für den Betrieb tätig wird, sondern aus Mutwillen handelt, verläßt den Bereich der Betriebsbezogenheit seines Handelns.

3020 Wenn ein Zeitungsausfahrer oder Bote berufsbedingt einen Schaden bei der *Teilnahme am Straßenverkehr* anrichtet, dürfte es keinem Zweifel unterliegen, daß die Betriebshaftpflichtversicherung einzutreten hat.

Dies muß auch für Angestellte, Arbeiter, Auszubildende u. a. gelten, die nur zeitweise am Tage oder nur zur Durchführung eines Auftrages berufsbedingt am Straßenverkehr teilnehmen (*Theißen*, a. a. O.).

3021 Richtschnur kann auch hier nur die innere *Betriebsbezogenheit* sein. Dies läßt keinen Raum für die Auffassung, daß in den zuletzt geschilderten Fällen nicht die Betriebshaftpflichtversicherung einzugreifen habe, weil für diese Personengruppen die Gefahren des

Straßenverkehrs keine typischen Berufsgefahren sind; denn die Beobachtung der Straßenverkehrsordnung erfordert rein private Kenntnisse (*Stelzer*, Die Verrichtungsklausel im Blickpunkt der Rechtsprechung des BGH, VersR 1962, 17). Dabei wird übersehen, daß die Betriebshaftpflichtversicherung nicht nur die typischen, die betriebs- und berufseigentümlichen Gefahren, sondern schlechthin alle Gefahren – also auch die Gefahren im Straßenverkehr – erfaßt, denen der Versicherte im Rahmen seiner betrieblichen Tätigkeit ausgesetzt ist. Durch die Betriebshaftpflichtversicherung können auch durchaus typische Gefahren gedeckt werden, die sonst in den Bereich der PHV fallen würden. Das ist immer dann der Fall, wenn die Gefahr und die Handlung im inneren Zusammenhang zum Betrieb stehen. So kann es keinem Zweifel unterliegen, daß eine Angestellte, die für ihren Vorgesetzten mit ihren im Privatleben erworbenen Kenntnissen eine Tasse Kaffee aufbrüht und dabei einen Schaden anrichtet, Versicherungsschutz über die Betriebshaftpflichtversicherung erhält, obwohl das Aufbrühen der Tasse Kaffee für die Angestellte keine typische Berufsgefahr darstellt und im Privatleben erworbene Kenntnisse erfordert (*Theißen*, a. a. O.).

Voraussetzung für die Eintrittspflicht des Betriebshaftpflichtversicherers bei der Teilnahme am Straßenverkehr kann daher nur sein, daß ein innerer Zusammenhang zwischen der schadenverursachenden Handlung und dem Betrieb besteht. Dieser innere Zusammenhang ist jedenfalls immer dann gegeben, wenn sich der Beschäftigte während der Arbeitszeit auf einem Weg befindet, dessen Ziel die Erledigung eines betrieblichen Auftrages ist. Denn gerade dadurch, daß sich der Unfall nicht nur während der Arbeitszeit, sondern auch auf dem durch den betrieblichen Auftrag bestimmten Weg ereignete, wird neben dem äußeren auch der innere Zusammenhang hergestellt (*Theißen*, a. a. O.).

Diese Abgrenzung bedeutet jedoch nicht, daß durch die Betriebshaftpflichtversicherung alle Schäden erfaßt werden, die sich während der Arbeitszeit an der Betriebsstätte ereignen. Schäden, die nur gelegentlich einer betrieblichen Tätigkeit verursacht werden und bei denen es an dem inneren Zusammenhang mit dem Betrieb fehlt, fallen unter den Schutzbereich der PHV (vgl. *Prölss-Voit*, VVG, § 151 Anm. 2). Allein die Tatsache, daß sich der Schadenfall während der Arbeitszeit und in den Betriebsräumen ereignet hat, reicht für sich allein zur Begründung eines inneren Zusammenhangs nicht aus. Denn auch während der Arbeitszeit, inner- oder außerhalb des Betriebes, werden durch die Angestellten oder Arbeiter reine private Handlungen ausgeführt wie z. B. Zigarettenrauchen, Frühstücken o. ä..

Wenn allerdings diese Tätigkeiten betriebsbedingt entscheidend beeinflußt werden und der evtl. entstehende Schaden erst durch diese betriebsbedingte Einwirkung entstehen kann, wird wiederum der innere Zusammenhang zum Betrieb hergestellt und der Bereich der Betriebshaftpflichtversicherung angesprochen (*Theißen*, a. a. O.). Das gilt z. B. für den Arbeiter, der während der Arbeit eine Zigarette raucht. Er benötigt seine Hände zur Durchführung der Arbeit und legt daher die Zigarette auf eine Tischkante. Bei der Konzentration auf seine Arbeit vergißt er nun, die glimmende Zigarette rechtzeitig vom Tisch zu nehmen, wodurch es zu einem Brandschaden kommt. Der Umstand dafür, daß der Arbeiter haftpflichtig geworden ist, ist sicherlich eine Auswirkung seiner betrieblichen Betätigung, so daß sich der Betriebshaftpflichtversicherer mit dem Fall befassen muß.

3022 Es kommt auf jede Einzelheit des konkreten Falles an, um zu einer korrekten Bewertung der Frage zu kommen, ob der private oder berufliche Bereich angesprochen ist. Maßgebend ist aber immer wieder der innere Zusammenhang mit der privaten oder betrieblichen Sphäre. Dadurch kann in jedem Fall eine gerechte Abgrenzung erreicht werden (*Theißen*, a. a. O.).

Zusammenfassend kann daher festgestellt werden, daß die Betriebshaftpflichtversicherung sämtliche Schäden umfaßt, die während der Arbeitszeit inner- oder außerhalb des Betriebes und auch bei der betriebsbedingten Teilnahme am Straßenverkehr entstehen, wenn und solange noch ein innerer ursächlicher Zusammenhang zwischen dem Betrieb und dem Umstand, daß der Versicherte haftpflichtig wird, vorhanden ist.

3023 Die PHV umfaßt dagegen neben den völlig außerhalb des Betriebes und Berufes entstehenden Schäden auch sämtliche Schadenfälle, die nur bei Gelegenheit der betrieblich bedingten Arbeit innerhalb und außerhalb des Betriebes und bei der Teilnahme am Straßenverkehr durch reine private Interessen und Handlungen entstehen (*Theißen*, a. a. O.).

Schwierigkeiten tauchen auf bei Fällen, in denen die zum Schaden führende Tätigkeit des VN nicht im Betrieb, sondern außerhalb erfolgt. Dabei hat der Schädiger auch nicht den Willen, für den Betrieb tätig zu sein, obwohl die betreffende Beschäftigung beruflicher Art zu sein scheint. Dieser Fall liegt beispielsweise vor, wenn der VN außerhalb des Betriebes eine Beschäftigung ausübt, die seiner betrieblichen Tätigkeit entspricht. Dabei hat er nicht den Willen, für den Betrieb tätig zu sein. Wird der in einem Betrieb angestellte Maler beauftragt, in *Schwarzarbeit* außerhalb seiner Arbeitszeit Malerarbeiten bei einem Privatmann vorzunehmen, wird man diese Tätigkeit wegen ihres Zusammenhangs mit dem Hauptberuf des VN als Bestandteil des Berufes ansehen müssen. Ein entstehender Schaden fällt nicht unter die PHV (vgl. aber BGH VersR 1981, 271 ff vom 11.12.1980 (Fall 9 der nachfolgenden Rspr.-Übersicht); *Prölss-Voit*, PHV, § 1 Anm. 3). Berufliche Tätigkeit liegt ebenso vor, wenn sie (auch häufiger) unentgeltlich ausgeübt wird, wenn es sich nicht um einen ungeplanten Einsatz beruflicher Kenntnisse aus akutem Anlaß handelt *(Prölss-Voit*, PHV, § 1 Anm. 3).

3024 In Fällen dieser Art wird man nicht das Merkmal der *Betriebsbezogenheit* in den Vordergrund stellen können, sondern gewissermaßen das Merkmal der *Berufsbezogenheit* (*Wussow*-Informationen vom 16.4.1979, S. 62 ff.). Auch außerhalb des Betriebes berufsbezogen in Auftrag gegebene Tätigkeiten sind berufliche Beschäftigungen, die spezifische Kenntnisse und Fähigkeiten des Hauptberufes nicht erfordern. Denn für die Annahme einer beruflichen Tätigkeit außerhalb des Betriebs kommt es nicht auf die spezielle *Berufsausbildung* an (OLG Celle VersR 1961, 169 vom 14.1.1961).

Es besteht aber auch die Möglichkeit, daß die oben erwähnte Beziehung zum Hauptberuf nicht vorhanden ist. Die vorgenommene Tätigkeit ist völlig unabhängig vom Hauptberuf und außerdem ganz anderer Art. Um hier das Merkmal der beruflichen Tätigkeit zu erhalten, wird es erforderlich sein, daß die vorgenommene Beschäftigung nicht nur einmal oder gelegentlich ausgeübt wird, sondern daß sie der VN zu seinem Beruf macht. Das erfordert eine auf Dauer angelegte Beschäftigung, für die sicherlich die *Entgeltlichkeit* ein wesentliches Indiz, nicht jedoch allein entscheidend ist (OLG Frankfurt VersR 1978, 910 vom 28.6.1978).

Wenn sich z. B. ein Büroangestellter in seiner Freizeit aus Hobbyzwecken mit der Instandsetzung von Radios und Fernsehapparaten befaßt, so wird er auch dann keine berufliche Tätigkeit ausüben, wenn er jemandem aus Gefälligkeit dessen Fernseher repariert. Der Privatbereich wird aber sicherlich in dem Augenblick überschritten, wenn der Betreffende bei jeder sich bietenden Gelegenheit fremde Geräte gegen Entgelt instandsetzt. Hier liegt dann eine berufliche Tätigkeit vor.

Ein gelegentliches Tun wird nicht dadurch zu einer in der Privathaftpflicht nicht gedeckten beruflichen Tätigkeit, daß der VN seine beruflichen Kenntnisse und Fähigkeiten einsetzt. Für die Abgrenzung beruflicher von privater Tätigkeit kann es nur auf die Frage ankommen, ob es sich um eine echte berufliche, also um eine auf Dauer angelegte, zumeist dem Erwerb des Lebensunterhaltes dienende Tätigkeit gehandelt hat (OLG Karlsruhe ZfS 1987, 251 vom 19.3.1987 – unter Berufung auf BGH VersR 1981, 271 vom 11.12.1980 –; OLG Hamm ZfS 1986, 344 f. vom 30.5.1986). 3025

Bei den geschilderten Fällen hilft das Merkmal der Betriebsbezogenheit zur Abgrenzung der betrieblichen von der privaten Sphäre nicht weiter. Es müssen andere Maßstäbe angelegt werden, die es erlauben, eine Unterscheidung zwischen der betrieblichen/beruflichen und der privaten Tätigkeit vorzunehmen.

Dagegen lassen sich die Merkmale der Berufsbezogenheit und des Berufes als solchem in Unterscheidung zum *Hobby* gut verwenden. 3026

Soweit die BBR den Begriff des „Betriebes" benutzen, wird es schon nach der Verkehrsanschauung erforderlich sein, daß persönliche und sachliche Vorkehrungen für eine auf Dauer ausgerichtete Erwerbstätigkeit getroffen werden, die als „Betrieb" gelten können (*Wussow*-Informationen, a. a. O.). Schon nach dem allgemeinen Sprachgebrauch ist es erforderlich, daß ein Betrieb nach außen als selbständiger, von der privaten Sphäre des Betriebsinhabers getrennter Lebensbereich in Erscheinung tritt (BGH VersR 1962, 33 vom 27.11.1961).

Danach ist der Haushalt kein Betrieb, weil er mit dem privaten Lebensbereich der Familie zusammenfällt.

Die Begriffe „Dienst", „Amt", „Betätigung in Vereinigungen", die ebenfalls der Ausnahmeregelung der BBR hinsichtlich des Versicherungsschutzes unterliegen, betreffen dieselbe Abgrenzung zwischen beruflicher oder quasi-beruflicher und privater Beschäftigung. Auch hier wird immer nach der Dienst-, Amts- und Vereinigungsbezogenheit bzw. der Berufsbezogenheit im Hinblick auf die dort ausgeführten Tätigkeiten zu fragen sein, um zu einer entsprechenden Unterscheidung zu kommen. Dabei ist Dienst eine Tätigkeit, die mit beruflicher vergleichbar ist, nicht aber nach Sprachgebrauch unter den Begriff „Beruf" 3027 fällt (BGH VersR 1981, 271 vom 11.12.1980). Die Gefahren eines Amtes und einer verantwortlichen Tätigkeit in Vereinigungen aller Art meinen Tätigkeiten in gehobener Position (Vorstand u. ä.) (vgl. *Prölss-Voit*, PHV § 1 Anm. 5).

Hinsichtlich der Unterscheidung zwischen Betriebs- und privater Haftpflichtversicherung gibt es eine Reihe Urteile, von denen die wichtigsten aufgeführt werden. Dabei wird auf Ausführlichkeit und teilweise wörtliche Wiedergabe Wert gelegt. Die Fälle 1 bis 18 geben die wesentliche Rspr. von 1958 bis 1983, die Fälle 19 bis 22 von 1984 bis 1989 wieder.

3028 **Fall 1**

Urteil des BGH vom 4.12.1958 (abgedruckt in VersR 1959, 42 ff.):

Leitsatz: Der Versicherungsschutz des bei einer Betriebshaftpflichtversicherung mitversicherten Betriebsangehörigen hängt davon ab, ob er bei der schadenstiftenden Handlung im Rahmen seiner Beschäftigung im Betrieb für diesen tätig geworden ist. Hierbei genügt es, daß er mit seinem Handeln dem Zweck des Betriebes dienen wollte.

Der Bruder des bei der Beklagten versicherten Klägers wollte auf dessen Hof mit einem gefundenen Militärkarabiner, dessen Lauf durch Absägen verkürzt war, auf eine Elster schießen. Er glitt aus. Der vorzeitig gelöste Schuß verletzte eine Frau auf dem Nachbarhof. Der Kläger begehrt für seinen Bruder Versicherungsschutz und behauptet, er habe ihn in seinem landwirtschaftlichen Betrieb beschäftigt und ihm vor dem Unfall den Auftrag zur Beseitigung der Elstern gegeben, die ständig seine Hühner verscheucht und ihnen das Futter weggefressen hätten. Er habe allerdings nicht gewußt, daß sein Bruder ein Gewehr besaß, vielmehr habe er ein Fangen der Elstern mit einem Fangeisen im Auge gehabt.

Die Beklagte ist der Auffassung, daß der Bruder des Klägers nicht in dessen landwirtschaftlichem Betrieb tätig gewesen ist, sondern ihm nur gelegentlich mitgeholfen habe. Jedenfalls könne der Unfall nicht als bei Ausübung einer dienstlichen Verrichtung verursacht angesehen werden.

Das Landgericht hat der Klage stattgegeben, das OLG hat sie abgewiesen. Der BGH hat das Berufungsurteil aufgehoben und die Sache zurückverwiesen.

Es wird ausgeführt, daß die vom Kläger genommene Versicherung den Charakter einer Betriebshaftpflichtversicherung hat. Ihr Sinn und Zweck liegt darin, alle Haftpflichtgefahren, die dem VN und den mitversicherten Betriebsangehörigen aus dem betreffenden Betrieb erwachsen können, unter Versicherungsschutz zu stellen.

Bei der Frage, ob der Schaden, für den der Mitversicherte haftpflichtig gemacht wird, bei Ausübung seiner *dienstlichen Verrichtung* verursacht worden ist, kommt es nicht darauf an, ob der schadenstiftenden Handlung ein besonderer Auftrag oder bestimmte Weisungen des VN zugrunde lagen. Auch ist es unerheblich, ob der Mitversicherte solche Weisungen richtig befolgt oder sie womöglich überschritten hat. Ferner ist es ohne Belang, ob er seine dienstlichen Verrichtungen gut oder schlecht ausgeführt hat, ob sein Handeln im objektiven Interesse des Betriebes lag und dem mutmaßlichen Willen des VN entsprach, und ob die von ihm getroffenen Maßnahmen geeignet waren, den erstrebten Erfolg herbeizuführen. Entscheidend ist vielmehr, ob der Umstand, daß der Mitversicherte haftpflichtig geworden ist, eine Auswirkung seiner Beschäftigung in dem betreffenden Betrieb ist. Dies wird vom BGH als gegeben angesehen, wenn der Betreffende bei der schadenstiftenden Handlung im Rahmen seiner Beschäftigung im Betrieb für diesen tätig geworden ist. Dabei genügt es schon, daß sein Handeln dazu bestimmt war, dem Interesse des Betriebes zu dienen. Es ist nicht erforderlich, daß es auch objektiv im Interesse des Betriebes lag.

Die Tätigkeit des Bruders des Klägers war darauf gerichtet, Elstern zu schießen, um damit Schäden vom Betrieb fernzuhalten. Insoweit ist der Schaden bei Ausübung einer dienstlichen Verrichtung entstanden.

Es spielt keine Rolle, ob er dabei von dem mutmaßlichen Willen seines Bruders hinsichtlich der Möglichkeiten der Beseitigung der Elstern abgewichen ist und ob die von ihm unternommenen Maßnahmen generell geeignet waren, den von ihm erstrebten Erfolg herbeizuführen. Sein Handeln war jedenfalls dazu bestimmt, dem Interesse des Betriebes zu dienen.

<u>Anmerkung</u>: Die Angelegenheit mußte nur deshalb vom BGH zurückverwiesen werden, da offengeblieben war, ob der Bruder des Klägers von diesem in dessen landwirtschaftlichem Betrieb zur Zeit des Unfalls beschäftigt war und ob er die Elstern – wie von der beklagten Versicherung behauptet – nicht lediglich zu seinem Vergnügen geschossen hatte.

Fall 2 3029

Urteil des BGH vom 12.1.1961 (abgedruckt in VersR 1961, 121 ff.):

Leitsatz: Der Versicherungsschutz bei der Betriebshaftpflichtversicherung erfordert einen *inneren ursächlichen Zusammenhang* zwischen der schadenstiftenden Handlung des Versicherten und dem Betrieb des VN.

Der Gesellschafter M. der Klägerin ließ mehrere Reifen eines LKW der Klägerin reparieren. Den LKW hatte er während dieser Zeit in einer Querstraße abgestellt. Als er den letzten Reifen abholen sollte, war dieser noch nicht fertig. Daraufhin wollte M. wieder zu dem LKW zurückgehen. Dabei stellte er fest, daß ein Fahrer eines anderen LKW vor dem Werkstatthof auf die unübersichtliche Straße hinausfahren wollte. M. half ihm, indem er einwinkte. Dabei stieß ein Motorradfahrer, der die Straße befuhr und den M. nicht rechtzeitig bemerkt hatte, mit dem zurücksetzenden LKW zusammen. Der Haftpflichtversicherer des zurückfahrenden LKW regulierte den Schaden und machte gegen M. Ausgleichsansprüche geltend.

47

Die beklagte Versicherung lehnte Versicherungsschutz ab, weil der Haftpflichtfall nichts mit dem Betrieb der Klägerin zu tun habe und deshalb nicht unter das versicherte Risiko falle.

Das Landgericht hat der Klage stattgegeben. Das OLG hat sie abgewiesen.

Der BGH hat die Auffassung vertreten, daß der eingetretene Haftpflichtschaden nicht in den Schutzbereich der von der Klägerin abgeschlossenen Betriebshaftpflichtversicherung fällt, sondern von einer Privathaftpflichtversicherung zu decken wäre, wenn eine solche für M. bestanden hätte. Dabei wird ausgeführt, daß der versicherte *Gefahrenbereich* untrennbar mit dem Betrieb des Versicherten verknüpft ist. Entscheidend ist allein, ob der Umstand, daß der Versicherte haftpflichtig geworden ist, eine Auswirkung seiner Beschäftigung in diesem Betrieb ist.

Der BGH geht davon aus, daß M. die Einweisung des LKW nicht auf Veranlassung eines Angestellten der Werkstatt, sondern aus eigenem Antrieb übernommen hat.

Damit entfällt der erforderliche innere Zusammenhang zwischen der schadenstiftenden Tätigkeit des M. und dem Betrieb der Klägerin. Allein der Umstand, daß M. gerade auf dem Wege von der Werkstatt zu seinem LKW war, vermag eine innere Beziehung zu dem Betrieb der Klägerin nicht zu begründen. Es handelt sich nur um eine bei Gelegenheit dienstlicher Verrichtung verursachte Schädigung, die nicht unter den Schutzbereich einer Betriebshaftpflichtversicherung fällt.

Es reicht auch nicht aus, daß M. als Berufsfahrer seinem Kollegen aus Gründen der Berufssolidarität durch das Einwinken beim Herausfahren aus dem Hof der Werkstatt helfen wollte. Die von M. gezeigte Hilfbereitschaft stand zwar im Zusammenhang mit dem von ihm ausgeübten Beruf eines Kraftfahrers. Sie hatte aber mit seiner Tätigkeit im Betrieb der Klägerin nichts zu tun. Das schließt der BGH daraus, daß M. die Einweisung auch dann vorgenommen hätte, wenn er nicht im Betrieb der Klägerin tätig gewesen und zufällig hinzugekommen wäre.

Es würde eine nicht tragbare Ausweitung des durch die Betriebshaftpflicht geschützten Gefahrenkreises bedeuten, wenn man in ihn auch solche Gefälligkeitshandlungen einbeziehen wollte, die lediglich aus Gründen der Berufssolidarität vorgenommen werden, ohne daß sie in einem sachlichen Zusammenhang mit dem Betrieb des VN stehen, dessen Haftpflichtrisiken für die Betriebshaftpflichtversicherung allein geschützt werden sollen.

Fall 3

Urteil des BGH vom 9.3.1961 (abgedruckt in VersR 1961, 399 ff.):

Leitsatz: Abgrenzung der *Gefahrenbereiche* bei der Betriebs- und der Privathaftpflichtversicherung.

(Der hier vertretene Rechtsstandpunkt wurde später – BGH VersR 1976, 921 ff. – aufgegeben – s. Fall 8 –)

Der Kläger hatte bei der Beklagten eine PHV abgeschlossen, nach der von der Versicherung ausgeschlossen sind „Haftpflichtansprüche im ursächlichen Zusammenhang mit dienstlichen Verrichtungen des VN". Im übrigen haben die Allgemeinen Versicherungsbedingungen den gleichen Inhalt wie die AHB. In die Versicherung eingeschlossen ist u. a. die gleichartige Haftpflicht der in häuslicher Gemeinschaft mit dem VN lebenden minderjährigen Kindern.

Der über 18 Jahre alte Sohn des Klägers, der bei diesem in häuslicher Gemeinschaft lebte und Lehrling in einer Maschinenbaufabrik war, führte folgenden Haftpflichtfall herbei: Eines Tages erhielten die Lehrlinge den Auftrag, ihre Drehbänke zu reinigen. Hierfür wurde ihnen Waschbenzin zugeteilt. Der Sohn des Klägers spritzte ohne Beachtung der Warnungen durch seinen Arbeitskameraden aus Übermut zweimal einige Tropfen Benzin auf den Boden und entzündete das Benzin mit einem Streichholz. Beim zweiten Mal griff die Flamme auf eine in der Nähe auf dem Boden stehende, mit Benzin gefüllte Wanne über. Es entstand eine hohe Flamme. Der Sohn des Klägers stieß die Wanne mit dem Fuß in eine Richtung, in der ein anderer Lehrling stand, dessen Kleider sofort Feuer fingen. Der andere Lehrling wurde erheblich verletzt.

Die Beklagte lehnte Versicherungsschutz ab, weil nach ihrer Ansicht die schadenstiftende Handlung des Sohnes des Klägers im *ursächlichen Zusammenhang* mit dessen betrieblicher Tätigkeit gestanden hat.

Sowohl das Landgericht als auch das OLG haben der Klage auf Deckungsschutz stattgegeben. Der BGH hat die Klage abgewiesen und dies wie folgt begründet:

Die bei der Beklagten abgeschlossene Versicherung deckt nämlich ihrem Wesen nach lediglich die dem Versicherten in seiner Eigenschaft als natürliche Person und Glied der Rechtsgemeinschaft in seinem privaten Lebensbereich erwachsenen Haftpflichtgefahren, nicht aber die Gefahren einer Haftpflicht, die aus seiner beruflichen Sphäre entstehen. Damit wird noch einmal klargestellt, daß die Versicherung nicht die Haftpflichtsrisiken erfaßt, die im ursächlichen Zusammenhang mit den „dienstlichen Verrichtungen" des VN entstehen.

Es kommt also allein darauf an, ob die Handlung des Sohnes des Klägers seiner privaten Sphäre oder seinem beruflichen Bereich als Lehrling zuzurechnen ist. Aus dem die Haftpflichtversicherung beherrschenden Grundsatz der Spezialität der versicherten Gefahr ergibt sich, daß eine Gefahr, die in den Bereich der Betriebshaftpflichtversicherung fällt, nicht von der Privathaftpflicht erfaßt wird, wie umgekehrt auch eine Gefahr, die zum Bereich der PHV gehört, nicht in den der Betriebshaftpflichtversicherung fällt.

Dabei ist es gleichgültig, ob für den Fall, daß die eine Versicherung nicht eintrittspflichtig ist, die andere Versicherung – wenn sie abgeschlossen ist – aufgrund einer Ausschlußklausel nicht eintritt. Das kann im vorliegenden Fall Bedeutung haben, da in den Bedingungen der Betriebshaftpflichtversicherung in der Regel Schadenfälle ausgeschlossen sind, bei denen es sich um *Arbeitsunfälle* im Betrieb des VN gemäß der RVO handelt.

Die Vorinstanz hat die Auffassung vertreten, bei der Handlung des Sohnes des Klägers könne von einer beruflichen Tätigkeit mit der dieser allgemein eigenen Gefahr keine Rede sein. Es handele sich vielmehr eindeutig um eine Handlung, die mit der beruflichen Tätigkeit nichts gemeinsam habe als die zeitliche Verbindung mit der Dienstzeit bzw. die Verbindung mit dem zu beruflichem Zwecke ausgegebenen Benzin. Es handele sich um einen ausschließlich der privaten Sphäre zuzurechnenden Unfug.

Dem widerspricht der BGH. Sein Entscheidungskriterium ist die Frage, ob ein innerer ursächlicher Zusammenhang zwischen der schadenstiftenden Tätigkeit und dem Betrieb, in dem der Versicherte beschäftigt ist, besteht. Sicherlich läßt sich von dieser aus *Mutwillen* vorgenommenen Handlung nicht sagen, daß der Sohn des Klägers hierbei für den Betrieb tätig geworden ist. Es kommt deshalb allein darauf an, ob dies ein wesentliches Erfordernis für die Einordnung eines Haftpflichtfalles in den Gefahrenbereich der Betriebshaftpflichtversicherung ist.

Es stellt sich die Frage, ob nicht auch dann, wenn der Versicherte bei der schadenstiftenden Handlung selbst nicht für den Betrieb tätig geworden ist, die sonstigen Umstände die Handlung als in einem inneren ursächlichen Zusammenhang mit dem Betrieb stehend erscheinen lassen können. Dabei muß beachtet werden, daß die PHV nur die Haftpflichtrisiken abdeckt, denen der Versicherte außerhalb seiner betrieblichen Tätigkeit in seinem privaten Lebensbereich ausgesetzt ist. Da diese Risiken sehr viel geringer sind als die einer beruflichen oder betrieblichen Tätigkeit, ist auch die Prämie für die PHV entsprechend geringer bemessen. Dieser unlösbare innere Zusammenhang zwischen der Prämie und dem vom Versicherer zu tragenden Risiko läßt es aber nicht zu, den Privathaftpflichtversicherer mit Haftpflichtfällen zu belasten, bei denen der Versicherte zwar nicht für den Betrieb tätig geworden ist, aber im Rahmen seiner Beschäftigung im Betrieb einen Haftpflichtfall herbeigeführt hat, der nach den sonstigen Umständen einen inneren ursächlichen Zusammenhang mit dem Betrieb aufweist.

Eine schadenstiftende Handlung kann auch dann einen inneren ursächlichen Zusammenhang mit dem Betrieb haben und damit eine Auswirkung der betrieblichen Beschäftigung des Haftpflichtversicherten sein, wenn der Versicherte bei dieser Handlung selbst nicht für den Betrieb tätig geworden ist, sondern sie aus Mutwillen vorgenommen hat.

Um einen solchen ursächlichen Zusammenhang herzustellen, reicht es allerdings nicht allein aus, daß sich der Haftpflichtfall während der Arbeitszeit und an der Betriebsstätte des Versicherten ereignet hat. Denn schädigende Handlungen, die nur gelegentlich einer betrieblichen Tätigkeit verursacht werden, ohne den bewußten inneren Zusammenhang mit dem Betrieb zu haben, stehen nach Sinn und Zweck der Betriebshaftpflichtversicherung nicht unter deren Schutz.

Im vorliegenden Fall vertritt der BGH die Meinung, daß der Sohn des Klägers die schadenstiftende Handlung nicht nur bei Gelegenheit seiner betrieblichen Tätigkeit begangen hat. Sie steht vielmehr in einem engen inneren Zusammenhang mit den durch den Betrieb bedingten Umständen. Dabei ist nicht zu verkennen, daß schon die enge betriebliche Zusammengehörigkeit der Lehrlinge, die erfahrungsgemäß zu Übermut neigen, entscheidend zum Eintritt des Haftpflichtfalles beigetragen hat. Vor allem aber waren sowohl die Entstehung als auch die Schwere der eingetretenen Schädigung in entscheidendem Maße dadurch beeinflußt, daß die Lehrlinge für ihre Reinigungsarbeiten ein verhältnismäßig großes Gefäß mit feuergefährlichem Waschbenzin zur Verfügung hatten. Durch das Zusammenwirken dieser nur durch den Betrieb bedingten Umstände wurde eine Haftpflicht-Gefahrenlage geschaffen, die weit höher war als die Haftpflichtrisiken, denen ein Versicherter in seinem privaten Lebensbereich ausgesetzt ist.

Wenn also Gefahren solcher Art durch den Betrieb bedingt gesteigert werden, können sie nicht in den Schutzbereich der PHV fallen.

Fall 4   3031

Urteil des BGH vom 27.11.1961 (abgedruckt in VersR 1962, 33 ff.):

Der Kläger, der bei der Beklagten eine PHV abgeschlossen hatte, bewohnt mit seiner vierköpfigen Familie ein Eigenheim, zu dem etwas Land gehört. Von Beruf ist er Zugschaffner. Das Land bewirtschaftet er als Acker- und Gartenland. Dabei hält er zwei Ziegen sowie für den Bedarf seiner Familie jährlich drei bis vier Schweine, die er mit gekauftem Futter und Küchenabfällen füttert. Am Schadentag lieh er sich ein Pferdefuhrwerk, um damit Schweinefutter zu holen. Bei bereits eingetretener Dunkelheit ließ er das unbeleuchtete Fuhrwerk von seinem 13-jährigen Sohn zu der Eigentümerin zurückbringen. Dabei stieß der Fahrer eines Motorrollers mit dem Fuhrwerk zusammen.

Die beklagte Versicherung verweigerte den Versicherungsschutz aus der PHV mit der Begründung, daß der Schadenfall im landwirtschaftlichen Betrieb des Klägers eingetreten sei und deshalb nicht von der Versicherung erfaßt werde. Der Landbesitz des Klägers überschreite den Umfang eines Kleingartens. Demgegenüber meinte der Kläger, daß der Haftpflichtfall nicht mit der Bewirtschaftung seines Landbesitzes zusammenhänge, sondern mit der von ihr getrennten Schweinehaltung.

Sowohl das Landgericht wie auch das OLG haben der Klage stattgegeben.

Der BGH hat die Revision der Beklagten zurückgewiesen. Er geht davon aus, daß der Kläger nicht als Besitzer seines Acker- und Gartenlandes haftpflichtig geworden ist, so daß es auf die Frage, ob dieser Landbesitz den Umfang eines Kleingartens überschreitet, nicht ankommt.

Vielmehr ist der Haftpflichtfall bei der Benutzung eines fremden Fuhrwerkes eingetreten. Versicherungsschutz im Rahmen des abgeschlossenen PHV-Vertrages besteht demnach, wenn die Benutzung des Fuhrwerkes zu privaten Zwecken erfolgt ist. Der Kläger hat das Fuhrwerk benutzt, um damit Futter für seine Schweine zu holen. Daher ist entscheidend, ob diese Tätigkeit in seine private Sphäre fällt oder einen inneren ursächlichen Zusammenhang mit einem Betrieb des Klägers aufweist.

Dabei erachtet der BGH es als zulässig, daß nur auf die Schweinehaltung selbst abgestellt wird und diese nicht in Verbindung mit der Bewirtschaftung des Acker- und Gartenlandes gebracht wird. Die Bewirtschaftung des Landes und die Schweinehaltung bilden keinen innerlich miteinander verbundenen Lebensbereich, sondern sind voneinander getrennt, weil die Erzeugnisse der landwirtschaftlichen Nutzfläche nicht zur Schweinehaltung verwendet werden. Diese werden vielmehr mit gekauftem Futter und Küchenabfällen gefüttert. Der BGH verkennt nicht, daß in der Regel eine solche Trennung zwischen Landbewirtschaftung und Schweinehaltung bei einem gewöhnlichen landwirtschaftlichen Betrieb kaum möglich sein wird. Bei den im konkreten Fall vorliegenden Verhältnissen ist aber die vorgenommene Trennung möglich und statthaft.

Die Schweinehaltung des Klägers kann auch nicht als Betrieb oder gewerbliche Betätigung im Sinne der Besonderen Versicherungsbedingungen angesehen werden. Zwar wendet sich der BGH gegen die Feststellung des Berufungsgerichtes, daß bei der Auslegung dieser Begriffe darauf abzustellen sei, wie der Kläger sie unter Berücksichtigung seines Bildungsgrades auffassen mußte. Nach Auffassung des BGH sind jedoch Versicherungsbedingungen ähnlich wie gesetzliche Vorschriften nach objektiven Gesichtspunkten, losgelöst von dem Willen und den Vorstellungen der jeweiligen vertragschließenden Personen, auszulegen.

Allerdings führt in diesem Fall die auf verschiedener Grundlage vorgenommene Auslegung zum selben Ergebnis. Der Begriff des Betriebes erfordert schon nach dem die Verkehrsanschauung zum Ausdruck bringenden allgemeinen Sprachgebrauch, daß ein Betrieb nach außen als selbständiger, von der privaten Sphäre des Betriebsinhabers getrennter Lebensbereich in Erscheinung tritt. Da der Kläger die Schweine nicht hält, um sich wirtschaftlich zu betätigen, sondern um durch Eigenbedarfsdeckung die Haushaltsführung seiner vierköpfigen Familie zu gewährleisten, muß die Schweinehaltung dem privaten Haushaltsbereich zugeordnet werden, der keinen Betrieb darstellt, weil er mit dem privaten Lebensbereich der Familie zusammenfällt.

Da die Schweinehaltung auch nicht auf Gewinnerzielung abgestellt ist, dient sie auch nicht gewerblichen Zwecken im Sinne der Besonderen Bedingungen.

Fall 5

Urteil des BSG vom 29.5.1962 (abgedruckt in NJW 1962, 1742 ff.):

Leitsatz: Führt die Spielerei an einer Maschine während der Arbeitszeit zu einem Unfall, so entfällt der Versicherungsschutz nicht nur, wenn kein Zusammenhang (mehr) mit der versicherten Tätigkeit besteht, sondern auch, wenn trotz Zusammenhangs an einer erkennbar gefährlichen Maschine derart sorglos und unvernünftig gespielt wird, daß ein dadurch herbeigeführter Unfall nicht mehr als Arbeitsunfall angesehen werden kann.

Es handelt sich hier um einen Rechtsstreit, bei dem es um die Feststellung ging, ob ein *Arbeitsunfall* vorgelegen hat oder nicht. In dem hier interessierenden Rahmen ist die in dem Prozeß entschiedene Frage von Bedeutung, ob die unfallbringende Betätigung des Klägers in einem inneren Zusammenhang mit dessen versicherter Tätigkeit (beruflich) gestanden hat. Insoweit nämlich sind die vom BSG herausgearbeiteten Kriterien auch für die Unterscheidung private/berufliche Tätigkeit anzuwenden.

Dem Rechtsfall lag folgender Sachverhalt zugrunde:

Der Kläger hatte sich aus einem Hang zu spielerischer Betätigung an den Stößel einer mit einem Druck von mehreren hundert Tonnen arbeitenden Kurbelpresse gehängt. Dabei verunglückte er.

Spielereien können – so führt das BSG aus – bei der Ausübung einer versicherten Tätigkeit im Rahmen der gesetzlichen Unfallversicherung vorkommen. In einem solchen Fall übt der Versicherte trotz Spielerei – ebenso wie ein alkoholbedingt untüchtiger, aber nicht im Vollrausch fahrender Kraftfahrer – eine versicherte Tätigkeit aus. Im zu entscheidenden Fall hingegen hatte der Kläger keine besondere betriebliche Verrichtung auszuführen, sondern vielmehr nur in Bereitschaft zu stehen, während der Stößel der Presse sich zum unteren Totpunkt bewegte. Trotz der vom Kläger vorgenommenen Spielerei hat dieser weder seinen Arbeitsplatz verlassen, noch irgendeine der von ihm zu verrichtenden Tätigkeiten versäumt. Dazu war die Presse für die normalen Produktionsaufgaben in Gang gesetzt worden. Eine Lösung der Presse von den Betriebsaufgaben war nicht eingetreten.

Versicherungsschutz im Rahmen der gesetzlichen Unfallversicherung ist aber nur dann gegeben (und dies deutet auf eine berufliche Tätigkeit hin), wenn die unfallbringende Betätigung des Klägers in einem inneren Zusammenhang mit dessen versicherter Tätigkeit gestanden hat. Wenn ein Erwachsener beim Spielen an einer Betriebseinrichtung verunglückt, so fehlt es im allgemeinen an diesem Zusammenhang. Die Spielerei läuft den Zwecken des Betriebes zuwider. Sie allein ist rechtlich wesentliche Ursache, daß die benutzte Betriebseinrichtung am Zustandekommen des Unfalls mitgewirkt hat.

Das BSG weist darauf hin, daß ein Unfall bei einer Spielerei während einer versicherten Tätigkeit nur unter besonderen Umständen einen Arbeitsunfall darstellen kann, somit berufliche Hintergründe hat.

Wenn ein Arbeitnehmer in äußerst unvernünftiger Weise an einer gefährlichen Betriebseinrichtung spielt, so kann dann ein dadurch herbeigeführter Unfall nicht als Arbeitsunfall angesehen werden, wenn das Maß der Unvernunft beim Spielen so groß gewesen ist, daß die Mitwirkung der Betriebseinrichtung bei der Verletzung in den Hintergrund getreten ist und deswegen unwesentlich erscheint.

Diese Kriterien sind auch im vorliegenden Fall entscheidend, ob ein Arbeitsunfall vorgelegen hat oder ob der Kläger die von dem in Bewegung befindlichen Stößel ausgehende Gefahr erkennen konnte und welches Maß an Sorglosigkeit und Unvernunft in seinem spielerischen Verhalten zu sehen war.

Diese Kriterien können auch zur Entscheidung der Frage herangezogen werden, ob es sich bei der von dem Betroffenen ausgeführten Tätigkeit um eine berufliche oder private handelt.

3033 **Fall 6**

Urteil des BGH vom 4.5.1964 (abgedruckt in VersR 1964, 709 ff.):

Leitsatz: In den Schutzbereich der Betriebshaftpflichtversicherung fällt auch ein Unfall, den ein Betriebs-
(abgekürzt) angehöriger als Teilnehmer am allgemeinen Verkehr verursacht, sofern die *Teilnahme am Verkehr* der Erledigung einer betrieblichen Angelegenheit (hier: der Besorgung einer Urlaubsvertretung für sich selbst dient).

Die Klägerin war Verkäuferin in der Metzgerei M., die bei der Beklagten einen Betriebshaftpflichtversicherungsvertrag abgeschlossen hatte, der auch die gesetzliche Haftpflicht der Angestellten umfaßte, soweit Forderungen „gegen sie aus Anlaß der Ausführung ihrer dienstlichen Verrichtungen erhoben werden".

Am Unfalltage fuhr die Klägerin nach Geschäftsschluß zu einer Kollegin, um diese um die Übernahme einer Urlaubsvertretung zu bitten. Als sie die Kollegin nicht antraf, fuhr die Klägerin zu einer Badeanstalt weiter, so wie sie es von vornherein geplant hatte. Dabei fuhr sie mit ihrem Fahrrad ein dreijähriges Kind an und verletzte es erheblich.

Den Urlaub hätte die Klägerin nur antreten dürfen, wenn sie für eine Urlaubsvertretung gesorgt hätte.

Nach Auffassung des BGH befand sich die Klägerin bei der Fahrradfahrt, auf der es zu dem Unfall kam, in Ausübung einer dienstlichen Verrichtung. Denn die Fahrt war eine Auswirkung ihrer Beschäftigung in dem Betrieb der Metzgerei. Diese liegt dann vor, wenn der Versicherte bei der schadenstiftenden Handlung im Rahmen seiner Beschäftigung im Betrieb für diesen tätig geworden ist.

Es ist dabei unerheblich, daß die Klägerin bei dem Unfall Teilnehmerin am allgemeinen Verkehr war. Denn dies schließt nicht aus, daß die Fahrt gleichwohl eine Auswirkung ihrer betrieblichen Beschäftigung war. Daran kann auch die Tatsache nichts ändern, daß es sich bei dem Betrieb, in dem die Klägerin gearbeitet hat, um eine Metzgerei und nicht um einen Verkehrsbetrieb gehandelt hat. Die Betriebshaftpflichtversicherung beschränkt sich nicht auf die Gefahrenlagen, die für den betreffenden Betrieb typisch sind; sie kann vielmehr ihren Zweck nur erfüllen, wenn von ihr alle Haftpflichtgefahren erfaßt werden, die in einem inneren *ursächlichen Zusammenhang* mit dem Betrieb stehen, gleichviel, ob es sich dabei um typische oder nicht typische Gefahren handelt. Wenn also eine Fahrt aus betrieblichen Gründen durchgeführt wird, ist der betreffende Zusammenhang auch dann gegeben, wenn die Fahrt eine Teilnahme am allgemeinen Verkehr darstellt. Betriebliche Gründe sind aber auch die Beschaffung einer Ersatzkraft für eine Angestellte, die Urlaub nehmen will.

Bei dieser Feststellung ist es ohne Belang, ob der Arbeitgeber die Klägerin angewiesen hat, die Kollegin darum zu bitten, die Vertretung zu übernehmen. Es kommt bei der Frage, ob der Versicherte den (die Haftpflicht begründenden) Schaden bei Ausübung einer dienstlichen Verrichtung verursacht hat, nicht darauf an, ob der schadenstiftenden Handlung ein besonderer Auftrag oder eine bestimmte Weisung des VN zugrunde gelegen hat.

Ebenso kann es keine Rolle spielen, welches Eigeninteresse die Klägerin daran hatte, die Urlaubsvertretung zu erhalten. Trotzdem bleibt die Beschaffung einer Vertreterin und die zu diesem Zwecke erfolgte Fahrt eine Auswirkung der betrieblichen Tätigkeit. Der innere ursächliche Zusammenhang ist gewahrt.

Schließlich meint der BGH, daß auch die Tatsache, daß die Klägerin in die Badeanstalt gefahren sei, nachdem sie die Kollegin nicht angetroffen hat, nichts an dem Ergebnis der dienstlichen Betätigung ändern kann. Denn wie festgestellt wurde, hat sich der Unfall auf dem Teil des Weges ereignet, der ausschließlich zum Aufsuchen der Kollegin erforderlich war. Wenn die Klägerin von Anfang an nur in die Badeanstalt gefahren wäre, hätte sie diesen Umweg nicht zu machen brauchen.

3034 Fall 7

Urteil des BGH vom 12.5.1971 (abgedruckt in VersR 1971, 657 ff.):

Leitsatz: Sieht der Unternehmer weiter nichts als eine Arbeitspause vor, so sind die Fahrten des Arbeitneh-
(teilweise) mers zum Zweck des häuslichen Mittagessens nur durch sein privates, nicht durch ein betriebliches Interesse veranlaßt und bestimmt. Deshalb fallen die Gefahren, die mit der Ausführung des
Weges zusammenhängen, nicht unter die Betriebshaftpflichtversicherung.

Die Arbeitgeberin des Klägers, der bei ihr Lehrling war, hatte für ihre Betriebsangehörigen bei der Beklagten eine Betriebshaftpflichtversicherung genommen. Als der Kläger nach dem Mittagessen auf dem Fahrrad von seiner Wohnung zu seiner Arbeitsstelle zurückkehrte, verschuldete er einen Unfall.

Die Parteien streiten darüber, ob die Haftung des Klägers im Deckungsbereich der Betriebshaftpflichtversicherung liegt.

Das Landgericht hat der Klage stattgegeben; das OLG hat sie abgewiesen.

Der BGH führt aus, daß den Gegensatz zu den Risiken der Betriebshaftpflichtversicherung die Haftpflichtrisiken bilden, denen versicherte Personen in ihrem privaten Lebensbereich ausgesetzt sind (*Haftpflichtgefahren des täglichen Lebens*). Wegen des Grundsatzes der Spezialität der versicherten Gefahr kann ein Risiko immer nur in den Deckungsbereich der einen oder der anderen Versicherungsart fallen. Dabei spielt es keine Rolle, ob in dem betreffenden Bereich tatsächlich Versicherungsschutz besteht.

Die Entscheidung darüber, ob der private oder der betriebliche Bereich angesprochen ist, hängt davon ab, ob der Umstand, daß der Kläger haftpflichtig geworden ist, eine Auswirkung seiner Betätigung im Betrieb war, oder ob er den Schaden als Privatperson in seinem privaten Bereich verursacht hat.

Der innere ursächliche Zusammenhang mit der betrieblichen Tätigkeit entfällt nicht schon dadurch, daß der Kläger den Unfall räumlich außerhalb des Betriebes als Teilnehmer am öffentlichen Verkehr verschuldet hat. Fraglich ist, wann das Risiko der Teilnahme am öffentlichen Verkehr von der Betriebshaftpflichtversicherung und wann es von der PHV gedeckt wird.

Sofern die Teilnahme am allgemeinen Verkehr der Erledigung einer betrieblichen Angelegenheit dient, wird die Betriebshaftpflichtversicherung angesprochen sein.

Fraglich ist daher für den konkreten Fall, ob die Fahrten des Klägers, die er in der Mittagspause zwischen dem Betrieb und seiner Wohnung unternommen hat, der Erledigung einer betrieblichen Angelegenheit dienten.

Der BGH ist der Auffassung, daß diese Tätigkeit dem privaten Bereich zuzuordnen ist. Wenn eine Mittagspause ohne Auflagen und mit dem Recht gewährt wird, sich nach

Belieben aus dem Betrieb zu entfernen, so wird der Arbeitnehmer, der hiervon Gebrauch macht, damit für die Dauer der Pause in seine private Sphäre entlassen. Das gilt vor allem dann, wenn aufgrund der Vereinbarung zwischen Arbeitgeber und Arbeitnehmer nur eine Arbeitspause vorgesehen ist. Dann sind auch die Fahrten des Arbeitnehmers zum Zweck des häuslichen Mittagessens nur durch sein privates, nicht durch sein betriebliches Interesse veranlaßt.

Der erforderliche innere betriebliche Zusammenhang wird auch nicht dadurch hergestellt, daß es ohne die Beschäftigung in dem Betrieb nicht zu diesen Fahrten käme, oder daß zumindest die Rückkehr zur Wiederaufnahme der Arbeit von einem betrieblichen Zweck geprägt ist. Wenn – so der BGH – die private Lebensführung nach den Erfordernissen des Berufs gestaltet und diesem angepaßt wird, werden damit die allgemeinen Gefahren noch nicht zu solchen der betrieblichen Tätigkeit.

Etwas anderes kann dann gelten, wenn der Arbeitgeber Gelegenheit zur Einnahme des Mittagessens in einem außerhalb des Betriebes gelegenen Restaurant oder ähnlichem gewährt. Dann gehört die Mahlzeit zu dem betrieblich geordneten Ablauf des Arbeitstages, so daß der innere ursächliche Zusammenhang mit einer betrieblichen Tätigkeit gegeben ist.

Fall 8

3035

Urteil des BGH vom 2.6.1976 (abgedruckt in VersR 1976, 921 ff.):

Leitsatz: Ein Schaden, den der Versicherte in einem Betrieb einem Arbeitskollegen durch mutwilliges Verhalten zufügt, gehört auch dann zum Deckungsbereich der Privathaftpflichtversicherung und nicht der Betriebshaftpflichtversicherung, wenn sich der Versicherte dabei bewußt eines Betriebswerkzeuges bedient.

(Aufgabe des bisherigen Rechtsstandpunktes – s. Fall 3 –)

Der Kläger hatte bei der Beklagten eine PHV abgeschlossen. Am Unfalltag arbeitete er zusammen mit weiteren Angehörigen eines Klempner- und Installationsbetriebes auf einer Baustelle. Dabei wurde auch ein sog. Rapid-Hammer eingesetzt, bei dem es sich um ein Bolzensetzwerkzeug handelt, das zum Einschießen von Befestigungsbolzen für Installationseinrichtungen in Betonwände verwendet wird. Für einen Befestigungsschuß mußte das Gerät sowohl mit einem Bolzen als auch mit einem Treibsatz geladen werden.

Am Unfalltage hatte ein Kollege des Klägers mit dem Gerät gearbeitet. Er hatte es danach in den Lagerraum zurückgebracht.

Später wollte der Kollege zusammen mit dem Kläger die Heimfahrt antreten. Da der Kläger bereits vorher mit seiner Arbeit fertig war, wartete er auf seinen Kollegen. Dabei kam er auf den Gedanken, diesem einen Schrecken einzujagen. Er nahm das Bolzenschußgerät und versah es mit einem Treibsatz, wobei er davon ausging, daß sich kein Bolzen mehr im Lauf befand. Dann zielte er auf den herankommenden Arbeitskollegen und drückte ab. Da das Gerät entgegen der Annahme des Klägers geladen war, wurde der Kollege getroffen und schwer verletzt.

Die beklagte Versicherung hat dem Kläger Versicherungsschutz versagt und sich darauf berufen, daß es sich um eine betriebliche Tätigkeit gehandelt hat.

Das Landgericht hat der Klage stattgegeben, das OLG hat sie abgewiesen.

Der BGH ist der Auffassung, daß der vom Kläger angerichtete Schaden unter die PHV fällt. Die Betriebsbezogenheit eines Handelns wird aufgegeben, wenn der Betriebsangehörige nicht für den Betrieb tätig geworden ist, sondern aus *Mutwillen* gehandelt hat. So war hier das Handeln des Klägers nach dem von ihm verfolgten Zweck nicht dazu bestimmt, den Interessen des Betriebes zu dienen.

Besonderes Gewicht legt der BGH allerdings auf die Feststellung, daß der Kläger ein gefährliches Betriebswerkzeug verwendete, das mangels besonderer Sicherungsvorkehrungen jedem Betriebsangehörigen auf der Baustelle zugänglich war. Seine Aufbewahrung entsprach auch nicht den berufsgenossenschaftlichen Sicherungsvorschriften. Insoweit handelt es sich durchaus um Umstände, die in die Betriebssphäre fallen und für den Schaden mitursächlich geworden sind. Dennoch ist es nicht gerechtfertigt, den Schaden als Auswirkung der „Gefahr eines Betriebes" zu werten und ihn statt dem Schutzbereich der PHV demjenigen der Betriebshaftpflichtversicherung zuzuordnen. Bei mutwilliger Handlungsweise eines Betriebsmitgliedes reicht die mißbräuchliche Verwendung gefährlicher Betriebsmittel nicht aus, um eine innere Beziehung zwischen betrieblicher Beschäftigung und schadenstiftender Handlung herzustellen, denn es kommt darauf an, ob das mutwillige Verhalten des Versicherten oder die Gefährlichkeit des Betriebswerkzeuges – eventuell in Verbindung mit einem Verstoß gegen Unfallverhütungsvorschriften – als die entscheidende Schadenursache zu werten ist.

Bei der Wertung kommt der BGH zu dem Ergebnis, daß der Schadenfall eher als eine Verwirklichung der *„Gefahr des täglichen Lebens"*, denn als Auswirkung eines Betriebsrisikos erscheint. Diese Entscheidung gewinnt dadurch an Interesse, daß sie sich in Verbindung mit einem weiteren Urteil des BGH in Widerspruch zu der bis dahin vertretenen Ansicht setzt, daß der Betriebshaftpflichtversicherer auch dann noch zur Deckung verpflichtet ist, wenn der mitversicherte Betriebsangehörige nicht für den Betrieb tätig geworden ist, sondern aus Mutwillen gehandelt hat (so BGH VersR 1961, 399 ff. – Fall 3 –).

Schon in der Entscheidung vom 17.1.1973 (VersR 1973, 313) hat der BGH unter Aufgabe dieses bis dahin vertretenen Standpunktes ausgeführt, daß der mitversicherte Betriebsangehörige Versicherungsschutz im Rahmen der Betriebshaftpflichversicherung nur für Schäden hat, die er durch eine „betriebliche Tätigkeit" verursacht. Ist der Betriebsangehörige bei der schadenstiftenden Handlung im Rahmen seiner Beschäftigung für den Betrieb tätig geworden, so ist es unerheblich, ob er seine dienstliche Verrichtung gut oder schlecht ausgeführt hat, ob er seine Befugnisse irrig oder eigenmächtig überschritten hat, ob sein

Handeln im objektiven Interesse des Betriebes gelegen und dem mußmaßlichen Willen des Unternehmers entsprochen hat. Es genügt, daß sein Handeln subjektiv bestimmt war, dem Interesse des Betriebes zu dienen. In all diesen Fällen ist ein betriebsbezogenes Handeln, das vom Versicherer zu decken ist, anzunehmen.

Bei mutwilligen Handlungen hingegen wird die notwendige Betriebsbezogenheit aufgegeben. Bei der rechtlichen Zuordnung eines Vorganges darf nicht unbeachtet bleiben, daß die Betriebshaftpflichtversicherung Schutz nur gegen eine Inanspruchnahme aus den vielen drohenden Betriebsgefahren bietet. Durch die Mitversicherung der Betriebsangehörigen ist lediglich der geschützte Personenkreis erweitert, nicht aber das versicherte Wagnis geändert worden.

Daher kann ein Handeln, das die notwendige Betriebsbezogenheit vermissen läßt, nicht unter Deckung der Betriebshaftpflichtversicherung gestellt werden.

Fall 9 3036

Urteil des BGH vom 11.12.1980 (abgedruckt in VersR 1981, 271 ff.):

Leitsatz: Zur Abgrenzung des Deckungsbereichs einer Privathaftpflichtversicherung, bei der der Versicherungsnehmer gegen die Haftpflicht als Privatperson „aus den Gefahren des täglichen Lebens" versichert ist, mit Ausnahme u. a. der Gefahren eines Betriebes, Berufes oder Dienstes oder einer ungewöhnlichen und gefährlichen Beschäftigung.

Der VN war von Beruf Spinnereimeister und als solcher bei einem Betrieb angestellt. Im Rahmen einer in seiner Freizeit auszuführenden nebenberuflichen Tätigkeit für eine andere Firma übernahm er es, eine Spinnereimaschine zu reinigen und zu lackieren. Später sollte er auch Webstühle in gleicher Weise bearbeiten. Den Auftraggeber kannte er aus früherer Zeit, als er mit diesem gemeinsam beruflich tätig war. Zuvor hatte er in seiner Freizeit für den Auftraggeber schon Spinnereimaschinen betriebsbereit gemacht. Er sollte für das Reinigen der Maschine eine Stundenvergütung von 10,– DM erhalten.

Die Reinigung der Spinnereimaschine erfolgte in einer Halle. Der VN hatte einen Kanister mit einem Benzin-Rohölgemisch mitgebracht. Während des Reinigungsvorganges stellte er einen Plastikeimer mit einem Teil dieses Gemisches neben die Maschine. In der Nähe lief ein elektrischer Heizlüfter. Es kam zu einer Entzündung des Gemisches und nachfolgend zu einem Brand der Halle.

Der Privathaftpflichtversicherer lehnte den Versicherungsschutz mit der Begründung ab, daß eine berufliche bzw. betriebliche Tätigkeit vorliegt.

Die Klage auf Gewährung von Versicherungsschutz hat das Landgericht abgewiesen. Das OLG hat ihr stattgegeben.

Der BGH geht bei der Entscheidung der Frage, ob es sich um eine private oder berufliche/ betriebliche Tätigkeit gehandelt hat, davon aus, daß die Versicherungsbedingungen in diesem Punkt erkennbar mit dem Ziel formuliert sind, den von der Versicherung umfaßten, verbal schwer zu umschreibenden Bereich des Privaten durch die Aufzählung aller derjenigen Bereiche zu definieren, die nicht als „privat" im Sinne der Bedingungen anzusehen sind. Er folgert daraus, daß ein Ereignis grundsätzlich dem privaten Bereich in diesem Sinne zuzurechnen ist, wenn es nicht zu den aufgezählten anderen Bereichen eines Betriebes, Berufes, Dienstes oder Amtes zählt.

Dabei wird der Begriff *„Beruf"* als der Kreis von Tätigkeiten mit zugehörigen Rechten und Pflichten definiert, den der einzelne im Rahmen der Sozialordnung als dauernde Aufgabe erfüllt und der ihm zumeist zum Erwerb des Lebensunterhaltes dient. Es kann sich nach Ansicht des BGH nur um den ausgeübten, nicht aber um einen anderen etwa erlernten Beruf handeln.

Damit steht aber die vom Kläger für den Auftraggeber ausgeübte Tätigkeit (Reinigen und Anstreichen einer Maschine) mit seinem Beruf (Spinnereimeister) nicht im inneren Zusammenhang.

Nach Auffassung des BGH kann es nicht entscheidend sein, ob eine Tätigkeit typischerweise einem Berufsbild entspricht. Dies würde zu dem Ergebnis führen, daß der Deckungsbereich der PHV beim erwachsenen Menschen unangemessen ausgehöhlt würde. Es gibt nämlich zahlreiche Tätigkeiten, die ihrer Natur nach einem typischen Berufsbild entsprechen, gleichwohl aber bei lebensnaher Betrachtungsweise dem privaten Bereich zugerechnet werden müssen.

Das gilt besonders im Hinblick auf die in der Familie und im *Haushalt* ausgeübten Tätigkeiten. Diese lassen sich überwiegend den Berufsbildern des Kochs, Gebäudereinigers, Krankenpflegers, Kindergärtners, Lehrers, Gärtners usw. zurechnen.

Auch die Entgegennahme eines *Entgeltes* allein stellt für den BGH kein sachgerechtes Kriterium für die Abgrenzung zwischen beruflicher und privater Tätigkeit dar. So ist es durchaus üblich und verständlich, für Freizeittätigkeiten von praktischem Wert auch Belohnungen im weitesten Sinne anzustreben und zu erhalten.

Dabei können allerdings die Art und Höhe eines Entgeltes für die Prüfung der Frage von Bedeutung sein, ob die Grenzen einer *Freizeittätigkeit* überschritten worden sind. Dies ist dann möglich, wenn die Tätigkeit (allein oder neben anderen) zur dauernden Aufgabe mit dem Zweck des Erwerbs des Lebensunterhaltes und damit zum eigentlichen Beruf geworden ist.

Auch der Grad der Gefährlichkeit der Tätigkeit, also die *Haftungsgefahr*, kann nicht als entscheidungserhebliches Kriterium angesehen werden.

Die Gefährlichkeit muß bei eigentlicher Berufstätigkeit nicht von vornherein größer sein als bei Tätigkeiten im privaten Bereich. Wer nämlich eine Tätigkeit berufsmäßig ausübt, kennt die damit verbundenen Gefahren und weiß deshalb auch besser, sie zu vermeiden, als der unerfahrene Privatmann. Außerdem werben die privaten Haftpflichtversicherer gerade damit, wie haftungsgefährlich Tätigkeiten im privaten Bereich sein können.

Daher kann es für die Abgrenzung beruflicher und privater Tätigkeit im Sinne der Versicherungsbedingungen allein auf die Frage ankommen, ob es sich um eine echte berufliche, also um eine auf Dauer angelegte, zumeist dem Erwerb des Lebensunterhaltes dienende Tätigkeit handelt. Das Risiko der Freizeit- und Hobbytätigkeit gehört zum täglichen Leben und ist privater Art.

Damit muß die Beklagte aus der zwischen den Parteien bestehenden PHV dem Kläger Versicherungsschutz gewähren.

In dieser Entscheidung wird auch eine Definition des Begriffes *„Dienst"* durch den BGH vorgenommen. Danach erfaßt dieser Begriff diejenigen Tätigkeiten, die mit einer beruflichen Tätigkeit jedenfalls versicherungsrechtlich vergleichbar sind, von der Bezeichnung *„Beruf"* aber nach allgemeinem Sprachgebrauch ebensowenig umfaßt werden wie die weiter aufgezählten Tätigkeiten als Inhaber eines Amtes oder im Rahmen einer verantwortlichen Tätigkeit in Vereinen aller Art. Unter *„Dienst"* in diesem Sinne ist deshalb z. B. der Wehr- oder Ersatzdienst zu verstehen.

Fall 10 3037

Beschluß des OLG Celle vom 14.1.1961 (abgedruckt in VersR 1961, 169 ff.):

Leitsatz: Welche Tätigkeit in den Rahmen einer Privathaftpflichtversicherung fällt, hängt im wesentlichen von der Art der Tätigkeit und dem inneren Zusammenhang mit der sonstigen Berufs- und Erwerbstätigkeit des VN ab. Grundsätzlich wird die Berufstätigkeit eines VN von der Privathaftpflichtversicherung nicht erfaßt.

Der Anspruchsteller, ein städtischer Arbeiter, ist von Anliegern der Straße, in der er wohnt, gebeten worden, in seiner Freizeit einen Graben gegen Entgelt auszuheben. Es sollte eine Wasserleitung gelegt werden, die von der Stadt unter der Voraussetzung genehmigt worden war, daß die Anlieger für die Aushebung des Grabens selbst Sorge tragen mußten.

Der Anspruchsteller hob den Graben aus, beleuchetete ihn aber abends nicht ordnungsgemäß. Eine Passantin stürzte in den Graben und zog sich erhebliche Verletzungen zu.

Der Anspruchsteller hat eine PHV abgeschlossen, von der er Versicherungsschutz begehrt. Dieser wird ihm mit der Begründung verweigert, die von ihm durchgeführten Arbeiten seien keine Tätigkeit, die in den Rahmen der PHV fiele.

Das Landgericht hat dem Anspruchsteller das nachgesuchte Armenrecht versagt. Auch das OLG ist der Auffassung, daß es sich bei der vom Anspruchsteller ausgeführten Tätigkeit um eine berufliche handelt, so daß die PHV nicht eintrittspflichtig ist.

Zur Begründung wird ausgeführt, daß es allein darauf ankommt, ob die vom Anspruchsteller ausgeübte Tätigkeit, nämlich der Erdaushub, keine berufliche, sondern eine solche war, die in den privaten Tätigkeitsbereich des Anspruchstellers fällt.

Dabei hängt es im wesentlichen von der Art der Tätigkeit und dem inneren Zusammenhang mit der sonstigen Berufs- und Erwerbstätigkeit des VN ab, welche Tätigkeit in die Privatsphäre oder in die Berufssphäre des VN fällt. Hierbei kann auch der Umstand, in welcher Eigenschaft der VN tätig geworden ist, eine Rolle spielen.

Im konkreten Fall war der Anspruchsteller bei der Stadt als Arbeiter beschäftigt. Zu seinen Tätigkeiten dort gehörte auch das Ausheben von Rohrgräben. Für die Ausführung der Arbeiten im Auftrage der Anlieger hatte sich der Anspruchsteller beurlauben lassen und in dieser Zeit eine Tätigkeit ausgeübt, die er während seiner Arbeitszeit in städtischen Diensten auch hätte ausführen können. Somit bestand zwischen dieser ausgeübten Tätigkeit und seiner eigentlichen Erwerbstätigkeit als städtischer Arbeiter ein unmittelbarer innerer Zusammenhang, so daß die verrichtete Arbeit dem beruflichen Bereich zuzurechnen ist.

Dem steht auch nicht entgegen, daß die vom Antragsteller ausgeführte Tätigkeit keine besondere Vorbildung verlangt und von jeder anderen Person hätte ausgeführt werden können. Es kommt nicht auf eine spezielle Berufsausbildung an und auch nicht darauf, ob die Ausführung der Tätigkeit im einzelnen Falle aus Anlaß eines beruflichen Zweckes erfolgt.

Maßgeblich ist allein, ob die fragliche Tätigkeit dem sonstigen beruflichen oder gewerblichen Tätigkeitsbereich des VN zuzurechnen ist. Dabei spielt die Frage der *Entgeltlichkeit* keine Rolle. Der Tatumstand, daß der Antragsteller nur aus *Gefälligkeit* tätig wurde, hindert gleichfalls nicht die Feststellung einer beruflichen Tätigkeit.

3038 **Fall 11**

Urteil des OLG Köln vom 31.1.1969 (abgedruckt in VersR 1969, 603):

Leitsatz: Der ursächliche Zusammenhang mit dem Betrieb wird nicht dadurch unterbrochen, daß der Kläger bei der schadenstiftenden Handlung nicht für den Betrieb tätig geworden ist, sondern mutwillig gehandelt hat.

(Anders BGH VersR 1976, 921 ff. – Fall 8 –).

Der Kläger, der Lehrling bei einer Firma ist, verletzte während der Arbeitszeit einen anderen Lehrling, indem er eine Faßringklammer mittels eines Gummiringes auf den Arbeitskameraden abschoß und diesen dabei am Auge traf.

Der Privathaftpflichtversicherer versagte den Versicherungsschutz mit der Begründung, daß der Betriebshaftpflichtversicherer Deckung gewähren müsse, da es sich um eine betriebliche Tätigkeit gehandelt habe.

Das Landgericht wies die Deckungsklage ab. Das OLG ist ebenfalls der Meinung, daß das Unfallereignis nicht unter das versicherte Risiko fällt.

Es geht davon aus, daß eine derartige Versicherung ihrem Wesen nach lediglich die dem Versicherten in seinem privaten Lebensbereich erwachsenden Haftpflichtgefahren, nicht aber die Haftpflichtgefahren, die aus einer beruflichen Sphäre entstehen, deckt.

Konkret handelt es sich jedoch um einen Unfall, der nicht mehr mit der privaten Sphäre zusammenhängt. Der Umstand, daß der Kläger haftpflichtig geworden ist, ist ausschließlich eine Auswirkung seiner Betätigung in dem Betrieb, in dem er angestellt ist.

Dabei ist nach Ansicht des OLG unerheblich, daß der Kläger den *betrieblichen Vorschriften* zuwider gehandelt hat. Die Betriebshaftpflichtversicherung umfaßt gerade die Gefahren, die durch vorschriftswidriges Handeln entstehen. Es kommt nur darauf an, daß der Unfall in einem inneren *ursächlichen Zusammenhang* mit dem Betrieb steht. Dabei ist es gleichgültig, ob es sich um eine typische oder atypische Gefahr handelt.

Der erforderliche innere Zusammenhang mit dem Betrieb liegt vor. Der Kläger hat in der Firma während der Arbeitszeit durch Schießen mit einem betrieblichen Gegenstand einen Arbeitskameraden verletzt. Dabei wird der ursächliche Zusammenhang mit dem Betrieb nicht dadurch unterbrochen, daß der Kläger bei der schadenstiftenden Handlung nicht für den Betrieb tätig geworden ist, sondern *mutwillig* gehandelt hat. Das kann möglicherweise dann keine Geltung haben, wenn der Betrieb lediglich den äußeren Rahmen des Unfallgeschehens bildet; denn Schäden, die nur gelegentlich einer betrieblichen Tätigkeit und ohne den erforderlichen inneren Zusammenhang mit dem Betrieb verursacht werden, fallen nicht unter den Schutzbereich der Betriebshaftpflichtversicherung.

Hier ist jedoch – so das OLG – entscheidend, daß die enge betriebliche Arbeitsgemeinschaft der jugendlichen Lehrlinge, die erfahrungsgemäß zu Übermut, gegenseitigen Neckereien und zum Anrichten von Unfug neigen, für den Eintritt des Unfallereignisses wesentlich gewesen ist.

Dabei ist es auch unerheblich, daß sich der Kläger die Klammer unbefugterweise angeeignet hat. Auf solch vorschriftswidriges Handeln kommt es aber nicht an, weil dadurch der innere Zusammenhang mit dem Betrieb nicht gelöst wird.

Zu dieser Entscheidung ist anzumerken, daß sie sich nicht mehr im Einklang mit den Entscheidungen des BGH (VersR 1973, 314 ff. vom 17.1.1973; 1976, 921 ff. vom 2.6.1976 – s. Fall 8 –) befindet. Wie bereits ausgeführt, hat der BGH festgestellt, daß ein Schaden, den der Versicherte in einem Betrieb einem Arbeitskollegen durch mutwilliges Verhalten zufügt, auch dann zum Deckungsbereich der PHV und nicht der Betriebshaftpflichtversicherung gehört, wenn sich der Versicherte dabei bewußt eines Betriebswerkzeuges bedient.

Er würde auch in diesem Fall, den das OLG Köln zu entscheiden hatte, ausführen, daß die Gefahr, die von dem betriebsfremden Entschluß des Versicherten und seiner Betätigung ausgeht, höher zu bewerten ist als das Risiko, welches das Betriebswerkzeug selbst unter Berücksichtigung des Verstoßes gegen betriebliche Vorschriften in sich birgt.

Unter Berücksichtigung der geänderten BGH-Rechtsprechung ist davon auszugehen, daß das Urteil des OLG Köln mit diesem Ergebnis heute keinen Bestand haben würde.

3039 **Fall 12**

Urteil des OLG Hamm vom 24.8.1973 (abgedruckt in VersR 1973, 1133 ff):

Leitsatz: 1. Zur Bedeutung des Begriffs *„Gefahren des täglichen Lebens"* in „Erläuterungen" zum Schutz-
(teilweise) umfang der Privathaftpflichtversicherung
2. Über die Abgrenzung der Deckungsbereiche von Privat- und Betriebshaftpflichtversicherung

Der Kläger war als Maschinist bei einer Firma angestellt. Es kam im Verlaufe des Arbeitsverhältnisses zu Spannungen mit seinem unmittelbaren Vorgesetzten. Eines Tages kam es nach einem Streit zu einer tätlichen Auseinandersetzung, in deren Verlauf der Kläger seinem Vorgesetzten vier wuchtige Faustschläge in das Gesicht versetzte. Dadurch kam der Getroffene zu Fall und stürzte so unglücklich, daß er starb.

Der Kläger, der bei der Beklagten eine PHV abgeschlossen hatte, begehrte von dieser Deckungsschutz, der ihm aber versagt wurde mit dem Bemerken, das Schadenereignis sei auf eine betriebliche Tätigkeit des Klägers zurückzuführen und falle deshalb nicht unter den Deckungsschutz der PHV.

Das Landgericht hat die Klage abgewiesen. Das OLG hat ihr auf die Berufung des Klägers hin stattgegeben.

Es vertritt die Auffassung, daß das Schadenereignis unter das von der privaten Haftpflichtversicherung gedeckte Risiko fällt. Die Deckungsbereiche der beiden Risiken Privathaftpflicht und Betriebshaftpflicht sind nach objektiven Gesichtspunkten so abzugrenzen, daß die PHV den *Gefahrenbereich des täglichen Lebens*, die Betriebshaftpflichtversicherung dagegen den durch die Tätigkeit im Betrieb bedingten Gefahrenbereich umfaßt.

Nach Meinung des OLG besteht kein innerer Zusammenhang mit der betrieblichen Sphäre des Klägers. Dabei sieht das OLG den Begriff des inneren Zusammenhanges enger als den im Zivilrecht sonst herrschenden Begriff des (adäquaten) Ursachenzusammenhanges. Der Begriff umschreibt eine Bezogenheit zum Betrieb, die verhindern soll, daß der (nur) betriebshaftpflichtversicherte Arbeitnehmer persönlich mit Risiken belastet wird, denen er offensichtlich ohne seine betriebliche Tätigkeit nicht ausgesetzt sein würde.

Im konkreten Fall fehlt es an dieser notwendigen „*Betriebsbezogenheit*" des Handelns. Daran ändert auch nichts, daß die tätliche Auseinandersetzung während der Arbeitszeit im Betrieb stattgefunden hat. Es ist nämlich nicht so, daß während der Arbeitszeit und während des Aufenthalts im Betrieb für den Versicherten nur der betriebliche Gefahrenbereich wirksam ist. Vielmehr hört auch während der betrieblichen Tätigkeit der private Gefahrenbereich niemals auf. Entscheidend ist demnach allein, welcher Gefahrenbereich sich in dem Schadenereignis verwirklicht hat.

Im vorliegenden Fall ist durch den Kläger eine Gefahr realisiert worden, die immer gegeben ist. Auch die Tatsache, daß Anlaß für die Streitigkeiten betriebliche Zusammenhänge waren, ändert nichts daran. Ebenfalls stellt sich – so das OLG – der Anlaß für den Streit zwischen dem Kläger und dem Vorgesetzten nicht als ein Risiko dar, dem der Kläger nicht auch außerhalb des Betriebes ausgesetzt gewesen wäre. Denn die Probleme des Berufslebens werden durchaus auch außerhalb der beruflichen Sphäre zu Hause, im Wirtshaus oder an anderen Orten erörtert. Kommt es dann bei einem solchen Gespräch zu einem Streit, der letztlich zu einem Haftpflichtfall führt, so bedeutet das nicht, daß sich in dem Schadenereignis ein besonderes, aus einer beruflichen oder betrieblichen Tätigkeit entstehendes, für das Berufs- und Betriebsleben typisches Haftpflichtrisiko verwirklicht hat. Denn das Risiko eines Streites und einer tätlichen Auseinandersetzung besteht in gleicher Weise auch außerhalb der beruflichen Sphäre im rein privaten Lebensbereich.

Eine Rolle spielt demnach die Frage, ob ein innerer Zusammenhang mit dem Betrieb nur dann als gegeben angesehen werden kann, wenn der Versicherte bei der schadenstiftenden Handlung selbst für den Betrieb tätig geworden ist. Denn der Kläger ist bei der tätlichen Auseinandersetzung mit dem Vorgesetzten nicht für den Betrieb tätig geworden. Ein Betriebsangehöriger aber, der nicht für den Betrieb tätig wird, sondern aus *Mutwillen* handelt, verläßt den Bereich der Betriebsbezogenheit seines Handelns. Das gilt jedenfalls dann, wenn die Schädigung weder erst mit gefährlichen Betriebsmitteln ermöglicht wird, noch allein als Auswirkung betrieblicher Anlässe denkbar ist. Im konkreten Fall hat der Kläger bei seinen tödlichen Faustschlägen keine Betriebsmittel oder Betriebseinrichtungen gebraucht. Zwar hing der Streit mit dem Vorgesetzten mit dem Betrieb zusammen, war aber nicht notwendig betriebsbezogen. Insgesamt hat sich in dem Schadenereignis eine Gefahr aus dem privaten Bereich des täglichen Lebens verwirklicht, nicht aber eine besondere, für das Berufs- und Betriebsleben typische Haftpflichtgefahr. Der Haftpflichtfall hat sich gelegentlich einer betrieblichen Tätigkeit ereignet, es fehlt aber an einem echten inneren Zusammenhang im Sinne einer *Betriebsbezogenheit*. Daher ist die PHV zuständig.

3040 Fall 13

Urteil des OLG Celle vom 13.4.1976 (abgedruckt in r + s 1976, 180 ff.):

Leitsatz: Wenn der VN besondere Bewachungs- und Obhutspflichten übernommen hat, sind Schäden aufgrund Rauchens seiner Arbeitnehmer in einer Arbeitspause in der Betriebshaftpflichtversicherung versichert.

Die Klägerin hatte für die Deutsche Bundesbahn Weichen zu montieren. Sie setzte Arbeiter ein, von denen vier bei einer Pause rauchten. Es kam zu einem Brand, wodurch der Bundesbahn erheblicher Sachschaden entstand.

Die Beklagte als Betriebshaftpflichtversicherer lehnte den Deckungsschutz ab, da sie die Auffassung vertritt, die Handlung, die zu dem Haftpflichtschaden geführt hat, sei dem privaten Bereich der Arbeiter zuzurechnen.

Das Landgericht hat die Klage auf Gewährung von Versicherungsschutz abgelehnt. Die gegen diese Entscheidung eingelegte Berufung zum OLG Celle hatte Erfolg.

Das OLG meint, daß die Arbeiter in Ausführung ihrer dienstlichen Verrichtungen *Sorgfaltspflichten* verletzt haben. Die schadenstiftende Handlung geschah während einer kurzen Arbeitspause in unmittelbarem zeitlichem und räumlichem Zusammenhang mit der ihnen von der Klägerin übertragenen Aufgabe.

Allerdings hat das OLG nur am Rande ausgeführt, daß es geneigt sei, die grundsätzliche Frage zu bejahen, ob ein durch Rauchen während der Arbeitspause entstandener Schaden generell zu der unmittelbaren betrieblichen Sphäre gehört, weil eine Arbeitspause und die damit verbundene Einnahme von Nahrungs- und Genußmitteln bereits dem gewöhnlichen betrieblichen Arbeitsablauf zuzurechnen ist und damit in einem unmittelbaren Zusammenhang mit der betrieblichen Tätigkeit steht.

Hauptsächlich hat das OLG seine Entscheidung darauf gestützt, daß die Klägerin deswegen Versicherungsschutz genießen muß, weil sie über § 278 BGB (Erfüllungsgehilfenschaft) für das Verhalten ihrer Arbeiter gegenüber ihrer Auftraggeberin, der Deutschen Bundesbahn, einzustehen hat.

Daraus folgt, daß die festgestellte Pflichtverletzung der Arbeiter der Klägerin als schadenstiftende Ursache wegen der besonderen Ausgestaltung der vertraglichen Beziehungen der Klägerin zu ihrer Auftraggeberin als vom Versicherungswagnis gedeckte dienstliche Verrichtung anzusehen ist. Außerdem meint das OLG, daß eine Aufspaltung der Eintrittspflicht der beklagten Versicherung im Rahmen der Betriebshaftpflichtversicherung gegenüber der Klägerin einerseits und deren Arbeitnehmern andererseits dann nicht angeht, wenn die Betriebshaftpflichtversicherung eine Schadenersatzpflicht der Klägerin deckt, die diese gerade und lediglich wegen eines fahrlässigen Verhaltens ihrer Arbeitnehmer im Rahmen einer betriebseigentümlichen Obhutspflicht trifft.

Fall 14 3041

Urteil des OLG Frankfurt am Main vom 28.6.1978 (abgedruckt in VersR 1978, 910 ff.):

Leitsatz: Eine Hausfrau, die im eigenen Haushalt ein fremdes Kleinkind betreut („Pflegekind"), übt
(teilweise) insoweit jedenfalls dann keinen Beruf im Sinne des Haftpflichtversicherungsrechts aus, wenn das dafür gezahlte Entgelt lediglich unkostendeckend ist.

Der Kläger hatte bei der Beklagten eine Familienschutzversicherung abgeschlossen, die eine private Haftpflichtversicherung auch für seine Ehefrau beinhaltete. Im Haushalt des Klägers kam ein Baby zu Schaden, das die Ehefrau des Klägers als *Pflegekind* betreute.

Die beklagte Versicherung lehnt den Versicherungsschutz ab, weil sie der Auffassung ist, daß die Ehefrau des Klägers das Kind im Rahmen einer Berufstätigkeit betreut hat.

Nach Auffassung des OLG kann die Beklagte sich nicht darauf berufen, die Aufnahme und die Betreuung des Kindes seien für die Ehefrau des Klägers ein *Beruf* im Sinne der Besonderen Bedingungen gewesen. Der Begriff des Berufs ist in den Bedingungen nicht näher erläutert. Auch in der Rechtssprache findet sich keine allgemeine Umschreibung. Der Beruf ist also seinem Wesen nach dadurch gekennzeichnet, daß es sich um einen Kreis von Tätigkeiten mit zugehörigen Rechten und Pflichten handelt, den der einzelne im Rahmen der Sozialordnung als dauernde Aufgabe erfüllt und der ihm zumeist zum Erwerb des Lebensunterhalts dient (Brockhaus, Enzyklopädie, 1967, Stichwort „Beruf"). So ist es auch zu verstehen, daß die Berufsarbeit die Kräfte des Menschen zu wesentlichen Teilen beansprucht.

Es kommt nicht entscheidend darauf an, ob ein *Entgelt* durch eine berufliche Tätigkeit erzielt wird. Denn auch unentgeltliche Tätigkeiten können zum Beruf werden (Privatgelehrter, Ordensschwester). Trotzdem ist die Entgeltlichkeit ein Merkmal, um eine berufliche von einer anderen Tätigkeit zu unterscheiden.

Da der Kläger und seine Ehefrau für den Betrag von 65,- DM pro Woche nicht nur das Kind an 6 Tagen beköstigen und pflegen sollten, sondern es weiter übernommen hatten, das Kind jeweils zu seinen leiblichen Eltern an den Wochenenden zu bringen und wieder abzuholen (60 km pro Woche), spricht schon die Lebenserfahrung dafür, daß die Ehefrau des Klägers hier einen Beitrag für ihren Lebensunterhalt nicht erzielen konnte. Das gezahlte Entgelt konnte unter diesen Umständen äußerstenfalls unkostendeckend sein.

Weiter führt das OLG aus, daß die Ehefrau des Klägers auch deshalb keinen Beruf ausgeübt hat, weil sie die Tätigkeit aufgrund eines Inserats übernommen hat, so daß bei dem Beginn Motive der Freundschaft oder Hilfsbereitschaft nicht vorgelegen haben mögen.

Es ist nämlich zu beachten, daß die Ehefrau des Klägers die übernommene Tätigkeit nicht gelernt hat, und daß sie diese ausüben wollte, um später eigene Kinder betreuen zu können. Selbst wenn sie vorher andere Aushilfstätigkeiten außerhalb des Hauses übernommen hat, spricht das noch nicht dafür, daß sie nun eine berufliche Tätigkeit innerhalb des Haushaltes ausüben wollte. Das Betreuen eines Kleinkindes – so das OLG – stellt sich nämlich für die nicht außerhalb des Hauses einer Tätigkeit nachgehende Frau, die weder durch die Größe der Wohnung, noch durch sonstige soziale Pflichten in Anspruch genommen ist, als eine natürliche Ergänzung ihrer sonst innerhalb des Hauses ausgeübten Tätigkeit dar, von der sie sich weder inhaltlich noch umfangmäßig deutlich abgrenzen läßt.

Die Hausfrauenarbeit sollte aber gerade unter Versicherungsschutz gestellt werden, denn die Aufsicht über Minderjährige als *Familien-* und *Haushaltungsvorstand* ist besonders als versichert bezeichnet. Da im übrigen die Tätigkeit der *Hausfrau* im eigenen Haushalt nicht als berufliche oder gewerbliche Tätigkeit im Sinne des Haftpflichtversicherungsrechtes anzusehen ist, ergibt sich, daß diese Tätigkeit der Ehefrau des Klägers der PHV unterfallen muß, da das Betreuen eines Kleinkindes eben im weitesten Sinne zu den Hausarbeiten gehört.

Das kann anders sein, wenn Pflegekinder aufgenommen werden, um aus dem Pflegegeld den eigenen Unterhalt zu bestreiten.

3042 **Fall 15**

Urteil des Landgerichts Osnabrück vom 3.4.1958 (abgedruckt in VersR 1958, 469 ff.):

Leitsatz: Wird ein Landwirt in dieser Eigenschaft in einem fremden landwirtschaftlichen Betrieb tätig und
(teilweise) verursacht er dabei einen Schaden, so entfällt für ihn die Möglichkeit, über die Privathaftpflichtversicherung Versicherungsschutz zu beanspruchen.

Der Kläger betreibt einen bei der Beklagten betriebshaftpflichtversicherten landwirtschaftlichen Betrieb. Sein Bruder unterhält an einem anderen Ort ebenfalls einen landwirtschaftlichen Betrieb. Beide helfen sich in Notfällen gegenseitig aus. Bei einer solchen Aushilfe stellte der Kläger einen Topf mit einer giftigen Flüssigkeit im Stall derart ab, daß zwei Zuchtbullen des Bruders an das Gift herankommen konnten und davon fraßen.

Das Landgericht hat die Deckungsklage gegen den Betriebshaftpflichtversicherer abgewiesen und ausgeführt, daß der Landwirt für das Risiko aus der Tätigkeit in einem fremden landwirtschaftlichen Betrieb keinen Versicherungsschutz genießt.

Aber auch aus der gleichzeitig mitabgeschlossenen Versicherung gegen die gesetzliche Haftpflicht als Privatperson steht dem Kläger kein Anspruch auf Versicherungsschutz zu. Da der Kläger als Landwirt in einem Betrieb seines Bruders tätig gewesen ist, kommt die Ausschlußklausel „*Gefahren eines Berufes*" zur Anwendung.

Fall 16

Urteil des Landgerichts Frankfurt am Main vom 19.2.1971 (abgedruckt in VersR 1974, 181):

Leitsatz: Für die Frage, ob ein Unfall unter das von der Privathaftpflichtversicherung gedeckte Risiko fällt, ist eine vom Geschädigten gesetzte Mitursache unerheblich.

Der Kläger hat bei der Beklagten eine PHV abgeschlossen. Er ist von Beruf Fliesenleger, verlegt in seinem Geschäftsbetrieb jedoch auch Fußbodenbeläge. Ein Bekannter stellte ein Motorboot in einem dem Kläger gehörenden Schuppen unter, um dieses zu überholen. Auf seinen Wunsch hin verlegte der Kläger in dem Boot einen Fußbodenbelag. Der dabei verwendete Kleber entwickelte feuergefährliche Dämpfe. Diese entzündeten sich. Dabei wurde das Boot schwer beschädigt.

Der Kläger führt aus, daß es zu der Explosion gekommen sei, nachdem er das Verlegen des Fußbodens bereits abgeschlossen hatte. Funkenbildung habe es gegeben, als er die Batterie abklemmte. Außerdem habe der Eigentümer des Bootes eine Mitursache gesetzt, weil er Nitrofarbe beim Streichen verwendet habe, die ebenfalls feuergefährliche Dämpfe entwickeln konnte.

Das LG hat die Klage abgewiesen, weil es die Auffassung vertritt, daß es sich um eine berufliche Tätigkeit des Klägers gehandelt hat. Zwar stand der Versuch, die Polklemmen der Batterie des Bootes zu lösen, in keinem Zusammenhang mit seiner beruflichen Tätigkeit. Dabei muß aber beachtet werden, daß diese Tätigkeit für sich genommen ungefährlich war und die Explosion nicht hätte herbeiführen können, wenn nicht der Kläger zuvor die Fußbodenverlegearbeiten durchgeführt hätte. Dieses Risiko aber fällt ausschließlich in die berufliche Sphäre des Klägers, da er auch in seinem Geschäftsbetrieb Fußböden verlegt. Dabei ist es unerheblich, daß der Kläger aus privaten oder freundschaftlichen Motiven tätig wurde. Der Zusammenhang mit seiner Berufstätigkeit wird hierdurch nicht berührt, da die von dem Kläger geschaffene Gefahrenlage typisch für seine berufliche Tätigkeit war.

Außerdem kann es nach Ansicht des Landgerichts dahinstehen, ob der Eigentümer des Bootes dieses mit einer Nitrofarbe gestrichen hat. Soweit dies mitursächlich für die Explosion gewesen ist, mag zwar eine Mithaftung des Eigentümers des Bootes vorliegen. Für die Frage, ob der Unfall in das durch die PHV gedeckte Risiko fällt, ist es jedoch unerheblich, ob das Verhalten des Geschädigten mitursächlich war oder ob die vom Kläger verursachte Gefahr allein ursächlich war. Entscheidend ist allein, daß diese Gefahr in der beruflichen Sphäre des Klägers entstanden ist und somit nur von einer Berufshaftpflichtversicherung gedeckt werden konnte.

3044 **Fall 17**

Urteil des Landgerichts Aachen vom 10.8.1979 (abgedruckt in ZfS 1981, 184):

Leitsatz: Wenn ein Bauarbeiter einen Jugendlichen von einer Baustelle vertreiben will und der Jugendliche dabei zu Fall kommt und sich verletzt, besteht wegen der Betriebsbezogenheit Versicherungsschutz über die Betriebshaftpflichtversicherung.

Der Kläger, der bei der Beklagten eine PHV abgeschlossen hatte, ist als Bauarbeiter für ein Bauunternehmen tätig. Als ein beladener LKW rückwärts in die Baustelle einfuhr, ging ein 15-jähriger Junge auf den Kläger zu und verlangte von diesem eine Zigarette. Der Kläger wies den Jungen an, die Baustelle zu verlassen. Dieser schimpfte daraufhin auf den Kläger. Der wiederum ergriff einen in der Nähe stehenden Besen und warf ihn nach dem Jungen. Um nicht getroffen zu werden, trat dieser einige Schritte zurück. Dabei wurde er von dem LKW erfaßt und schwer verletzt.

Nach Auffassung des LG unterfallen die gegen den Kläger gerichteten Schadenersatzansprüche nicht der mit der Beklagten abgeschlossenen PHV. Soweit nämlich der Kläger durch sein Verhalten eine Ursache für die Verletzung des Jungen setzte, stand sein Handeln in einem inneren Zusammenhang mit seiner beruflichen Tätigkeit.

Es geht auch nicht an, die Auseinandersetzung zwischen dem Kläger und dem Jungen in der Weise aufzuspalten, daß der Kläger zunächst betriebliche Belange verfolgt hat, als er den Jungen von der Baustelle wies, dann aber auf die Beleidigung durch den Jungen seine Ehre verteidigen wollte und dazu den Besen benutzte. Selbst wenn der Kläger aufgrund der Äußerungen des Jungen sehr verärgert gewesen war, ist diese Gefühlsaufwallung nicht geeignet, den Zusammenhang mit seiner beruflichen Arbeit zu unterbrechen. Denn die Verärgerung beruhte nicht zuletzt darauf, daß der Junge sich den Anweisungen des Klägers auf der Baustelle widersetzte, auf der der Kläger Ordnung halten wollte.

3045 **Fall 18**

Urteil des Österreichischen Obersten Gerichtshofes (ÖOGH) vom 7.7.1977 (abgedruckt in VersR 1978, 532):

Leitsatz: Hänseleien mit einem leichten aus Spaß ohne Verletzungsabsicht erteilten Fußtritt, die ein Arbeiter während der Arbeit einem Arbeitskollegen zufügt, fallen nicht unter den Schutzbereich der Betriebshaftpflichtversicherung, sondern sind den Gefahren des täglichen Lebens zuzurechnen. Ansprüche des Verletzten sind durch die Privathaftpflichtversicherung des Schädigers abzudecken.

Der Kläger verletzte während der Arbeitszeit einen anderen Arbeiter durch einen Fußtritt. Der beklagte Privathaftpflichtversicherer lehnte die Deckung ab.

Der Oberste Gerichtshof ist der Auffassung, daß die Versicherung eintrittspflichtig ist. Nach den ausdrücklichen Feststellungen in den Vorverfahren hing der Fußtritt mit der betrieblichen Tätigkeit des Klägers nicht zusammen, sondern war Teil einer rein privaten Auseinandersetzung. Deswegen ist er der Berufsausübung des Klägers nicht zuzurechnen. Im übrigen sind auch Hänseleien mit dabei vorkommenden leichten und aus Spaß ohne Verletzungsabsicht erteilten Fußtritten den Gefahren des täglichen Lebens zuzurechnen.

Fall 19 3046

Urteil des OLG Hamm vom 16.4.1984 (abgedruckt in ZfS 1985, 219):

Leitsatz: Zum Risikoausschluß „Gefahren eines Betriebes ...", wenn ein Arbeitnehmer in der Werkstatt des Arbeitgebers Schweißarbeiten an einem fremden PKW ausführt.

Der Kläger (gleich VN) war als Schlossermeister Angestellter in der technischen Betriebsverwaltung einer Universität. Zur Betriebsverwaltung gehörte eine Werkstatt, die u. a. für die Pflege und Wartung der Fahrzeuge der Universität zuständig war. Außerdem wurden dort alle technischen Geräte gewartet und repariert. Fahrzeugreparaturen wurden in der Werkstatt üblicherweise nicht vorgenommen, sondern durch Fremdaufträge erledigt.

Der Kläger reparierte in der Werkstatt den PKW seines Verwandten B, an dem der Auspuff gerissen war. Um die erforderlichen Schweißarbeiten vornehmen zu können, holte sich der Kläger aus der ebenfalls zu seinem Zuständigkeitsbereich gehörenden Müllanlage der Universität ein Schweißgerät und hob das Fahrzeug mittels einer Hebebühne an. Sodann führte er die Schweißarbeiten an dem Auspuff durch. Durch die Schweißarbeiten kam es zu einem Brand, der den Wagen und Teile der Werkstatt und deren Einrichtung erfaßte.

Das OLG hat die Deckungsklage des privathaftpflichtversicherten Klägers abgewiesen. Dabei hat es dahinstehen lassen, ob die Gefahr, die sich in dem zum Haftpflichtanspruch führenden Ereignis verwirklicht hat, dem beruflichen Bereich zuzurechnen ist. Denn aufgrund der Beweisaufnahme stand es zur Überzeugung des Gerichtes fest, daß hier Gefahren eines Betriebes wirksam geworden sind. Die Kfz-Halle stellt einen solchen Betrieb dar.

Sie war mit Vorrichtungen und Geräten ausgestattet, die dazu dienten, anfallende Reparaturen und Wartungsarbeiten an technischen Geräten auszuführen. Zu diesem Zweck war auch eine Hebebühne für Kfz vorhanden.

Es ist unerheblich, daß dort keine Kfz-Reparaturen ausgeführt wurden. Entscheidend für die Einstufung des Ganzen als Betrieb kann nur sein, daß es sich bei der Werkstatt um eine Einrichtung handelt, die – auf Dauer – für Reparatur- und Wartungszwecke bestimmt und dementsprechend personell und sachlich ausgestattet ist.

Auch die typische Gefahr eines derartigen Betriebes hat sich im vorliegenden Fall verwirklicht. Der Schaden ist durch die Benutzung der Betriebseinrichtungen wie Hebebühne und Schweißgerät herbeigeführt worden. Daran ändert nichts, daß der Kläger diese Arbeiten außerhalb seiner Dienstzeit verrichtet hat. Die von einem Betrieb ausgehende Gefahr kann sich verwirklichen, ohne daß der Betriebsinhaber etwas von der Tätigkeit des VN erfahren hat. Die von einem Betrieb ausgehenden Gefahren sind im Gegenteil nicht geringer, sondern eher noch größer, wenn in dem Betrieb außerhalb der üblichen Betriebszeit und sogar heimlich gearbeitet wird.

Unerheblich ist in diesem Zusammenhang auch, daß der Kläger von Beruf nicht Kfz-Schlosser ist. Auch insoweit gilt, daß ein Betrieb in der Hand von Laien und Schwarzarbeitern noch gefährlicher ist. Es wäre widersinnig, die allgemein vorgesehene Risikobeschränkung gerade in einem solchen Fall nicht eingreifen zu lassen ...

3047 **Fall 20**

Urteil des BGH vom 26.10.1988 (abgedruckt in r + s 1989, 8 f.):

Leitsatz: Repariert der Mitinhaber eines Gebrauchtwagenhandels seinen privaten PKW in Firmenräumen, so dienst diese Handlung nicht dem Betrieb, vielmehr ist der Versicherungsnehmer als Privatperson tätig geworden ...

Aus den Gründen: Der Senat hat in ständiger Rechtsprechung die Abgrenzung zwischen Betriebs- und Privathaftpflicht in der Weise vorgenommen, daß in den Schutzbereich des versicherten Risikos einer Betriebshaftpflichtversicherung eine Tätigkeit fällt, die in innerem ursächlichen Zusammenhang mit dem Betrieb steht, wenn das zu deckende Wagnis betriebsbezogen ist. Dabei wird vorausgesetzt, daß das schadenstiftende Handeln bestimmt war, den Interessen des Betriebes zu dienen. Diese Voraussetzung liegt nicht vor, wenn der Mitinhaber einer Gebrauchtwagenhandlung an seinem privaten PKW Reparaturen vornimmt. Diese Handlung dient nicht den Interessen des Betriebes, dem die Vornahme von Reparaturen hier sogar verboten gewesen sein soll, sondern ausschließlich dem privaten Interesse des die Handlung vornehmenden Firmenmitinhabers. Daß das Fahrzeug auch zu betrieblichen Zwecken hätte genutzt werden sollen, ist nicht festgestellt.

Daher kann der vorliegende Fall nicht anders beurteilt werden, als wenn der Firmenmitinhaber seinen – angeblich – privaten PKW unter Benutzung der vorhandenen Einrichtungen in einem benachbarten Betrieb repariert hätte. Daß diese Handlung nicht bestimmt ist, den Interessen des Betriebes zu dienen, liegt auf der Hand.

Nicht anders verhält es sich hinsichtlich der Frage, ob die Tätigkeit dem beruflichen Bereich zuzurechnen ist. Auch hier muß die Tätigkeit den Interessen des Berufes zu dienen bestimmt sein, was bei der Reparatur eines ausschließlich privaten Kraftfahrzeuges des Firmenmitinhabers durch diesen selbst nicht der Fall ist ...

Fall 21

Urteil des BGH vom 3.6.1987 (abgdruckt in VersR 1988, 125):

Leitsatz: Eine berufliche Tätigkeit i. S. von § 4 I Nr. 6 b AHB liegt unabhängig von der Entgeltlichkeit der Tätigkeit dann vor, wenn die Handlung in einem inneren Zusammenhang mit dem Betrieb steht. Diese Voraussetzungen sind gegeben, wenn ein feinmechanischer Betrieb einer Spedition durch Einsatz eines firmeneigenen Krans beim Abladen einer schweren gekauften Maschine hilft.

Der Kläger – Inhaber eines feinmechanischen Fertigungsbetriebs – hatte für diesen Betrieb bei der Beklagten eine Betriebshaftpflichtversicherung abgeschlossen. Der Kläger hatte bei einer anderen Firma eine Maschine zur Fertigung feinmechanischer und optischer Bauteile bestellt. Zur Lieferung bis zum Anschluß auf dem Werksgelände des Klägers war die Verkäuferin verpflichtet. Die Maschine wurde mit einem LKW einer Spedition geliefert. Da die Maschine 2.700 kg wog, ließ der Kläger mit firmeneigenem Kran und Gabelstapler beim Abladen auf seinem Werksgelände helfen. Beim Abladen der am Kran hängenden Maschine rutschte diese auf den Gabelstapler und kippte auf den Boden ab. An der Maschine entstand hoher Sachschaden.

Für diesen Schaden wurde der Kläger verantwortlich gemacht, der daraufhin die Beklagte um Versicherungsschutz bat. Diese versagte den Versicherungsschutz unter Berufung auf § 4 Abs. 1 Nr. 6 b AHB.

Die Deckungsklage hatte in den beiden Vorinstanzen Erfolg, jedoch hat der BGH der Revision der beklagten Versicherung stattgegeben.

Er vertritt die Auffassung, daß entgegen der Ansicht der Vorinstanzen eine berufliche Tätigkeit vorliegt. Dies entscheidet sich nach der Verkehrsanschauung und nach vernünftiger Lebensbetrachtung. Dabei kommt es nicht darauf an, ob die Tätigkeit *entgeltlich* oder *unentgeltlich* erfolgt. Es ist auch unerheblich, ob die betreffende Tätigkeit – hier Beförderung – im Mittelpunkt der beruflichen oder gewerblichen Betätigung des VN steht. Maßgebend ist vielmehr, ob die Handlung in einem inneren Zusammenhang mit dem Betrieb steht.

Nach diesen Grundsätzen muß die *Mithilfe* des Klägers beim Abladen der Maschine durch Einsatz seines firmeneigenen Krans als berufliche Tätigkeit an eben dieser Maschine angesehen werden. Sie diente den Interessen des Betriebs, in dem die Maschine eingesetzt werden sollte. Der Kläger hat die in diesen Fällen übliche Kranhilfe durch den Empfängerbetrieb geleistet. Es ist unerheblich, daß er dazu nicht vertraglich verpflichtet war. Solche Hilfeleistungen werden üblicherweise vom Empfängerbetrieb auch ohne vertragliche Verpflichtung durchgeführt. Es würde auf Unverständnis stoßen, wenn ein Betrieb, der über einen geeigneten Kran verfügt, beim Abladen einer für ihn bestimmten Maschine die übliche Kranhilfe verweigern und den Lieferanten oder Frachtführer darauf verweisen würde, den Kran einer Fremdfirma einzusetzen.

Daher mußte der Revision stattgegeben und die Deckungsklage abgewiesen werden.

3049 **Fall 22**

Urteil des Amtsgerichts Dortmund vom 18.4.1984 (abgedruckt in ZfS 1984, 186 f.):

Leitsatz: Entgleitet einem Dachdecker während der Frühstückspause auf dem Dach eine Sprudelflasche und wird dadurch ein parkender PKW beschädigt, besteht kein Versicherungsschutz aus der privaten Haftpflicht-, sondern aus der Betriebshaftpflichtversicherung.

Der Kläger war als Dachdeckergeselle bei dem Dachdecker M. beschäftigt. Er führte weisungsgemäß Arbeiten auf dem Dach eines Hauses durch. Während der Frühstückspause entglitt dem Kläger eine Sprudelflasche, rutschte über das Dach, fiel auf einen PKW und beschädigte diesen. Der Kläger nimmt die Beklagte als Haftpflichtversicherer in Anspruch.

Nach Ansicht des Gerichts ist die beklagte PH-Versicherung nicht verpflichtet, den Kläger von Ersatzansprüchen Dritter freizustellen.

Der Kläger hat hier unmittelbar an seinem Arbeitsort, nämlich auf dem Dach, Sprudel getrunken. Dabei ist ihm die Flasche entglitten und hat den Schaden verursacht. Diese im Rahmen einer Arbeitspause erfolgte Aufnahme von Nahrungsmitteln ist dem gewöhnlichen betrieblichen Arbeitsablauf zuzurechnen. Weil es dem Kläger auf dem Dach während seiner Tätigkeit in der Sonne zu heiß geworden war, mußte er seinen Durst löschen, um weiterarbeiten zu können. Die direkte Verbindung zwischen Arbeit und Pause zeigt gerade die Betriebsbezogenheit der Handlung des Klägers. Zu der wetterbedingten Hitze kam noch die durch die auszuführenden Dachschweißarbeiten entstehende zusätzliche Hitzeentwicklung, die den Kläger geradezu zwang, seine Arbeit zu unterbrechen und durch die Zufuhr von kalten Getränken den Einsatz seiner Arbeitskraft gerade zu ermöglichen ...

3050 *3.5.2. Dienst*

Durch die oben aufgeführte Rechtsprechung ist weitgehend geklärt, was unter den Gefahren eines Betriebes oder Berufes verstanden wird. Soweit eine Begriffsbestimmung für den Ausschluß der Gefahren eines „*Dienstes*" erforderlich ist, wird man auf die bereits oben zitierte Entscheidung des BGH vom 11.12.1980 (VersR 1981, 271 ff. – Fall 9 –) zurückgreifen können. Danach besteht kein Anhaltspunkt dafür, daß durch diesen Begriff im Rahmen der Aufzählung in den BBR eine Abgrenzung zu den Gefahren eines Betriebes oder Berufes herbeigeführt werden sollte in der Form, daß Tätigkeiten über diese Begriffe hinaus auf jegliche Dienstleistung erweitert werden sollten. Mit diesem Begriff sollen nur die Tätigkeiten benannt werden, die zumindest mit einer beruflichen Tätigkeit versicherungsrechtlich vergleichbar sind, für die aber nach dem allgemeinen Sprachgebrauch die Bezeichnung „Beruf" ebenso wenig paßt wie die weiter aufgezählten Tätigkeiten als Inhaber eines Amtes oder im Rahmen einer verantwortlichen Tätigkeit in Vereinigungen aller Art. So ist z. B. der Wehr- oder Ersatzdienst als „Dienst" im Sinne der BBR zu verstehen.

3.5.3. Amt/Ehrenamt 3051

Auch die Begriffe „*Amt*" oder „*Ehrenamt*" bedeuten lediglich eine Abgrenzung gegenüber dem allgemeinen Begriff „Beruf". Auch hiermit soll nicht etwa eine Erweiterung geschaffen werden. Der Begriff „Amt" umschließt den hoheitlichen oder fiskalischen Aufgabenkreis, der einer Person (Amtsträger) vom Staat oder einer anderen juristischen Person des öffentlichen Rechts zur Erledigung übertragen wird. In der Regel wird ein Amt durch Beamte, aber auch durch Angestellte des öffentlichen Dienstes ausgeübt. Sie können z. B. wegen Mißbrauchs ihrer Amtsbefugnisse im Rahmen der sog. Amtsdelikte bestraft werden. Grundsätzlich haften die Träger eines Amtes für den durch die Verletzung ihrer Amtspflicht entstandenen Schaden (*Amtshaftung*).

Neben den Ämtern, die hauptberuflichen und fest besoldeten Amtsträgern übertragen werden, gibt es sog. *Ehrenämter*, die nur für nebenberufliche Ausübung und nicht gegen feste Besoldung, sondern gegen Aufwandsentschädigung verliehen werden. Dazu gehören z. B. die Ämter eines ehrenamtlichen Richters oder Bürgermeisters. Auch die Übernahme vieler Prüfertätigkeiten für Abschlußprüfungen in beruflicher Hinsicht erfolgen durch ehrenamtliche Mitarbeiter z. B. der Industrie- und Handelskammern. 3052

3.5.4. Verantwortliche Betätigung in Vereinigungen 3053

Unter den Ausschluß der BBR fallen auch verantwortliche Betätigungen in Vereinigungen aller Art. Die Bedingungen sprechen nicht nur von *Vereinen*, sondern von *Vereinigungen*. Bei einer Vereinigung handelt es sich um einen Zusammenschluß von gleichgesinnten Personen zur Verfolgung eines gemeinsamen Zwecks, wobei der Zusammenschluß rechtlich unverbindlich gestaltet sein kann. Dies ist der wesentliche Unterschied zum Verein, bei dem es sich um einen freiwilligen Zusammenschluß von Personen zu einem bestimmten Zweck mit einer von der Individualität der jeweiligen Mitglieder unabhängigen, den Bestand auf Dauer sichernden Organisation handelt. Im engeren Sinne ist Verein der Verein des bürgerlichen Rechts (§§ 21 ff. BGB). Dabei unterscheidet das BGB rechtsfähige und nicht rechtsfähige Vereine.

Wenn selbst die verantwortliche Betätigung für Vereinigungen nicht unter Deckungsschutz gestellt ist, so gilt dies erst recht für eine solche Betätigung in einem Verein, der im Hinblick auf die rechtliche Verbindlichkeit des Zusammenschlusses viel weiter greift.

Die Betätigung muß verantwortlich sein. Das bedeutet, daß nicht jede Tätigkeit für eine Vereinigung unter den Ausschluß fällt. Dabei ist der Begriff „verantwortlich" sicherlich sehr schwer abzugrenzen. *Verantwortung* setzt ein Rechenschaftgeben für ein bestimmtes Handeln oder für dessen Folgen voraus. Der Verantwortliche muß sein eigenes Handeln frei bestimmen und dessen Folgen absehen können. 3054

Die verantwortliche Tätigkeit erfordert also, daß der Handelnde mehr ist als nur bloßer „Befehlsempfänger" (vgl. *Prölss-Voit*, PHV, § 1 Anm. 5; OLG Nürnberg ZfS 1985, 248 vom 23.5.1985).

3055 ### 3.6. Ungewöhnliche und gefährliche Beschäftigung

Auch die Gefahren einer *ungewöhnlichen und gefährlichen Beschäftigung* werden nicht unter Versicherungsschutz der PHV gestellt. Beide Voraussetzungen müssen gleichzeitig vorliegen, d. h. die Beschäftigung muß ungewöhnlich **und** gefährlich sein (*Bruck-Möller-Johannsen*, Allgemeine Haftpflichtversicherung, S. 483). Es ist nicht darauf abzustellen, ob die schadenstiftende Handlung als solche ungewöhnlich und gefährlich war. Vielmehr ist maßgebend, ob die Tätigkeit aufgrund derer der Schaden stattfand, **allgemein** als ungewöhnlich und gefährlich bezeichnet wird (BGH VersR 1956, 283; OLG Hamm VersR 1973, 1133 vom 24.8.1973; 1981, 1122 vom 9.1.1981; *Prölss-Voit*, PHV, § 1 Anm. 6).

Der BGH ist der Auffassung, daß die Ausschlußklausel nur in sehr seltenen Ausnahmefällen eingreift (BGH a. a. O.).

3056 Da beide Tatbestandsmerkmale – ungewöhnlich und gefährlich – vorliegen müssen, steht eine ungewöhnliche Beschäftigung unter Versicherungsschutz, wenn sie nicht gefährlich ist. Handlungen, die lediglich aus dem üblichen Rahmen fallen, sind noch nicht als ungewöhnlich anzusehen. Mangel der gebotenen Sorgfalt macht eine übliche Tätigkeit nicht zu einer gefährlichen Betätigung (*Prölss-Voit*, PHV, § 1 Anm. 6).

Nur derjenige VN oder Versicherte, der die ungewöhnliche **und** gefährliche Beschäftigung ausübt, verliert den Versicherungsschutz. Sofern also haftpflichtversicherte Eltern wegen einer Verletzung der Aufsichtspflicht nach § 832 BGB in Anspruch genommen werden, wird ihr Haftpflichtschutz nicht in Frage gestellt, auch wenn bei ihren Kindern die Voraussetzungen der Ausschlußklausel vorliegen (*Bruck-Möller-Johannsen*, a. a. O., S. 484).

Zum Begriff der „ungewöhnlichen und gefährlichen Beschäftigung" gibt es eine Reihe Urteile, von denen wiederum die wichtigsten aufgeführt werden. Auch hier stehen Ausführlichkeit und teilweise wörtliche Wiedergabe im Vordergrund. Die Fälle 1 bis 6 geben die wesentliche Rspr. von 1956 bis 1983, die Fälle 7 bis 18 von 1984 bis 1989 wieder.

3057 **Fall 1**

Entscheidung des BGH vom 26.3.1956 (abgedruckt in VersR 1956, 283):

Aus den Entscheidungsgründen:
„... Diese Bestimmung (gemeint ist der Ausschluß der ungewöhnlichen und gefährlichen Betätigung – die Verfasser –) kann nicht etwa in all den Fällen Anwendung finden, in

denen die schadenstiftende Handlung selbst unter ungewöhnlichen oder gefährlichen Umständen ausgeführt worden ist, ihre Geltung ist vielmehr auf die seltenen Ausnahmefälle beschränkt, in denen die schadenstiftende Handlung im Rahmen einer allgemeinen Betätigung des Versicherten vorgenommen worden ist, die ihrerseits „ungewöhnlich und gefährlich" ist und deshalb in erhöhten Maße die Gefahr schadenstiftender Handlungen in sich birgt ..."

Fall 2 3058

Entscheidung des BGH vom 11.12.1980 (abgedruckt in VersR 1981, 271 ff.):

Wegen des Tatbestandes kann oben auf Abschnitt 3.5.1., Fall 9, Rdnr. 3036, verwiesen werden. Im Zusammenhang mit der Frage, ob nicht ein Deckungsausschluß wegen ungewöhnlicher und gefährlicher Betätigung gegeben ist, führt der BGH aus, daß es nicht darauf ankommt, ob die schadenstiftende Handlung (hier: Arbeiten mit Benzin in der Nähe eines elektrischen Heizlüfters) ungewöhnlich und gefährlich war, sondern ob die genannten Merkmale für die allgemeine Betätigung gelten, in deren Rahmen es zu der schadenstiftenden Handlung gekommen ist. Das Reinigen einer Spinnereimaschine ist aber an sich weder ungewöhnlich noch gefährlich.

Fall 3 3059

Urteil des OLG Hamm vom 24.8.1973 (abgedruckt in VersR 1973, 1133 ff.):

Wegen des Tatbestandes kann oben auf Abschnitt 3.5.1., Fall 12, Rdnr. 3039, verwiesen werden. Soweit der Begriff *„Gefahren des täglichen Lebens"* die Grenze zwischen den Deckungsbereichen der Betriebshaftpflichtversicherung und der PHV zieht, ist damit keine Beschränkung des Versicherungsschutzes auf mehr oder weniger normale, gewöhnliche und häufigere Gefahren gemeint. Dies ergibt sich schon daraus, daß die Gefahren einer ungewöhnlichen und gefährlichen Beschäftigung im Wege einer objektiven Ausschlußklausel besonders vom Versicherungsschutz ausgeschlossen sind. Das aber ist eine wirkliche Ausnahme von der sonst umfassenden Deckung der PHV.

Die Klausel *„ungewöhnliche und gefährliche Beschäftigung"* bedeutet nicht, daß Versicherungsschutz dann nicht besteht, wenn die schadenstiftende Handlung selbst unter ungewöhnlichen und gefährlichen Umständen ausgeführt worden ist. Ihre Geltung ist vielmehr auf die seltenen Ausnahmefälle beschränkt, in denen die schadenstiftende Handlung im Rahmen einer allgemeinen Betätigung des Versicherten vorgenommen ist, die ihrerseits ungewöhnlich und gefährlich ist.

Die Beteiligung des VN an einer Schlägerei kann aber nicht als **allgemeine** Betätigung oder Beschäftigung angesehen werden.

3060 **Fall 4**

Urteil des OLG Hamm vom 9.1.1981 abgedruckt in VersR 1981, 1122 ff.):

Leitsatz: Zur Auslegung des Begriffs „ungewöhnliche und gefährliche Beschäftigung" (hier: Verkleben
(auszugs-   von Teerpappebahnen mit Propangasbrenner)
weise)

Der Kläger hatte bei der Beklagten eine PHV abgeschlossen. Er hatte von Dritten einen Stall gemietet, dessen Dach undicht war. Er selbst – von Beruf Dolmetscher – wollte die undichte Decke abdichten. Zu diesem Zweck erhitzte er Teerpappebahnen mit einem Propangasbrenner, den er sich geliehen hatte, und verklebte die erweichten Bahnen. Durch die entzündeten Flammen des Propangasbrenners wurde aber in der Nähe lagerndes Stroh entzündet, das letztlich zu einem Großbrand führte.

Die beklagte Versicherung stellte sich u. a. auf den Standpunkt, sie habe deswegen keinen Versicherungsschutz zu gewähren, weil die Tätigkeit des Klägers „ungewöhnlich und gefährlich" gewesen sei.

Sowohl das Landgericht wie auch das OLG haben der Klage stattgegeben.

Bei der Betätigung des Klägers handelt es sich nicht um eine ungewöhnliche und gefährliche Beschäftigung. Deren Geltung ist vielmehr auf die seltenen Ausnahmefälle beschränkt, in denen die schadenstiftende Handlung im Rahmen einer allgemeinen Betätigung des Versicherten vorgenommen worden ist, die ihrerseits ungewöhnlich und gefährlich ist und deshalb im erhöhten Maße die Gefahr der Vornahme schadenstiftender Handlungen in sich birgt. Das Abdichten des Daches durch Aufbringen von Teerpappebahnen zählt aber nicht zu den allgemeinen Tätigkeiten des Beklagten. Es steht mit seiner beruflichen Tätigkeit in keinerlei Zusammenhang. Auch ist nicht ersichtlich, daß es sich nicht um einen einmaligen Vorfall handelte, und daß der Kläger Arbeiten dieser Art häufiger vornahm oder vorzunehmen beabsichtigte.

Zudem vertritt der Senat die Ansicht, daß das Abdichten eines Daches durch Aufkleben von Teerpappebahnen unter Verwendung eines Propangasbrenners durch einen Nichtfachmann nicht ungewöhnlich im Sinne der Ausschlußklausel ist. Dazu reicht es nicht aus, daß eine solche Betätigung aus dem üblichen Rahmen fällt. Sie muß vielmehr völlig ungewöhnlich und nicht zu erwarten sein. Im Hinblick auf die sich in der letzten Zeit ausbreitende Tätigkeit von *Heimwerkern* verneint das OLG diese Voraussetzungen. Nach seiner Auffassung werden technisch schwierige Arbeiten aus Kosten- und Zeitersparnisgründen in immer größerem Umfange selbst vorgenommen. Entsprechend haben sich auch schon Firmen auf das Verleihen dafür erforderlicher Geräte an Heimwerker spezialisiert, ohne daß hierfür besondere Befähigungsnachweise oder Kenntnisse des Entleihers verlangt oder vorausgesetzt werden. Deshalb kann eine solche Tätigkeit wie das Arbeiten mit einem Propangasbrenner zum Zwecke des Dachabdichtens nicht als so ungewöhnlich angesehen werden, daß Schäden, die daraus entstehen, entgegen dem sonst geltenden Prinzip der umfassenden Sicherung durch die PHV nicht gedeckt wären.

Fall 5 3061

Urteil des LG Berlin vom 15.1.1980 (abgedruckt in ZfS 1983, 374 ff.):

Leitsatz: Wenn ein VN, gelernter Klempner und als Kraftfahrer tätig, bei einem befreundeten Arbeitskollegen an der Stirnseite eines Hauses mit einer Lötlampe (Propangasflamme) den alten Anstrich am Gebälk abbrennt und dabei einen Brandschaden verursacht, besteht kein Versicherungsschutz.

Die beklagte Versicherung beruft sich zu Recht darauf, daß das Schadenereignis, das die gesetzliche Haftpflicht des Klägers (VN) begründen könnte, nicht aus den Gefahren des täglichen Lebens im Sinne der Risikobeschreibung in den „Besonderen Bedingungen und Risikobeschreibungen" hervorgegangen ist. Vielmehr ist der Kläger bei seinen Arbeiten am Dachstuhl einer ungewöhnlichen und gefährlichen Beschäftigung nachgegangen, deren besondere Gefahren sich durch das Schadenereignis verwirklicht haben.

Ausgangspunkt der Auslegung der Ziff. I der BBR/PHV muß sein, daß dort eine notwendige Beschreibung und Abgrenzung des versicherten Risikos vorgenommen wird. Die Gefahren des täglichen Lebens, die die gesetzliche Haftpflicht des VN als Privatperson begründen können, werden abgegrenzt von denjenigen besonderen Risiken, für die im Rahmen dieser Versicherung kein Versicherungsschutz gewährt werden soll.

Zu diesen besonderen Risiken, für die die Beklagte keinen Versicherungsschutz gewähren wollte, sind insbesondere die Gefahren eines Betriebes oder einer gewerblichen und beruflichen Tätigkeit des VN zu zählen. Aus dem vorstehend erläuterten Sinn und Zweck der Risikoabgrenzung folgt zugleich für die Auslegung des Begriffs der „ungewöhnlichen und gefährlichen Beschäftigung", daß diese nicht im Gegensatz zu den voranstehend erwähnten Gefahren eines Betriebes, Berufes und dergleichen zu stehen braucht. Eine ungewöhnliche und gefährliche Beschäftigung kann vielmehr gerade auch in einer solchen Betätigung liegen, die in der Regel nur von besonders ausgebildeten und ausgerüsteten Fachkräften ausgeübt wird, die kraft ihrer Erfahrung und Kenntnis der einschlägigen Sicherheitsnormen und dergleichen in der Lage sind, die oft unüberschaubaren Risiken zu beherrschen. „Ungewöhnlich und gefährlich" ist demnach (auch) eine handwerkliche Tätigkeit, die wegen des Umfanges, der Gefährlichkeit und der Erforderlichkeit besonderer Werkzeuge oder Ausrüstung in der Regel von gewerblichen Handwerkern ausgeführt werden muß.

Um eine solche Tätigkeit handelt es sich hier. Es bedarf keiner Ausführung, daß der Kläger beim Hantieren am Dachgiebel einer gefährlichen Beschäftigung nachging. Es war nicht nur die eigene Person des Klägers gefährdet, sondern durch die Verwendung einer offenen Flamme insbesondere der hölzerne Dachstuhl, dessen inwendige Beschaffenheit der Kläger nicht in allen Einzelheiten kannte. Das brachte erhebliche und unüberschaubare Risiken mit sich, die sich offensichtlich auch verwirklicht haben. Für die Beantwortung der vorliegenden Frage nach Deckungsschutz kann es dahinstehen, ob dem Kläger als gelerntem Klempner der Umgang mit einer Lötlampe vertraut war und ob er sich so umsichtig verhalten hat, daß ihm zu Recht ein strafrechtlicher Vorwurf wegen fahrlässiger Brandstiftung nicht gemacht werden konnte. Die Gefährlichkeit der Beschäftigung muß allein danach beurteilt werden, welche Gefahren sie im Hinblick auf die gesetzliche Haftpflicht für einen VN mit sich bringt, der nicht besonders für sie ausgebildet oder fachlich qualifiziert ist. Anderenfalls würden entgegen dem Sinn und Zweck der Risikoabgrenzung erhöhte Berufsrisiken über die PHV abgedeckt werden, sofern der VN außerhalb seines ausgeübten Berufs von besonderen Qualifikationen Gebrauch macht. Hierbei handelt es sich dann aber nicht mehr um die „Gefahren des täglichen Lebens", wie sie grundsätzlich jeden VN als Privatperson betreffen können.

Außerdem war die Beschäftigung des Klägers nach Ansicht des LG auch „ungewöhnlich". Das Gericht verkennt nicht, daß im heutigen Leben gerade Hausbesitzer in weitem Umfang handwerkliche Arbeiten selbst ausführen und daß bei solchen Arbeiten häufig Nachbarschaftshilfe geleistet wird. Die im konkreten Fall vorliegenden Ausbau- und Ausbesserungsarbeiten an einem Dachstuhl gehören jedoch nicht mehr in den Rahmen der üblichen Heimwerker-Tätigkeiten, die auch ohne besondere fachliche Qualifikation ausgeführt werden können. In Anbetracht der erheblichen Gefahren, die gerade mit dem Abbrennen der Farbe am Gebälk des Dachgiebels verbunden waren, würde sich ein verständiger VN ohne besondere fachliche Qualifikation an eine solche Aufgabe nicht heranwagen. Dann aber muß die Beschäftigung auch als „ungewöhnlich" im Sinne der Ziff. I der BBR/PHV angesehen werden.

3062 **Fall 6**

Urteil des Landgerichts Braunschweig vom 28.7.1965 (abgedruckt in VersR 1966, 482 ff.):

Leitsatz: Bei dem Betrieb, dem Verleihen oder Vermieten einer elektrischen Betonmischmaschine handelt es sich um eine ungewöhnliche und gefährliche Beschäftigung, auf die sich der für Gefahren des täglichen Lebens einer Privatperson geltende Haftpflichtversicherungsschutz nicht bezieht.

Der Kläger, der bei der Beklagten privathaftpflichtversichert war, besaß einen Betonmischer, den er einem Bekannten leihweise zur Verfügung stellte. Beim Reinigen der Maschine kam dieser mit dem an der Maschine befindlichen Stecker, an dem das Stromkabel angeschlossen war, in Berührung. Er erhielt einen elektrischen Schlag, der seinen Tod zur Folgen hatte.

Der Kläger wurde in der Folge von den Sozialversicherungsträgern, die an die Hinterbliebenen Leistungen zu gewähren hatten, in Anspruch genommen. Wegen der auf ihn zukommenden Ersatzansprüche hielt der Kläger die beklagte PH-Versicherung für verpflichtet, ihn aufgrund des Haftpflichtversicherungsvertrages von den möglicherweise bestehenden Verbindlichkeiten freizustellen.

Das Landgericht vertritt die Auffassung, daß ein Anspruch auf Deckung nicht besteht. Die Haftpflichtversicherung umfaßt nur die gesetzliche Haftpflicht des Klägers aus Gefahren des täglichen Lebens. Bei dem Betrieb, dem Verleihen oder Vermieten einer Betonmischmaschine handelt es sich jedoch nicht um eine solche Gefahr im Sinne der Versicherungsbedingungen, sondern um eine ungewöhnliche und gefährliche Beschäftigung. Sie gehört nicht zu den *Gefahren des täglichen Lebens* einer Privatperson.

Nach Ansicht des Landgerichts werden durch die PHV nur solche Gefahren erfaßt, mit denen üblicherweise im Privatleben eines Brügers zu rechnen ist. Unter die Haftpflichtversicherung fällt also nicht jeder Vorgang im Privatleben des Versicherten und auch nicht alles, was nicht zu seinem Beruf gehört.

Bei der Klärung des Begriffs „Gefahr des täglichen Lebens" ist auf die Allgemeinheit, den Durchschnittsbürger, abzustellen. Vom täglichen Leben des Durchschnittsbürgers her gesehen ist das Halten einer Betonmischmaschine durchaus ungewöhnlich. Damit wird der Bereich der Gefahren, die durch eine PHV gedeckt sind, verlassen.

Als zum täglichen Leben gehörend können nur die Geräte bezeichnet werden, die jedermann ohne besondere Kenntnisse bedienen kann.

Außerdem ist darauf abzustellen, daß die Betonmischmaschine nicht wie andere Geräte zum Betrieb des Haushaltes und zu einer normalen Freizeitgestaltung gehören, sondern zur Schaffung von Anlagen.

Das Landgericht nimmt zu dem Argument des Klägers Stellung, daß es bei der heute herrschenden „Tendenz des Selbstmachens" häufig anzutreffen sei, daß Personen, die technisch nicht dafür vorgebildet sind, sich bestimmter Gerätschaften bedienen, um selbst handwerkliche Arbeiten auszuführen. Nach Ansicht des Landgerichts kann dies aber den Begriff der „Gefahren des täglichen Lebens" nicht erweitern. Es wäre nämlich – so das LG – widersinnig anzunehmen, daß die Haftpflichtversicherung gerade jenen Personen Schutz gewähren will, die sich mit Dingen befassen, denen sie nicht gewachsen sind, wodurch die Gefahren noch größer werden.

In jedem Fall ist es aber als ungewöhnliche Gefahr anzusehen, wenn der Versicherte ein solches Gerät anderen Personen überläßt und damit die Gefahren über seinen eigenen Bereich hinaus auf eine Vielzahl von Personen erweitert. Das Verleihen oder Vermieten einer Betonmischmaschine kann keinesfalls als im Leben eines normalen Bürgers üblich angesehen werden.

3063 Fall 7

Urteil des OLG Hamm vom 23.11.1984 (abgedruckt in ZfS 1985, 119 f.):

Leitsatz: 1. Schadenersatzansprüche aus Anlaß eines Selbstmordes des VN sind keine Verwirklichung der Gefahren des täglichen Lebens.
2. Der Selbstmord durch Gastod – Öffnen einer stillgelegten Gasleitung, Tod durch ausströmendes Gas und anschließende Explosion mit Zerstörung eines Miethauses – ist eine „ungewöhnliche und gefährliche Beschäftigung".

Der durch Selbstmord aus dem Leben geschiedene VN war bei der Beklagten haftpflichtversichert.

Der VN hat den Stopfen einer stillgelegten Gasleitung in seiner Wohnung entfernt und ist dann durch das austretende Gas tödlich vergiftet worden. Als ein anderer Mitbewohner des Hauses im Treppenhaus den Lichtschalter betätigte, kam es zu einer Explosion, durch die das Haus völlig zerstört wurde.

Die Deckungsklage wurde abgewiesen.

Der Senat macht zuvor Ausführungen zur Frage des Versicherungsschutzes wegen des vor der Explosion eingetretenen Todes des VN. Zunächst verneint der Senat Vorsatz des VN, der von der beklagten Versicherung nicht bewiesen sei.

Sodann wird ein Anspruch aus dem Versicherungsvertrag abgelehnt, weil die Voraussetzungen der „Besonderen Bedingungen und Risikobeschreibungen" nicht vorliegen.

Der Senat stellt schon in Frage, ob es sich bei vorliegendem Fall um Haftpflichtansprüche handelt, die dem VN aus „Gefahren des täglichen Lebens" erwachsen sind. Dabei wird lebensnahe Betrachtungsweise und allgemeiner Sprachgebrauch zugrunde gelegt, so daß im Ergebnis Schadenersatzansprüche aus Anlaß eines Selbstmords keine Verwirklichung der Gefahren des täglichen Lebens sind. Dieser Begriff soll die Gesamtheit der sozialen Kontakt- und Berührungspunkte des VN in menschlichem Zusammenleben, aus denen er schadenersatzpflichtig werden könnte, bezeichnen und gleichzeitig eine Abgrenzung zur Betriebshaftpflicht bilden. Er kann nur Versicherungsschutz erwarten, soweit er nicht bewußt grundlegende Regeln dieses sozialen Zusammenlebens mißachtet und für sich außer Kraft setzt. Dabei ist ein Selbstmord eine so weitreichende Abweichung von allgemeinen Regeln und üblichem Verhalten, daß sich für den Selbstmörder damit nicht mehr die Gefahren des täglichen Lebens verwirklichen.

Aber selbst wenn man bei diesem Fall noch von Gefahren des täglichen Lebens ausgehen sollte, ist der Schaden bei einer ungewöhnlichen und gefährlichen Beschäftigung entstanden. Die schadenstiftende Handlung ist im Rahmen einer allgemeinen Beschäftigung erfolgt, die ihrerseits ungewöhnlich und gefährlich ist. Es kommt nicht darauf an, ob die einzelne schadenstiftende Handlung ungewöhnlich und gefährlich ist, sondern ob die genannten Merkmale für die Beschäftigung gelten, in deren Rahmen es zu der schadenstiftenden Handlung gekommen ist. Schadenstiftende Handlung ist hier das Öffnen der Gasleitung, so daß Gas ungehindert und unbewacht ausströmen konnte und im Rahmen der Gesamtplanung auch sollte. Das ist als Einzelhandlung sicher ungewöhnlich und gefährlich. Bezüglich der übergeordneten allgemeinen Beschäftigung ist nicht auf das Begehen eines Selbstmordes abzustellen. Das ist keine Beschäftigung des täglichen Lebens, sondern eine Reaktion in einer wirklichen oder vermeintlichen Ausnahmesituation und im übrigen auch wegen der zahlreichen unterschiedlichen Begehungsmöglichkeiten nicht signifikant. Allgemeine Handlungen sind hier das Manipulieren an einer stillgelegten Gasleitung und deren Öffnen in dem Bewußtsein, das Gas werde danach ungehindert und unbewacht ausströmen. Dies ist einmal im hohen Grad ungewöhnlich und unüblich. Nur in seltenen Ausnahmefällen wird eine solche Handlung vorgenommen werden. Es ist auch gefährlich. Es besteht nämlich die Gefahr, daß dabei Dritte – nur auf diese, nicht auf den VN kommt es bei der Haftpflichtversicherung an – geschädigt und der VN und damit auch der Versicherer deshalb Ansprüchen ausgesetzt werden.

Fall 8 3064

Urteil des OLG Hamm vom 27.5.1987 (abgedruckt in r + s 1987, 277):

Leitsatz: Das Anzünden von Fußmatten in einem Treppenhaus, um Licht zu machen, stellt eine ungewöhnliche und gefährliche – vom Versicherungsschutz ausdrücklich ausgenommene – Betätigung dar.

Aus den Gründen: Voraussetzung für den Ausschlußtatbestand ist, daß es sich um eine Betätigung handelt, die aus dem Rahmen üblicher Betätigung des täglichen Lebens fällt und eine erhöhte Gefährdung Dritter mit sich bringt. Es muß sich unbillig darstellen, das dadurch geschaffene, gesteigerte Risiko von der Gemeinschaft aller Haftpflichtversicherten tragen zu lassen.

Zwar ist das Anzünden eines Feuers für sich genommen nichts ungewöhnliches, und es ist häufig auch ungefährlich, nämlich dann, wenn eine Gefährdung Dritter ausgeschlossen erscheint. Wenn das Feuer aber an einem Ort entzündet wird, an dem es normalerweise kein offenes Feuer gibt, und wenn außerdem die Gefahr der Schädigung Dritter naheliegt, dann kann sich der Vorgang des an und für sich nicht ungewöhnlichen und gefährlichen Anzündens eines Feuers als ungewöhnlich und gefährlich darstellen. Es ist bereits ungewöhnlich, in einem geschlossenen Raum (Treppenhaus) ein offenes Feuer zu entfachen. Es kommt aber erschwerend hinzu, daß dies hier geschehen ist, um Licht zu machen. Das ist eine kaum noch nachvollziehbare und daher ungewöhnliche Tätigkeit. Es liegt auf der Hand, daß sie (für Dritte) gefährlich ist.

3065 **Fall 9**

Beschluß des OLG Hamm vom 17.11.1987 (abgedruckt in r + s 1988, 39):

Leitsatz: Das Anzünden von Spänen in einem fremden Holzschuppen, in dem Holzvorräte lagern, stellt eine ungewöhnliche und gefährliche – vom Versicherungsschutz ausdrücklich ausgenommene – Betätigung dar.

Aus den Gründen: Unabhängig (von der Frage des Vorsatzes) ist das Vorgehen des Antragstellers aber auch eine „ungewöhnliche und gefährliche Beschäftigung" mit der Folge, daß es nicht zum versicherten Risiko gehört. Es ist sicher ungewöhnlich, in fremden Holzschuppen lagernde Späne anzuzünden. Es ist aber auch besonders gefährlich. Denn es bestand die naheliegende Gefahr, daß es nicht bei den Spänen verbleiben, sondern der gesamte Schuppen, falls es nicht sogar bezweckt war, abbrennen werde. Damit entfällt hier ein Versicherungsanspruch.

3066 **Fall 10**

Urteil des OLG Schleswig vom 25.11.1983 (abgedruckt in ZfS 1984, 377 f.):

Leitsatz: Ein Einbruch ist eine Betätigung, die allgemein „ungewöhnlich und gefährlich" ist. Dabei unbeabsichtigt verursachte Schäden bedeuten keine Verwirklichung von „Gefahren des täglichen Lebens".

Der Kläger (VN) brach mit einem Komplizen nachts in eine Spinnerei ein, um Geld zu stehlen. Sie benutzten als Lichtquelle Streichhölzer, wobei auch geraucht wurde. Dadurch geriet ein Dralonballen in Brand, wodurch wiederum ein Flächenbrand in der Spinnerei entstand. Der Senat führt aus, daß die Betätigung des Klägers als Einbrecher aus der Sicht eines sich gesetzeskonform verhaltenen Bürgers ungewöhnlich ist. Sie ist auch gefährlich. Die Gefährlichkeit ist nicht auf die Fälle des Einbruchs mit Waffen beschränkt. Auch ein unbewaffneter Täter befindet sich in einer psychischen Ausnahmesituation. Seine Tätigkeit wird durch besondere Gefahrenmomente belastet. Er muß sich in ihm unbekannten Räumlichkeiten bewegen. Während seiner Tätigkeit steht er unter der Belastung, entdeckt zu werden. Deshalb ist er unter Umständen daran gehindert, Licht einzuschalten, und er sieht sich zur besonderen Eile veranlaßt. Im Falle eines unvorhergesehenen Ereignisses oder seiner Entdeckung kann er sich in die Enge getrieben sehen, so daß es zu Kurzschlußreaktionen kommen kann. Durch das Bestreben, möglichst schnell unerkannt in den Besitz der Diebesbeute zu gelangen, werden oft Schäden verursacht, die über die mit dem Einbruch verbundenen Folgen hinausgehen. Der vorliegende Fall offenbart die für einen Einbruchdiebstahl typischen Risiken und Gefahrensituationen. Aus Angst vor Entdeckung haben der Kläger und sein Begleiter den ihnen unbekannten Betriebsraum mit Streichhölzern ausgeleuchtet, Zigaretten geraucht und dabei einen Brand verursacht.

Der Schaden ist zwar nicht bei der eigentlichen Einbruchhandlung, dem gewaltsamen Eindringen in das Gebäude, sondern durch das Fortwerfen brennender Streichhölzer oder glühender Zigarettenreste entstanden. Diese Tätigkeit des Klägers kann jedoch nicht aus dem Zusammenhang mit der Einbruchtätigkeit gelöst und isoliert betrachtet werden. Die Täter waren auf der Suche nach Diebesgut. Sie haben sich gescheut, Licht einzuschalten, um nicht entdeckt zu werden. Auch dieser Handlungsabschnitt gehört zur eigentlichen Einbruchtätigkeit und steht unter dem psychischen Belastungsmoment der Tat. Der Brandschaden unterliegt somit nicht dem versicherten Risiko.

Fall 11 3067

Urteil des Landgerichts Siegen vom 18.7.1986 (abgedruckt in ZfS 1987, 23 f.):

Leitsatz: Ein Schaden in Verbindung mit fahrlässiger Brandstiftung, Hausfriedensbruch und vorsätzlicher Sachbeschädigung fällt nicht unter den Versicherungsschutz der privaten Haftpflichtversicherung; denn es handelt sich dabei nicht um die Verwirklichung von „Gefahren des täglichen Lebens".

Der Kläger (VN) hatte sich nach dem Genuß von alkoholischen Getränken in eine fremde Garage begeben, um von einem dort stehenden Moped die Verkleidung abzuschrauben. Um etwas sehen zu können, beleuchtete der Kläger das Moped, an dem er herumhantierte, mit der offenen Flamme seines Feuerzeuges. Dabei fingen zunächst das Moped, dann die Garage und ein PKW Feuer.

Das Landgericht hat die Deckungsklage abgewiesen.

Aus den Gründen: Die zum Schaden führende Risikosituation entsprang nicht den Gefahren des „täglichen Lebens", sondern den besonderen Gefahren, die die Begehung vorsätzlicher Straftaten zur Nachtzeit mit sich bringt. Indem der Kläger in die zumindest durch eine Tür geschlossene Garage eindrang, machte er sich strafbar. Er tat dies in der Absicht, vom Moped die Verkleidung abzubauen, was ebenfalls eine Straftat gewesen wäre. Daß sich der Kläger als Lichtquelle der offenen Flamme seines Feuerzeuges bediente, ist die konsequente Fortsetzung seines Verhaltens, denn der Kläger wollte und mußte ja unentdeckt bleiben, so daß er sich einer auffälligen, sicheren Lichtquelle nicht bedienen konnte. Es hat sich daher in der Entstehung des Brandes nicht das Risiko des „täglichen Lebens", sondern ein typisches Risiko, das bei der Begehung vorsätzlicher Straftaten entsteht, verwirklicht.

Fall 12 3068

Urteil des OLG Nürnberg vom 2.6.1989 (abgedruckt in ZfS 1989, 279 f.):

Leitsatz: Schweißarbeiten an einem PKW stellen heutzutage keine „ungewöhnliche und gefährliche Beschäftigung" mehr dar, sie sind vielmehr gewöhnliche „Gefahren des täglichen Lebens".

Der Kläger (VN) führte am PKW seiner Verlobten gefälligkeitshalber zum Zwecke der Reparatur Schweißarbeiten im Bereich des Unterbodens und an den Kotflügeln durch.

Durch unsachgemäße Ausübung dieser Tätigkeit geriet der PKW in Brand. Das Feuer erfaßte die Halle.

Nachdem das Landgericht in erster Instanz die Deckungsklage abgewiesen hatte, hat das OLG der Klage in der Berufungsinstanz stattgegeben.

Dabei führt der Senat aus, daß entgegen der Auffassung des Landgerichts die vom Kläger durchgeführten Schweißarbeiten am PKW unter die "Gefahren des täglichen Lebens" fallen. Dieser Begriff ist weit auszulegen, wenn – wie in diesem Fall – der Risikobereich der Betriebshaftpflichtversicherung eindeutig ausscheidet.

Der Umgang mit Schweißgeräten auch im privaten Bereich zum Zweck privater Kfz-Reparaturen kann heutzutage nicht mehr als ungewöhnlich bezeichnet werden, so daß nach Auffassung des Senats die hieraus resultierenden Gefahren nunmehr als solche des „täglichen Lebens" bezeichnet werden müssen. Damit steht fest, daß es sich auch nicht um eine ungewöhnliche Beschäftigung handelt.

3069 **Fall 13**

Urteil des BGH vom 26.10.1988 (abgedruckt in VersR 1988, 1283 f.):

Leitsatz: Der Umgang mit einem Schweißgerät auch im privaten Bereich ist nicht ungewöhnlich.

Der Kläger (VN) führte Schweißarbeiten aus. Bei der Reparatur eines PKW, und zwar in einer Lagerhalle, die er und ein Geschäftspartner gemeinsam zum Betrieb eines Gebrauchtwagenhandels gemietet hatten, geriet das zu reparierende Fahrzeug in Brand. Das Feuer griff um sich und vernichtete einen Teil des Gebäudes sowie verschiedene Fahrzeugteile.

Die beklagte PH-Versicherung lehnte die Regulierung ab. Die dagegen gerichtete Deckungsklage des VN blieb in allen Instanzen erfolglos, wobei das OLG zur Hilfsbegründung ausgeführt hatte, daß es sich bei den Schweißarbeiten an dem PKW um eine „ungewöhnliche und gefährliche Beschäftigung" gehandelt habe.

Der Umgang mit einem Schweißgerät auch im privaten Bereich ist nach Kenntnis des Senats heutzutage nicht mehr ungewöhnlich.

Fall 14

Urteil des Landgerichts Essen vom 8.1.1987 (abgedruckt in ZfS 1987, 152 f.):

Leitsatz: Wenn der VN mit einem befreundeten Bauschlosser in einem alten Gebäude an der unterhalb des Walmdachs angebrachten, ausgetrockneten Holzkonstruktion Schweißarbeiten vornimmt, die zu einem Brand führen, liegt eine „ungewöhnliche und gefährliche Beschäftigung" vor, so daß kein Versicherungsschutz besteht.

Aus den Gründen: ... Andererseits folgt aus der Risikoabgrenzung, daß solche Gefahren vom Versicherungsschutz ausgenommen sein sollen, die auf eine Betätigung des VN zurückzuführen sind, die ihrerseits ungewöhnlich und gefährlich ist und deshalb in erhöhtem Maße die Gefahr schadenstiftender Handlungen in sich birgt. Um eine solche Betätigung handelt es sich auch dann, wenn der VN Arbeiten ausführt oder ausführen läßt, die wegen ihrer Gefährlichkeit, ihres Umfanges und der Erforderlichkeit von Spezialwerkzeug üblicherweise nur besonders ausgebildeten und erfahrenen gewerblichen Fachkräften übertragen werden.

Im vorliegenden Fall war der Umbau eines Gebäudes, wozu auch Schweißarbeiten unterhalb einer ausgetrockneten alten Holzbalkendecke erforderlich waren, wegen der hohen Brandgefahr äußerst risikohaft. Ein verständiger VN hätte gerade wegen der mit dem Umbau verbundenen unüberschaubaren Gefahren einen Fachbetrieb mit der Durchführung und Beaufsichtigung der Schweißarbeiten beauftragt. Insoweit ist die von dem Bauschlosser im Auftrag des VN vorgenommene Tätigkeit als unübliche und gefährliche Beschäftigung anzusehen.

Sie kann schon wegen des Umfanges der Umbauarbeiten und wegen der Gefährlichkeit der Schweißarbeiten nicht mit der häufig von Heimwerkern vorgenommenen Betätigung verglichen werden. Insoweit kann es dahinstehen, ob Schweißarbeiten generell als unübliche und gefährliche Beschäftigung einzustufen sind oder nicht. Vorliegend hat der VN nämlich durch die von ihm veranlaßten Schweißarbeiten in der Nähe hochbrennbaren Materials eine besondere Gefahrenlage geschaffen, die nicht mehr dem Gefahrenbereich des täglichen Lebens zuzuordnen ist. Die Gefahr, die sich in dem Schadenfall verwirklicht hat, ist vielmehr üblicher- und typischerweise dem betrieblichen Bereich zuzuordnen, weil nur besonders ausgebildete und ausgerüstete Fachkräfte überhaupt diese Arbeit vornehmen können.

3071　**Fall 15**

Urteil des OLG Frankfurt vom 28.1.1987 (abgedruckt in ZfS 1987, 153):

Leitsatz:　Das Verschießen von Feuerwerkskörpern aus Schreckschußpistolen ist keine „ungewöhnliche und gefährliche Beschäftigung".

Aus den Gründen: ... Schließlich handelt es sich auch nicht um eine ungewöhnliche und gefährliche Betätigung im Sinne der BBR. Der Mangel der gebotenen Sorgfalt im konkreten Fall macht eine übliche Tätigkeit nicht zur gefährlichen Betätigung ...

3072　**Fall 16**

Urteil des OLG Karlsruhe vom 19.3.1987 (abgedruckt in r + s 1987, 157):

Leitsatz:　Eine ungewöhnliche und gefährliche Tätigkeit liegt noch nicht vor bei einem einmaligen Handeln (Baumfällen).

Aus den Gründen: ... Der Kläger (VN) hat die Arbeiten, bei denen es zu dem Schaden kam (Baumfällen) nicht als berufliche oder nebenberufliche Tätigkeit, sondern als Gelegenheitstätigkeit in seiner Freizeit ausgeführt. Der Kläger hat zwar für seine Tätigkeit ein Entgelt erhalten. Dies war aber vor Beginn der Arbeit nicht vereinbart worden, sondern wurde dem Kläger im Nachhinein als Anerkennung für seine Hilfe ausgehändigt. Der Kläger hat auch nicht dauernd Arbeiten dieser Art verrichtet, um daraus wenigstens zum Teil seinen Lebensunterhalt zu bestreiten. Der Kläger hat bislang nur ein einziges Mal, nämlich auf dem Grundstück der Eigentümerin, in seiner Freizeit Bäume abgetragen. Dies geschah deshalb, um der Grundstückseigentümerin zu helfen.

Deswegen waren die Arbeiten nicht Teil einer allgemeinen Betätigung des Klägers als Privatperson, denn er hat solche Arbeiten nicht häufiger, sondern nur ein einziges Mal ausgeführt. Deswegen kann es dahinstehen, ob die Arbeiten, die der Kläger ausgeführt hat und die zu dem Schaden führten, üblicherweise von Privatpersonen verrichtet werden und ob die Arbeiten ihrer Ausführung nach besonders gefährlich waren. Denn ausgenommen vom Versicherungsschutz sind nur solche schadenstiftenden und Haftpflichtansprüche auslösenden Handlungen, die im Rahmen einer allgemeinen Betätigung des Versicherten und des Versicherungsnehmers liegen, die ihrerseits ungewöhnlich und gefährlich ist, und deshalb in erhöhtem Maße die Gefahr des Eintritts von Versicherungsfällen schafft.

Fall 17   3073

Beschluß des ÖOGH vom 20.6.1984 (abgedruckt in VersR 1986, 273):

Der VN hatte versucht, auf einer Bundesstraße zwei Radfahrer anzuhalten und zu diesem Zweck die Fahrbahn betreten, wodurch den Radfahrern der Weg versperrt wurde. Es kam zum Zusammenstoß; einer der Radfahrer stürzte und verletzte sich schwer.

Die beklagte Versicherung verweigerte den Versicherungsschutz u. a. mit der Begründung, daß das Ereignis nicht zu den Gefahren des täglichen Lebens gehöre.

Das Erstgericht gab der Deckungsklage statt; das Berufungsgericht wies das Klagebegehren ab. Die Revision des Klägers beim ÖOGH hatte Erfolg.

Der ÖOGH sieht den Begriff der „Gefahren des täglichen Lebens" dann erfüllt, wenn Gefahren angesprochen sind, mit denen üblicherweise im Privatleben eines Menschen gerechnet werden muß. Solche Gefahren müssen nicht geradezu täglich auftreten. Es genügt, wenn derartige Gefahren erfahrungsgemäß im normalen Lebensverlauf immer wieder häufiger oder seltener vorkommen. Im Straßenverkehr kommt es nicht allzu selten vor, daß u. a. auch eine Klarstellung der persönlichen Verhältnisse eines Verkehrsteilnehmers gewünscht wird. Der Versuch, zu diesem Zweck einen Verkehrsteilnehmer anzuhalten, ist demnach ein Vorgang, der dem täglichen Leben zuzurechnen ist. Betrifft dieser Versuch einen Radfahrer, stellt auch das Betreten der Fahrbahn noch keine ungewöhnliche Gefahrenlage dar.

Fall 18   3074

Beschluß des OLG Hamm vom 12.7.1989 (abgedruckt in r + s 1989, 283):

Leitsatz: Das Abfeuern von Feuerwerkszeug zu Silvester ist keine ungewöhnliche und gefährliche Beschäftigung.

Aus den Gründen: ... Das Abbrennen von Feuerwerkskörpern zu Silvester ist weder ungewöhnlich noch – in der Regel – gefährlich. Es erscheint auch nicht ungewöhnlich, wenn bei dieser Gelegenheit nicht nur handelsübliche Feuerwerkskörper, sondern ähnliche Lärm- und/oder Lichteffekte erzeugende pyrotechnische Gegenstände gezündet oder abgebrannt werden. Zumindest aber ist hier behauptet und unter Beweis gestellt worden, daß die vom Kläger gezündeten Signalraketen nicht gefährlicher, sondern harmloser seien, als handelsübliche Silvesterraketen. Wenn das zutrifft, kann die Frage der Ungewöhnlichkeit sogar dahinstehen.

Im Rahmen der vom Senat vorzunehmenden Prüfung der Erfolgsaussicht der Deckungsklage war es daher ausreichend, daß eine abschließende Klärung in einem für den Kläger ungünstigen Sinn daher ohne Beweisaufnahme bezüglich der Frage, daß Signalraketen harmloser seien als handelsübliche Silvesterraketen, nicht möglich ist.

3075 **3.7. Heimwerkertätigkeit**

Die teilweise kontroverse Rechtsprechung zu den Bereichen „private/berufliche Tätigkeit" und „ungewöhnliche und gefährliche Beschäftigung" zeigt, daß die Abgrenzung im Einzelfall sehr schwierig sein kann. Besondere Bedeutung erhält die Klärung dieser Frage in der heutigen Zeit bei Reparatur- und Bauarbeiten aller Art, die in zunehmendem Maße in Selbsthilfe durch sog. *Heimwerker* durchgeführt werden. Wegen der steigenden Handwerkerpreise liegt der Grund für die Betätigung eines Laien auf verschiedenen Fachgebieten auf der Hand. Er besitzt aber als Heimwerker keinerlei Erfahrung in der Ausführung der von ihm vorgenommenen Arbeiten und in der Bedienung der dazu erforderlichen Geräte. Deswegen ist das Schadenrisiko erheblich größer als z. B. bei einem Handwerker, der dieselbe Arbeit ausführt, aber aufgrund des nötigen Fachwissens das Risiko entsprechend kleiner hält. Es findet also eine Risikoverlagerung statt. Die Gerichte sind eine Antwort auf die Frage schuldig geblieben, inwieweit dies den Privathaftpflichtversicherern angelastet werden kann.

3076 In besonderem Maße kommt es darauf an, ob die Durchführung der von dem Heimwerker vorgenommenen Arbeiten als ungewöhnliche Betätigung anzusehen ist. Eine generelle Beantwortung ist nach der Rechtsprechung sicherlich nicht möglich. Es kann darauf abgestellt werden, was nach der Verkehrsauffassung allgemein als gewöhnliche Betätigung im Rahmen eines Privathaushaltes angesehen wird. Insoweit setzt das oben zitierte Urteil des LG Braunschweig (VersR 1966, 482 f. vom 28.7.1965) Maßstäbe, die nachvollziehbar sind und als Kriterium zur Entscheidung der Frage dienen können, wann eine Tätigkeit noch als „*Gefahr des täglichen Lebens*" zu werten ist. Wenn das LG sagt, der Durchschnittsbürger müsse als Maßstab dienen, nicht die Gewohnheiten bestimmter Kreise, so kann ihm nur zugestimmt werden.

Trotzdem ist dieses Urteil auf Kritik gestoßen (*Bruck-Möller-Johannsen*, a. a. O., S. 484). Man wird sicherlich sagen können, daß es gewöhnliche Betätigungen im Rahmen eines durchschnittlichen Privathaushaltes gibt, die durch jedermann ausgeführt werden können und entsprechend unter Versicherungsschutz zu stellen sind, so z. B. das Tapezieren und Streichen von Wänden. Es gehört heute beinahe schon zu den Selbstverständlichkeiten, daß solche Arbeiten durch Wohnungsinhaber selbst ausgeführt werden. Ob man aber die Reparatur eines Daches mit Hilfe eines Propangasbrenners noch zu den nicht ungewöhnlichen Tätigkeiten rechnen kann, wie auch das Reinigen von Spinnereimaschinen mit feuergefährlicher Flüssigkeit, muß aber doch ernsthaft bezweifelt werden (*Wussow*-Informationen vom 8.2.1982, 22 ff.).

Jedenfalls gibt die Entscheidung des LG Braunschweig brauchbare Entscheidungskriterien, indem dort von einer gewöhnlichen Tätigkeit im Rahmen eines Privathaushaltes nur dann gesprochen wird, wenn die Tätigkeit in Durchschnittshaushalten üblich ist, insbesondere dazugehörige Geräte ohne besondere Kenntnisse von jedermann bedient werden können und die betreffenden Arbeiten nicht spezielle handwerkliche Ausbildung voraussetzen. Denn es ist – und darin ist dem LG Braunschweig zuzustimmen – widersinnig anzunehmen, daß die Haftpflichtversicherung gerade dann Schutz gewähren soll, wenn sich VN mit Dingen befassen, denen sie nicht gewachsen sind. Es liegt auf der Hand, daß dadurch Gefahren wesentlich größer werden, als wenn dieselben Arbeiten durch einen entsprechend geschulten Handwerker ausgeführt würden.

Nach der Ausschlußbestimmung muß die Betätigung, die ein Heimwerker ausführt, ihrer Art nach gefährlich sein. Dies ist dann der Fall, wenn mit Tätigkeiten dieser Art generell ein erhöhtes Schadenrisiko verbunden ist, das sich natürlich im konkreten Fall auch aus der mangelnden handwerklichen Vorbildung des Heimwerkers ergeben kann (*Wussow*-Informationen, a. a. O.). 3077

In den oben zitierten Fällen des BGH (VersR 1981, 271) – Rdnr. 3058 – und des OLG Hamm (VersR 1981, 1122) – Rdnr. 3060 – muß von dieser allgemeinen Gefährlichkeit der Betätigung ausgegangen werden. Nicht umsonst gibt es spezielle Unfallverhütungsvorschriften der zuständigen Berufsgenossenschaften, die sich gerade mit den Gefahren z. B. von Schweißgeräten befassen.

Im Ergebnis ist festzuhalten, daß bei Heimwerkertätigkeiten im Einzelfall nach den von der Rechtsprechung entworfenen Maßstäben geprüft werden muß, ob eine ungewöhnliche und gefährliche Betätigung vorliegt. Dabei ist zu beachten, daß der von dem BGH und dem OLG Hamm vorgegebene Rahmen sehr weit gespannt ist. 3078

3.8. Schwarzarbeit

3079

Die durch die Rechtsprechung vorgenommene Trennung zwischen beruflicher und privater Tätigkeit schafft große Schwierigkeiten bei der Abgrenzung zur *Schwarzarbeit*, die möglicherweise durch einige Entscheidungen (vgl. z. B. BGH VersR 1981, 271) – Rdnr. 3036 – in weiten Bereichen mit Versicherungsschutz versehen wird. Dies deshalb, weil der Versicherer auf erhebliche Schwierigkeiten stoßen wird, wenn er den Nachweis führen soll, daß der VN das erhaltene Entgelt zum Lebensunterhalt benötigt und die Tätigkeit über einen längeren Zeitraum hinweg planmäßig und mit Regelmäßigkeit ausübt. In diesem Bereich werden die Entscheidungen zumindest rechtspolitisch bedenklich, da die in immer größerem Maße zunehmende Schwarzarbeit volkswirtschaftlich unvertretbar ist.

Ein gewisses Korrektiv könnte durch die Rechtsprechung zugunsten der Versicherer geschaffen werden, wenn z. B. eine Beweiserleichterung zu deren Gunsten angenommen würde, die den VN zwingt, seinerseits den Nachweis zu führen, daß das erhaltene Entgelt nicht zum Lebensunterhalt benötigt wird. Hierzu fehlt bislang allerdings in der Rechtsprechung jeglicher Hinweis.

3080   ## 3.9. Besondere Haftpflichtgefahren

Nach der Generalklausel I der Besonderen Bedingungen und Risikobeschreibungen folgen mit den Ziffern 1 – 8 Aufzählungen von Haftpflichtgefahren, die „insbesonders" unter Versicherungsschutz gestellt sind. Zur genauen Abgrenzung werden auch hier wieder Ausschlüsse mit aufgezählt, die im Einzelfall den Versicherungsschutz einschränken.

So ist die gesetzliche Haftpflicht des VN als Familien- und Haushaltungsvorstand sowie als Dienstherr der in seinem Haushalt tätigen Personen versichert. Insoweit kann auf die Ausführungen unter Kapitel 4 verwiesen werden.

3081   *3.9.1. Wohnungsinhaber/-eigentümer*

Nach den BBR ist der VN versichert als Inhaber einer oder mehrerer *Wohnungen* (einschließlich *Ferienwohnung*) sowie als Inhaber eines im Inland gelegenen *Einfamilienhauses* oder *Wochenendhauses*.

Eine begriffliche Abgrenzung zwischen Haus und Wochenendhaus läßt sich nach der Art der Benutzung und der Bauweise vornehmen. Entscheidend kann nicht sein, daß ein Haus nur an Wochenenden benutzt wird, um es zu einem Wochenendhaus zu machen. Es müssen vielmehr andere Gesichtspunkte hinzutreten, z. B. solche baulicher Art (Leichtbauweise aus Holz und Kunststoff).

Allerdings ist zu beachten, daß in heutiger Zeit auch Wochenendhäuser „massiv" gebaut sein können (vergl. OLG Hamm, VersR 1987, 194 ff. vom 30.5.1986). Zur Entscheidung, ob ein Haus ein Wochenendhaus ist, wird daher darauf abgestellt werden müssen, wie das Haus gewöhnlich genutzt und in welcher Art und Weise es gebaut ist. Beide Kriterien zusammengenommen können den an sich unklaren Begriff „Wochenendhaus" verdeutlichen (vergl. OLG Hamm a. a. O.).

Das OLG Hamm (a. a. O.) ist der Auffassung, daß bezüglich des Begriffes „Wochenendhaus" im Hinblick auf § 5 AGBG (Unklarheitenregel) eine eindeutige Begriffsbestimmung in den Versicherungsbedingungen erforderlich sei. So sei z. B. nicht zu klären, ob ein überwiegend stationär eingesetzter Wohnwagen als „Gebäude" anzusehen sei und somit ein Wochenendhaus darstellen könne.

3082   Voraussetzung ist, daß diese Wohnungen/Häuser vom VN ausschließlich zu Wohnzwecken verwendet werden. Sodann sind die zugehörigen *Garagen* und *Gärten* mitversichert. Auch die gesetzliche Haftpflicht des VN als Inhaber eines *Schrebergartens* ist mit Versicherungsschutz versehen. Schrebergarten ist auch ein einzeln gelegener Kleingarten (vgl. *Prölss-Voit*, PHV, § 1 Anm. 7 c).

Unter Versicherungsschutz fällt auch die gesetzliche Haftpflicht aus der *Vermietung* von nicht mehr als drei einzeln vermieteten Wohnräumen. Das gilt jedoch nicht, wenn abgeschlossene Wohnungen, Räume zu gewerblichen Zwecken oder Garagen vermietet werden. Der Deckungsausschluß hinsichtlich der gesetzlichen Haftpflicht aus der Vermietung von Wohnungen darf im Hinblick auf die Aufzählung der BBR nicht so verstanden werden, daß nur die Vermietung von Wohnungen zu gewerblichen Zwecken nicht mitversichert ist. Der „gewerbliche Zweck" bezieht sich ausschließlich auf den nachfolgenden Begriff „Räume". Das bedeutet also, daß in jedem Fall vermietete Wohnungen, egal ob privat oder gewerblich, nicht unter Versicherungsschutz hinsichtlich der damit verbundenen gesetzlichen Haftpflicht gestellt sind.

3083

Wenn in einem Einfamilienhaus eine *Einliegerwohnung* vermietet ist, hat der Privathaftpflichtversicherer trotzdem Versicherungsschutz zu gewähren, wenn der Mieter der Einliegerwohnung auf dem Gehweg vor dem Haus bei Glatteis stürzt und sich dabei verletzt. Denn die Formulierung der Ziffer I, 3. der BBR läßt den Versicherungsschutz als Inhaber des Einfamilienhauses bestehen. Das gilt auch dann, wenn das Vermietrisiko nicht mehr eingeschlossen ist, weil es sich insoweit um eine Wohnung und nicht mehr um höchstens drei einzeln vermietete Räume handelt (*Heimbücher*, VW 1973, 994 ff.).

3084

Wenn ein Einfamilienhaus zwar Deckungsschutz im Rahmen der BBR genießt, andererseits für ein darauf betriebenes Unternehmen keine Betriebshaftpflichtversicherung abgeschlossen ist, wird für alle Schäden, die aus der Beschaffenheit des Grundstücks oder des Hauses entstehen, die PHV als Grundstückshaftpflichtversicherung einzutreten haben. Dabei spielt es keine Rolle, ob der eingetretene Schaden einen Besucher oder Angehörigen des Unternehmens trifft. Es kann nicht damit argumentiert werden, daß ein Verletzter ohne den Betrieb des Unternehmens gar nicht in das Haus oder auf das Grundstück gekommen wäre und daß deshalb das Risiko der Betriebshaftpflichtversicherung zuzurechnen sei. Denn bei einer derartigen Auslegung würde der Schutz der Grundstückshaftpflichtversicherung im Rahmen der BBR völlig verkümmern (*Bruck-Möller-Johannsen*, a. a. O., S. 356/357). Zur Frage der Streupflicht wird auf Rdnr. 4055 verwiesen.

Wenn ein VN eine *Eigentumswohnung* besitzt, die er aber nicht selbst bewohnt, sondern vermietet hat, und sich dort ein Wasserrohrbruch ereignet, der auf unzureichende Wartung der Anlage durch den Vermieter zurückzuführen ist, so wird über die Besonderen Bedingungen von der PHV keine Deckung gewährt, weil eine komplette Wohnung vermietet worden ist. Zwar hätte der gleiche Schaden auch eintreten können, wenn der VN selbst die vermietete Wohnung bewohnt hätte. Dennoch ist das Risiko bei einer Vermietung der ganzen Wohnung etwas höher einzuschätzen. Deckung kann daher nur dann geboten werden, wenn das Vermietrisiko besonders mitversichert worden ist.

3085

3.9.2. Sondereigentum

3086 Soweit *Sondereigentum* in Betracht kommt, sind die Haftpflichtansprüche der Gemeinschaft der Wohnungseigentümer wegen Beschädigung des *Gemeinschaftseigentums* gegen den VN mitversichert. Dabei erstreckt sich die Leistungspflicht naturgemäß nicht auf den Miteigentumsanteil an dem gemeinschaftlichen Eigentum, der dem VN gehört. Insoweit würde es sich sonst um Ersatz eines Eigenschadens handeln.

Diese Klausel ist 1968 geändert worden. Zuvor waren im Rahmen der PHV bei Sondereigentümern Haftpflichtansprüche nicht versichert, die von der Gemeinschaft der Wohnungseigentümer wegen Beschädigung des Gemeinschaftseigentumes gegen den VN als Sondereigentümer erhoben wurden. Das galt auch für Haftpflichtansprüche, die Dritte gegen die Gemeinschaft der Wohnungseigentümer geltend machten.

Durch die Schaffung der neuen Klausel ist der immer größer werdenden Bedeutung des Sondereigentums Rechnung getragen worden. Sondereigentum bedeutet Wohnungseigentum, das an einer bestimmten Raumeinheit und dem damit verbundenen Miteigentumsanteil besteht. Jeder Wohnungseigentümer kann, soweit nicht das Gesetz oder Rechte Dritter entgegenstehen, mit dem in seinem Sondereigentum stehenden Gebäude nach Belieben verfahren, insbesondere dieses bewohnen, vermieten, verpachten oder in sonstiger Weise nutzen und andere von Einwirkungen ausschließen. Diese Bestimmung bewirkt, daß die Wohnungen wirtschaftlich dem Sondereigentümer zugerechnet werden. Dieses alleinige Herrschaftsrecht über den Raum macht das Wesen des Sondereigentums aus (MK-Röll, § 1 WEG, Anm. 8). Das Sondereigentum ist echtes Eigentum im Sinne des § 903 BGB. In Verbindung mit ihm besteht das gemeinschaftliche Eigentum an dem gesamten Objekt.

3087 Soweit in der früheren Klausel Haftpflichtansprüche, die Dritte gegen die Gemeinschaft der Wohnungseigentümer erheben, ausgeschlossen waren, brauchten diese in der neuen Klausel nicht mehr erwähnt zu werden. Denn diese Ansprüche haben nichts mit der PHV des einzelnen Sondereigentümers zu tun.

In der neuen Klausel wurde davon abgesehen, Ausschlußtatbestände, etwa nach dem Muster der Mietsachschadenklausel, aufzunehmen. Es konnte auf einen Ausschluß von Schäden wegen Abnutzung, Verschleißes und übermäßiger Beanspruchung verzichtet werden, weil diese Schäden, die im Rahmen eines Mietverhältnisses Schäden an gemieteten Sachen sind, beim Wohnungseigentum regelmäßig als Eigenschäden anzusehen sind. Von einem Ausschluß von Schäden an Heizungs-, Maschinen-, Kessel- und Warmwasserbereitungsanlagen sowie an Elektro- und Gasgeräten wurde deswegen abgesehen, weil die genannten Maschinen in der Regel über andere Sparten versichert sind. Es wurde auch deswegen auf Ausschlußtatbestände verzichtet, weil durch die neue Klausel die PHV seinerzeit auf- und nicht abgewertet werden sollte.

3088 Soweit Eigentümer von Wohnungen in Wohnanlagen oder von Einfamilienhausgrundstücken zugleich Miteigentümer und Mitbenutzer von *Gemeinschaftsanlagen* werden, die ihrer gemeinschaftlichen Verwaltung (§ 744 BGB) unterliegen, ergeben sich Probleme.

Zu solchen Gemeinschaftsanlagen zählen z. B. Müllplätze, Garagenhöfe, Wäschetrockenplätze, Spielplätze usw. Wenn sich auf solchen Anlagen Haftpflichtschäden ereignen, haftet jeder Miteigentümer als Gesamtschuldner in voller Höhe gegenüber dem Geschädigten (§ 421 BGB). Im Innenverhältnis zu den übrigen Miteigentümern ist die Haftung aufgrund des Ausgleichsanspruches auf die Höhe des Miteigentumsanteils beschränkt (§ 426 BGB).

Die Problematik liegt darin, daß nach den BBR neben den Risiken als Inhaber eines Einfamilienhauses oder einer Eigentumswohnung nur die dazugehörigen Garagen und Gärten in den Versicherungsschutz einbezogen sind. Dabei ist außer acht gelassen, daß außer diesen Einrichtungen noch weitere Anlagen mit dem Eigentum verbunden sein können.

Um diesen Schwierigkeiten zu begegnen, hat der HUK-Verband empfohlen, das Haftpflichtrisiko aus dem Miteigentum an zu einem Einfamilienhaus (oder einer Eigentumswohnung) gehörden Gemeinschaftsanlagen künftig im Rahmen der PHV des einzelnen Einfamilienhaus-(Eigentumswohnungs-)Inhabers mit zu decken (Rundschreiben des HUK-Verbandes H 14/70 M vom 2.11.1970).

3.9.3. *Bauherrenrisiko* 3089

Sofern der VN als *Bauherr* oder Unternehmer von *Bauarbeiten* auftritt, ist nach den geltenden BBR/PHV eine entsprechende gesetzliche Haftpflicht bis zu einer Bausumme von 20.000,- DM je Bauvorhaben (nach den BBR/PHV in der Fassung vor Ende 1982 betrug die Grenze noch 10.000,- DM je Bauvorhaben) mitversichert. Ob bei einem Bauvorhaben die Bausumme überschritten wird, richtet sich nach der Gesamtplanung (AG Saarbrücken VersR 1986, 754 vom 17.12.1985). Bauherr ist jeder, der es in eigener Regie unternimmt, ein Bauwerk zu erstellen oder erstellen zu lassen. Sofern der VN selbst Hand bei den Bauarbeiten anlegt, ist er Unternehmer von Bauarbeiten. Um dieses Risiko auf Arbeiten zu beschränken, die sich in einem überschaubaren Rahmen halten (z. B. Umbauarbeiten), besteht der prämienfreie Versicherungsschutz nur, wenn die Bausumme bis zu 20.000,- DM beträgt. Wird dieser Betrag überschritten, gelten die Bestimmungen über die Vorsorgeversicherung (§ 2 AHB). Danach beginnt sofort mit dem Eintritt eines neuen Risikos der Versicherungsschutz, d. h. also mit Beginn des Bauvorhabens, ohne daß es einer besonderen Anzeige an den Versicherer bedarf. Der VN ist aber verpflichtet, auf Aufforderung des Versicherers, die auch durch einen der Prämienrechnung beigedruckten Hinweis erfolgen kann, binnen eines Monats nach Empfang dieser Aufforderung jedes neu eingetretene Risiko anzuzeigen. Im Falle des Unterlassens fällt der Versicherungsschutz für das zunächst eingeschlossene Risiko rückwirkend vom Gefahreneintritt ab fort.

3090 *3.9.4. Radfahrer*

Versichert ist ferner die gesetzliche Haftpflicht des VN als *Radfahrer*. Seine Grenze findet der Deckungsschutz gemäß § 4, I, 4 AHB. Danach bezieht sich der Versicherungsschutz nicht auf Haftpflichtansprüche aus Schäden infolge Teilnahme an *Radrennen* sowie den Vorbereitungen hierzu (Training). Rennen bedeutet dabei im Rinne des Sprachgebrauchs, daß eine möglichst hohe Geschwindigkeit erzielt werden soll. Soweit sich der Wettkampf darauf bezieht, eine besondere Geschicklichkeit zu beweisen wie bei Geschicklichkeits- oder Zuverlässigkeitsfahrten, liegt in der Regel kein Rennen vor.

Räder im Sinne der AHB bzw. der BBR können nur Fahrräder sein, keine Mopeds oder mit Motorkraft betriebene Räder.

Ein Rennen liegt auch nur dann vor, wenn es sich um einen veranstalteten Wettkampf handelt. Wenn sich zwei Fahrradfahrer auf der Straße treffen, um zu versuchen, wer von ihnen schneller fährt, so liegt noch kein Radrennen vor (vgl. *Wussow*, AHB, § 4 Anm. 9; *Kuwert*, AHB, 4027). Teilnehmer an einem solchen Rennen sind außer den eigentlichen Fahrern auch die Schiedsrichter, die somit ebenfalls im Rahmen der PHV keinen Versicherungsschutz beanspruchen können.

3091 *3.9.5. Ausübung von Sport*

Auch für Schäden, die aus der Ausübung von *Sport* entstehen, hat der VN Schutz, wobei der Begriff Sport sehr weit zu fassen ist. Er erhält ebenfalls eine Einschränkung durch § 4, I, 4 AHB, wonach Schäden infolge Teilnahme an Pferde-, Rad- oder Kraftfahrzeug-Rennen, Box- oder Ringkämpfen sowie den Vorbereitungen hierzu (Training) vom Versicherungsschutz ausgenommen sind. Außerdem nehmen die Besonderen Bedingungen Haftpflichtansprüche, die gegen den VN als *Jäger* gestellt werden, vom Versicherungsschutz aus. Dazu gehört auch die Teilnahme an einer *Jagdveranstaltung*. Teilnahme bedeutet aktive Teilnahme. Veranstalter, Zuschauer oder sonstige Personen werden daher von diesem Risikoausschluß nicht betroffen.

3092 Sport ist die Sammelbezeichnung für alle durch Tradition und personale Sinngebung als Bewegungs-, Spiel- oder Wettkampfformen geprägten körperlichen Aktivitäten des Menschen (Meyers Enzyklopädisches Lexikon, Bd. 22, 1978, Stichwort „Sport"). Somit beinhaltet Sport immer eine äußerlich beobachtbare Anstrengung oder Bewegung, die einem persönlichen Können zurechenbar ist und gezielt gesteigert werden kann. Sport bedeutet sowohl die Möglichkeit zur persönlichen Bestätigung wie auch als Mittel zum Messen gegenseitiger Kräfte im Rahmen eines Sportwettkampfes. Sport ist nicht reines Spiel und auch nicht ausschließlich Arbeit. Die einzelnen Sportarten lassen im Ansatz eine Bewegungsaufgabe erkennen, die über Alltagsbewegung (z. B. Gehen) durch vereinbarte Regelungen hinausgeht und eine spezifisch erschwerende Beanspruchung enthält, die es durch entsprechende Spezialisierung zwischen Kalkül und Glück zu meistern gilt (Meyers Enzyklopädisches Lexikon, a. a. O.).

Eine Verletzung, die jemand einem anderen im Rahmen eines Sportkampfes zufügt, ist 3093
tatbestandsmäßig eine Körperverletzung im strafrechtlichen und eine unerlaubte Handlung im zivilrechtlichen Sinne. Strafbarkeit und Schadenersatzpflicht scheiden jedoch aus, wenn die Verletzung im Eifer des Gefechtes, wenn auch unter fahrlässiger Überschreitung der Spielregeln, verursacht wurde. Etwas anderes gilt, wenn ein vorsätzliches oder grob fahrlässiges Foul stattgefunden hat. In der Teilnahme am *Sportkampf* wird stillschweigend eine wirksame Einwilligung des Verletzten in die möglicherweise schädigende Handlung bzw. ein Handeln auf eigene Gefahr gesehen.

3.9.6. Waffenbesitz 3094

Versichert ist die gesetzliche Haftpflicht des VN aus dem erlaubten privaten Besitz und aus dem Gebrauch von *Hieb-, Stoß-* und *Schußwaffen* sowie *Munition* und *Geschossen*, nicht jedoch zu Jagdzwecken oder zu strafbaren Handlungen.

Nur der Waffenbesitz muß erlaubt sein, damit Deckungsschutz gewährt wird. Der Waffengebrauch hingegen kann auch unerlaubt sein. „Aus dem Gebrauch" ist gleichbedeutend mit „aus jedem Gebrauch" (OLG Hamm VersR 1989, 581 f. vom 1.7.1988). Denn eine gesetzliche Haftpflicht des Versicherungsnehmers kann gemäß §§ 823 ff. BGB immer nur aus dem erlaubten Gebrauch einer Waffe entstehen. Wenn die BBR die Deckungspflicht auf die gesetzliche Haftpflicht des VN aus dem erlaubten Gebrauch von Schußwaffen beschränken würde, liefe der Versicherungsschutz von Gebrauch von Schußwaffen in Wirklichkeit leer und wäre sinnlos (OLG Hamm a. a. O.; *Curtze*, Die Waffenklausel in der Privat- und Jagdhaftpflichtversicherung, VW 1988, 977 ff.; kritisch *Pardey*, Die Waffenklausel in der Privat- und Jagdhaftpflichtversicherung, VersR 1989, 1238 ff.). Nur diese Auslegung erklärt, daß in den BBR der Schußwaffengebrauch „zu strafbaren Handlungen" von der Deckungspflicht ausgeschlossen ist. Diese Ausnahme wäre nämlich sinnlos, wenn von vornherein nur die gesetzliche Haftpflicht aus dem „erlaubten" Schußwaffengebrauch deckungspflichtig wäre (OLG Hamm a. a. O.).

Voraussetzungen des Risikoeinschlusses ist nicht der erlaubte Waffenbesitz und kumulativ dazu der im Besitz befindlichen Schußwaffe, sondern alternativ entweder der erlaubte Waffenbesitz oder der Gebrauch einer Schußwaffe. Dies ergibt sich daraus, daß die Worte „aus dem" vor jeder der beiden Voraussetzungen wiederholt werden. Dadurch werden beide Voraussetzungen des Risikoeinschlusses alternativ nebeneinander gestellt. Daher ist die Klausel so auszulegen, daß versichert ist die Gefahr aus dem erlaubten Besitz **und** die Gefahr aus dem Gebrauch von Hieb-, Stoß- und Schußwaffen (OLG Koblenz ZfS 1987, 375 f. vom 6.2.1987).

Schußwaffen sind *Waffen*, bei denen ein Geschoß oder eine Schrotladung mittels Entwicklung von Explosivgasen oder Druckluft durch einen Lauf getrieben wird. Darunter fallen auch alle Druckluftwaffen, und zwar auch dann, wenn sie als sog. Kinderspielzeug verwendet werden (BGH VersR 1963, 766 ff. vom 24.6.1963). 3095

Signalraketen sind pyrotechnische Seenotsignale und keine Schußwaffen im Sinne des Waffengesetzes (OLG Hamm r + s 1989, 283 vom 12.7.1989). Ebenso ist eine Schreckschußpistole mit gesperrtem Lauf keine Schußwaffe im Sinne der BBR, selbst wenn daraus Feuerwerkskörper verschossen werden (OLG Frankfurt ZfS 1987, 153 vom 28.1.1987).

3096 Hieb- und Stoßwaffen dienen der unmittelbaren physischen Einwirkung. Es handelt sich dabei um Waffen wie z. B. Degen, Säbel, Bajonett, Dolch, Lanze u. a. Sie sind ihrer Natur nach dazu bestimmt, durch Hieb, Stoß oder Stich Verletzungen beizubringen.

3097 Erwerb, Führen, Besitz und Einfuhr von Waffen und Munition sind im Bundeswaffengesetz und durch ergänzende (unterschiedliche) landesrechtliche Bestimmungen geregelt.

Der Erwerb ist grundsätzlich frei möglich. Zum Erwerb von Faustfeuerwaffen (Pistolen und Revolver) ist jedoch regelmäßig ein Waffenerwerbsschein erforderlich. Jugendlichen unter 18 Jahren dürfen Waffen und Munition entgeltlich nicht überlassen werden.

Ist nach § 33 Waffengesetz der Besitz eines erlaubnisfreien Luftgewehrs an die Volljährigkeit gebunden, kommt bei Minderjährigkeit einer mitversicherten Person die Schußwaffenklausel zur Anwendung (LG Saarbrücken ZfS 1985, 309 ff. vom 8.6.1983).

Führt jemand eine Schußwaffe außerhalb seines Wohn-, Dienst- oder Geschäftsraumes oder seines befriedeten Besitztums, so muß er einen Waffenschein bei sich tragen.

Wie schon im Falle sportlicher Betätigung sind Haftpflichtansprüche ausgeschlossen, die mit jagdlicher Betätigung zusammenhängen. Dies ist mit dem erhöhten Risiko und den Besonderheiten der *Jagd* gerade im Zusammenhang mit Waffen zu begründen.

3098 Der Ausschlußtatbestand – die Benutzung oder der Besitz von Waffen, die in den BBR bezeichnet sind – muß in der Person des VN verwirklicht sein, wenn er die Haftung des Versicherers ausschließen soll (BGH VersR 1966, 674 ff. vom 10.3.1966). Dieser personenbezogene Ausschluß ist sinnvoll und sachgerecht, weil eine besondere Gefahrenquelle ausgeschlossen werden soll, die sich im Herrschaftsbereich des VN befindet. An dieser Voraussetzung fehlt es z. B., wenn der VN wegen Verletzung seiner Aufsichtspflicht in Anspruch genommen wird, weil ein Kind, zu dessen Beaufsichtigung er gesetzlich verpflichtet ist, einen Schaden mit einer Waffe verursacht, der bei genügender Aufsicht nicht entstanden wäre. Hieran ändert sich auch dann nichts, wenn das Kind mitversichert ist. Dazu führt der BGH aus, daß dies schon aus dem Gedanken folgt, daß eine Versicherung, die andere Personen einschließt, den Versicherungsschutz verbessern, aber für den VN selbst jedenfalls nicht verschlechtern soll. Eine wesentliche Verschlechterung wäre jedoch gegeben, wenn ein Ausschlußtatbestand sich nicht mehr notwendig in der Person des VN realisieren müßte, sondern die Verwirklichung in der Person eines Mitversicherten genügen würde, um nicht nur dessen Versicherungsanspruch, sondern auch den des VN auszuschließen.

Der Gebrauch von Waffen ist dann unerlaubt, wenn er nach den Waffengesetzen verboten 3099
ist, aber auch dann, wenn er nur privatrechtlich unzulässig (verbotene Eigenmacht) oder
strafbar ist (*Prölss-Voit*, PHV, § 1 Anm. 7 f mit Rechtsprechungshinweisen).

Pardey (a. a. O.) vertritt die Auffassung, daß für denjenigen, der grundlegende Sicherheitsgebote im Umgang mit einer Schußwaffe und Munition nicht beachtet, wegen eines unerlaubten Gebrauchs kein Versicherungsschutz bestehe. So soll derjenige, der die Grundgebote des Waffenrechts zur sorgfältigen Aufbewahrung mißachtet, insoweit wegen unerlaubten Besitzes oder/und Gebrauchs ohne Deckungsschutz bleiben. Einmalige Versehen, bloße Nachlässigkeiten im Einzelfall können jedoch u. U. noch innerhalb des erlaubten Besitzes oder Gebrauchs versichert sein. Die Frage der Gefahrerhöhung im Sinne der §§ 25 I, 23 I VVG stelle sich davon stets unabhängig.

Der Versicherungsschutz ist ausgeschlossen, wenn die in den BBR bezeichneten Waffen 3100
zu *strafbaren Handlungen* benutzt werden. Besondere Probleme ergeben sich immer
dann, wenn der VN eine der bezeichneten Waffen zur Verteidigung benutzt. Häufig wird
hierbei eine Fehleinschätzung der *Notwehr*situation erfolgen, die ihrerseits eine exzessive
Anwendung der Waffe zur vermeintlichen Verteidigung zur Folge hat. Daher ist der
Versicherungsschutz noch nicht deshalb ausgeschlossen, weil der VN beim konkreten
Gebrauch der Waffe einen Notwehrexzeß begangen oder weil er irrig einen gegenwärtigen
Angriff angenommen hat (Putativnotwehr) (BGH VersR 1972, 39 ff. vom 22.9.1971).
Erst recht kann der Versicherungsschutz nicht deshalb versagt werden, weil sich aus
nachträglicher Sicht ergibt, daß bei der Verteidigungshandlung der Angriff schon beendet war (BGH, a. a. O.). Fälle dieser Art können auch nicht mit dem Argument den Versicherungsschutz entzogen kommen, daß ein solches Handeln nicht „erlaubt" im Sinne der
BBR ist. Versteht man das Erfordernis des „erlaubten" Gebrauchs so, daß im konkreten
Fall die gebotene Sorgfaltsanforderungen beim Gebrauch einer Waffe gewahrt sein müssen, so läuft der Versicherungsschutz leer. Denn zu einem Haftpflichtfall aus einem Waffengebrauch kommt es meistens nur, wenn der VN im Umgang mit der Waffe nicht die im
Verkehr erforderliche Sorgfalt anwendet. Der hierdurch verursachte Schaden ist aber
zweifellos rechtswidrig (BGH, a. a. O.).

3.9.7. Reiter 3101

Versichert ist ferner die gesetzliche Haftpflicht des VN als *Reiter* bei Benutzung fremder
Pferde zu privaten Zwecken. Auch hierbei ist wieder an die Einschränkung des § 4, I, 4 AHB
zu denken.

Denn Haftpflichtansprüche aus Schäden infolge Teilnahme an *Pferderennen* sind vom
Versicherungsschutz ausgeschlossen. Auch in diesem Fall bedeutet Rennen, daß eine
möglichst hohe Geschwindigkeit erzielt werden soll. Die Beteiligung an einem Pferdewettkampf ist daher versichert, soweit sich dieser darauf beschränkt, besondere Geschicklichkeit zu beweisen, und nicht auf die Erzielung möglichst hoher Geschwindigkeit
ausgerichtet ist.

Voraussetzung für die Anwendung der Klausel ist, daß es sich um die Benutzung **fremder** Pferde zu privaten Zwecken handelt. Soweit *Berufsreiter* fremde Pferde in Ausübung ihres Berufes zureiten, sie trainieren oder mit ihnen an Rennen teilnehmen, besteht kein Versicherungsschutz. Im Hinblick auf den Ausschluß von Eigenschäden bei einer Haftpflichtversicherung versteht sich von selbst, daß nur die Benutzung fremder Pferde unter Versicherungsschutz gestellt werden kann. Das Merkmal „fremd" richtet sich nach den Eigentumsrechten im Sinne des BGB.

Zur Klarstellung sei darauf hingewiesen, daß der Ausschlußtatbstand nach § 4 I 6 b) AHB von den BBR unberührt bleibt.

Die Haftpflichtansprüche der *Tierhalter* oder -eigentümer sind nicht versichert. Sie sind Gegenstand einer gesonderten Versicherung, soweit unter dem nächsten Abschnitt nichts anderes ausgeführt ist.

3102 *3.9.8. Haustierhaltung*

Da der Mensch mit der ganzen Fülle tierischer Lebewesen in ständiger Verbindung steht und jedermann mit Haftpflichtgefahren konfrontiert werden kann, die sich aus der *Tierhaltung* ergeben, haben die BBR die gesetzliche Haftpflicht des VN als Halter oder Hüter von zahmen *Haustieren*, gezähmten *Kleintieren* und *Bienen* unter Versicherungsschutz gestellt.

Der Begriff des *Haustieres* richtet sich nach der Verkehrsanschauung. Es handelt sich um zahme – nicht gezähmte – Tiere, die der Mensch zu haus-, land- und ernährungswirtschaftlichen Zwecken einzusetzen pflegt (MK-Mertens, § 833 Anm. 29). Dazu gehören u. a. Pferd, Maultier, Esel, Rind, Ziege, Schaf, Schwein, Hund, Katze, Geflügel (auch seltene Arten), auch Tauben und zahme Kaninchen. Dazu zählen nicht *Bienen* (diese sind gesondert unter Versicherungsschutz gestellt), Singvögel, Affen, Reptilien, die Pelztiere einer Pelztierfarm, zahme Rehböcke, Meerschweinchen, Aquarienfische.

Maßgebend ist die inländische Verkehrsauffassung, nach der z. B. das Kamel kein Haustier ist. Wenn Tiere nicht in ihrer Eigenschaft als Haustier – also zu haus-, land- und ernährungswirtschaftlicher Verwendung und Verwertung – gehalten werden, sondern zu wissenschaftlichen Untersuchungszwecken, gelten sie nicht als Haustiere (MK-Mertens, a. a. O.).

Soweit nach dem Sprachgebrauch Hunde, Rinder, Pferde und auch sonstige Reit- und Zugtiere zu den Haustieren gehören, sind speziell diese Arten vom Versicherungsschutz ausgeschlossen, weil insoweit das Risiko, das mit der Haltung derartiger Tiere verbunden ist, für das Prämienniveau der PHV zu groß ist und den kalkulatorischen Rahmen sprengen würde. Dafür sind gezähmte Kleintiere etwa z. B. Hamster, Meerschweinchen, Papageien u. a. in den Versicherungsschutz eingeschlossen, obwohl es sich dabei nicht um zahme Haustiere im Sinne der Bedingungen handelt. Der Begriff *Kleintier* ist unbestimmt, jedoch dürfte auch hier der Sprachgebrauch entscheidend sein, was noch als „klein" gilt oder was diesen Begriff nicht mehr ausfüllt.

Ausgenommen vom Versicherungsschutz sind wilde Tiere sowie Tiere, die zu gewerblichen oder landwirtschaftlichen Zwecken gehalten werden. Maßgebend dafür ist die Zweckbestimmung, die der Tierhalter der Verwendung des Tieres im Rahmen vernünftiger Erwägungen gibt. Auf die konkrete Eignung des Haustieres zur Zweckerfüllung kommt es demgegenüber nicht an (MK-Mertens, a. a. O., Anm. 30). 3103

Zucht- und *Schlachtvieh*, das von einem Händler zur Weiterveräußerung angeschafft wird, dient gewerblichen Zwecken. Ebenso der der Bewachung von Betrieben dienende Hund; ein *Wachhund* für private Wohnungen und Häuser dient dagegen nicht der Erwerbstätigkeit durch Haustierhaltung. Zu gewerblichen Zwecken werden auch *Katzen* gehalten, die in Wirtschaftsbetrieben zum Schutze von Vorräten gegen Mäuse und Ratten eingesetzt werden. Der Erwerbstätigkeit dient der zur Pferdezucht gehaltene Hengst sowie auch Pferde eines Reitervereins, die für Lehrgänge in einer Reitschule auch anderen als Vereinsmitgliedern zur Verfügung stehen (*Palandt-Thomas*, BGB, § 833 Anm. 6 b). Ebenso gehören dazu Zuchttiere staatlicher Gestüte und Suchhunde der Polizei und auch der *Blindenhund*, falls der Halter eine Erwerbstätigkeit ausübt (*Palandt-Thomas*, a. a. O.). Nicht gewerblichen Zwecken dienen Reitpferde eines Idealvereins, die im wesentlichen nur den Mitgliedern zur Verfügung stehen (BGH NJW 1982, 863 vom 12.1.1982). 3104

Zu landwirtschaftlichen Zwecken gehalten werden Tiere, die nach der durch den Halter vorgenommenen Zweckbestimmung der Verwendung im Rahmen eines landwirtschaftlichen Betriebes dienen. Dazu gehören vor allem Pferde, Kühe, Schafe, Ziegen, Geflügel u. a. 3105

4. Versicherter Personenkreis

Grundsätzlich regelt sich die PHV nach den AHB. Insofern ist der Gegenstand der Versicherung § 1 AHB zu entnehmen, der wie folgt lautet: 4001

„Der Versicherer gewährt dem Versicherungsnehmer Versicherungsschutz für den Fall, daß er wegen eines während der Wirksamkeit der Versicherung eingetretenen Ereignisses, das den Tod, die Verletzung oder Gesundheitsschädigung von Menschen (Personenschaden) oder die Beschädigung oder Vernichtung von Sachen (Sachschaden) zur Folge hatte, für diese Folgen aufgrund gesetzlicher Haftpflichtbestimmungen privatrechtlichen Inhalts von einem Dritten auf Schadenersatz in Anspruch genommen wird."

Dem Sinn des PHV-Schutzes entsprechend mußte diese Bestimmung modifiziert werden, da er von jeher auf den Familienbereich ausgerichtet war. Gewachsen ist im Laufe der Jahre lediglich das Selbstverständnis, den tatsächlich gebotenen Leistungsumfang dem vorhandenen Bedarf anzupassen. 4002

In den ersten Jahren der PHV galt diese nur für den VN allein. Gegen besonderen Antrag und Prämienzuschlag für die *Ehefrau*, für jedes minderjährige *Kind* und für jeden *Dienstboten* konnte der Versicherungsschutz individuell erweitert werden. 4003

Eine bessere Regelung enthielt der erste Verbandstarif aus dem Jahre 1936, nach dem der Versicherungsschutz der PHV auch die gleichartige gesetzliche Haftpflicht der Ehefrau des VN und seiner in häuslicher Gemeinschaft bei ihm lebenden minderjährigen Kinder ebenso einschloß wie auch die Haftpflicht der Hausangestellten gegenüber dritten Personen in Ausübung der dienstlichen Verrichtungen im privaten Haushalt des VN.

Eine Modifikation der Beschreibung des versicherten Personenkreises erfolgte mit Einführung des Haftpflichttarifes 1957, in dem die Bedingungen weiter an die Praxis angelehnt wurden. Zum einen wurde der allgemeinere Begriff „*Ehegatte*" eingeführt, so daß auch die Ehefrau als VN auftreten konnte und der *Ehemann* als mitversicherte Person im Sinne der BBR anzusehen war. Des weiteren erfolgte eine Ausdehnung des Versicherungsschutzes im Hinblick auf die mitversicherten Kinder durch die neue Formulierung über die Mitversicherung der gesetzlichen Haftpflicht „ihrer im gleichen Haushalt lebenden minderjährigen Kinder, *Stief-* und *Adoptivkinder* sowie der dauernd im gleichen Haushalt lebenden minderjährigen *Pflegekinder*".

Letztlich wurde in der Fassung 1957 auch der Begriff des Hausangestellten eliminiert und durch die Umschreibung „der im Haushalt des VN tätigen Personen" ersetzt.

Die heute übliche Fassung in den BBR hinsichtlich der Beschreibung des versicherten Personenkreises gilt seit Anfang 1968. Um die Mitversicherung der gesetzlichen Haft- 4004 pflicht volljähriger Kinder während der Schul- oder Berufsausbildung nicht über Gebühr auszudehnen, wurde 6 Jahre später noch die Bedingung eingebaut, daß sich die Berufsausbildung unmittelbar an die Schulausbildung anschließen muß, um den prämienfreien Versicherungsschutz für das Kind aufrecht zu erhalten.

4005 Die geltende Festlegung des versicherten Personenkreises innerhalb der PHV geht im Grunde wieder auf die wirtschaftliche Bedeutung des Haftpflichtversicherungsschutzes zurück. Im Normalfall wird man davon ausgehen können, daß zwischen den Ehegatten und den Kindern eine häusliche Gemeinschaft besteht. Zur Definition dieses Begriffes führte der BGH u. a. aus (BGH 15.1.1980, VersR 1980, 644), daß es für die Erfüllung dieses Tatbestandes nicht genügt, wenn die Angehörigen gemeinschaftlich wohnen; es muß hinzu kommen, daß sie in einer „*häuslichen Gemeinschaft*" leben und sich in irgendeiner Form finanziell an der gemeinsamen Wirtschaftsführung beteiligen.

Diese Begriffsbestimmung wurde vom BGH zwar nicht als unbedingte Voraussetzung für das Bestehen der häuslichen Gemeinschaft angesehen, aber doch als wesentliches Indiz. Aus dieser Urteilsbegründung ergibt sich, daß in einer Familiengemeinschaft eine gemeinsame Wirtschaftsführung vorhanden ist.

4006 Mit dem Abschluß einer PHV trifft der VN Vorsorge für den Fall, daß er wegen eines von ihm schuldhaft herbeigeführten Schadenfalles in Anspruch genommen wird. Im Rahmen der wirtschaftlichen Einheit einer Familie und eines gemeinsamen Haushaltes würde aber diese getroffene Vorsorge ad absurdum geführt, wenn der Schaden nicht von ihm selbst, sondern z. B. von seinem Ehegatten verursacht würde, der VN als Haushaltungsvorstand und Alleinverdiener aber letztlich doch finanziell für die Folgen aufkommen müßte.

Es liegt also im Interesse des VN, daß der Schutz der PHV ohne besondere Vereinbarung alle Familienangehörigen erfaßt, die üblicherweise – zumindest nach konventionellen Vorstellungen – zu einem gemeinsamen Haushalt gehören. Hierbei gehen die BBR bewußt auf eine engere Auslegung aus, als es der Gesetzgeber in Zusammenhang mit § 67 II VVG festlegt. Diese Bestimmung spricht lediglich von mit dem VN „in häuslicher Gemeinschaft lebenden Familienangehörigen". Dieser Ausschluß des Übergangs von Ersatzansprüchen hat den Sinn, das Interesse des VN an der Erhaltung des Familienfriedens zu schützen (*Prölss-Martin*, VVG, § 67 Anm. 7).

4007 Eine übereinstimmende Begriffsbestimmung zwischen der Beschreibung des versicherten Personenkreises gemäß den BBR einerseits und den Vorschriften des § 67 II VVG andererseits ist aufgrund der unterschiedlichen Interessenlage nicht erforderlich und auch nach ständiger Rechtsprechung nicht gegeben (siehe u. a. BGH 15.1.1980, VersR 1980, 526). Insofern kann auch der Ansicht von *Heimbücher* (Zur Privathaftpflichtversicherung, VW 1981, 141) nicht gefolgt werden.

4008 Der Versicherungsschutz für den in den BBR unter Ziff. II 1. genannten Personenkreis zeigt im materiellen Sinne keine Unterschiede zu dem Geltungsumfang, den der VN selbst genießt. Dies ergibt sich zwangsläufig bei einer verbalen Interpretation des Textes:

„Mitversichert sind die gleichartige gesetzliche Haftpflicht ...". Trotz dieser Gleichwertigkeit des Versicherungsschutzes des VN für den Ehegatten und die versicherten Kinder werden diese dadurch nicht selbst zu Vertragspartnern des Versicherers, sondern sind lediglich als mitversicherte Personen im Sinne des § 7 AHB anzusehen. Die Familienangehörigen sind unter rein rechtlicher Beurteilung lediglich begünstigte Dritte im Sinne des § 328 BGB. Anspruch auf Versicherungsschutz kann allein der VN geltend machen.

Entsprechend der in der Literatur getroffenen Differenzierung (u. a. *Kuwert*, AHB, 7002 und *Wagner*, Haftpflichtversicherung, S. 173) muß in diesem Zusammenhang von einer obligatorischen Versicherung zugunsten Dritter gesprochen werden.

Der Versicherungsschutz selbst bezieht sich nach den Bedingungen nur auf Ansprüche aufgrund gesetzlicher Haftpflichtbestimmungen privatrechtlichen Inhalts, die durch einen Dritten geltend gemacht werden. Dritter in diesem Sinne kann nicht der VN selbst oder ein mitversichertes Familienmitglied sein. Dem würden die Ausschlußtatbestände gem. § 4, II, 2 AHB bzw. die Bestimmung des § 7, 2 AHB entgegenstehen (siehe dazu *Kuwert*, AHB, 4167 ff. und 7007 ff.). 4009

Neben den Bedingungen für die Gewährung des Versicherungsschutzes sind auch die vertraglichen Obliegenheiten bei den mitversicherten Personen anzuwenden, allerdings nur, soweit die Bedingungen auch auf diesen Personenkreis ausgerichtet sind. Grundsätzlich ist zu unterscheiden, ob eine Obliegenheitsverletzung von dem VN oder einer mitversicherten Person schuldhaft begangen wird. Liegt die Verantwortlichkeit für den Verstoß gegen eine Obliegenheit beim VN selbst, so wirkt das Leistungsverweigerungsrecht des Versicherers sowohl gegen ihn als auch alle mitversicherten Personen (LG Fürth 2.3.1955, VersR 1955, 475). 4010

Wird dagegen eine Obliegenheit schuldhaft von einer mitversicherten Person verletzt, kann die Deckungspflicht nur gegenüber dieser verweigert werden.

Im übrigen wirken die Bestimmungen der AHB, insbesondere auch die Ausschlußtatbestände nach § 4 AHB, gegen den VN und die mitversicherten Personen gleichermaßen.

Als wesentlich ist noch die Pflicht zur Zahlung der *Prämie* zu erwähnen, die wie alle anderen vertraglichen Rechtspflichten auch ausschließlich vom VN zu erfüllen ist. Deshalb kann der Versicherer seine Forderungen auf dem Gerichtsweg auch nur gegen den VN durchsetzen, während aber die Folgen der Nichterfüllung den Vertrag insgesamt und damit auch die mitversicherten Personen betreffen. Als sonstige Vertragsrechte sind u. a. die Nichtigkeitsklage, die Anfechtung, die Vertragserweiterung, die Kündigung usw. zu verstehen (siehe auch *Kuwert*, AHB, 7006). 4011

Umstritten ist die Anwendung des erweiterten Deckungsschutzes der *Vorsorgeversicherung* für die Mitversicherten in der PHV. Im Normalfall ist davon auszugehen, daß der VN kein Interesse daran haben kann, für einen Dritten mehr Risiken abzusichern, als er es für 4012

105

erforderlich hält. Der Fall liegt aber speziell in der PHV anders, weil es sich hier um einen gleichartigen Versicherungsschutz für den Ehegatten und die Kinder handelt.

Für *Heimbücher* (Mitversicherte Personen in der Privathaftpflicht-Versicherung, VW 1965, 1002, sowie: Zur Privathaftpflichtversicherung ..., VW 1984, 324 ff.) gibt es keinen Grund, die für den VN geltenden Bestimmungen der Vorsorgeversicherung nicht auch in gleichem Umfang auf die mitversicherten Personen auszudehnen. Jede andere Auffassung sieht er als willkürliche Einengung der Vorsorgeversicherung an.

Dem Grunde nach ist dieser Auffassung zu folgen, der sich auch *Wussow* angeschlossen hat (AHB, Anm. 4 zu § 2). Nach dessen Ansicht kann es durchaus Wille der Parteien sein, die Vorsorgeversicherung auf Risiken auszudehnen, die nur in der Person des Mitversicherten neu entstehen, wenn nach dem Inhalt des Vertrages der Versicherte in jeder Beziehung die gleiche Stellung wie ein weiterer VN haben soll. Im Gegensatz zu *Heimbücher*, der die Vorsorgeversicherung immer dann auf den Mitversicherten erweitern will, wenn dieser nicht nur unselbständig, z. B. für dienstliche Verrichtungen zugunsten des VN, mitversichert ist, engt *Wussow* zu Recht diese zu umfassende Auslegung ein. Er dehnt die Vorsorgeversicherung auf die mitversicherten Personen nur insoweit aus, als deren Stellung ausnahmsweise nach dem Versicherungsvertrag gleichwertig der Stellung des VN ausgestaltet ist, das Risiko demnach in vollem Umfang und aus eigenem Interesse auch bei den mitversicherten Personen vorliegt.

Die Auffassung von *Wussow* dürfte wohl dem praktischen Sinn dieser Bestimmung am ehesten entsprechen.

Erhält das mitversicherte minderjährige Kind des VN beispielsweise zum Geburtstag einen Hund, so kann es nicht nur im Interesse des Kindes, sondern vornehmlich im Interesse des Haushaltungsvorstandes liegen, daß für das Tierhalterrisiko sofort Versicherungsschutz besteht. Von daher bietet es sich an, die Gültigkeit der Vorsorgeversicherung auch auf das mitversicherte Kind auszudehnen. Dieses einfache Beispiel zeigt, daß in dieser Hinsicht die mitversicherten Personen in der PHV anders gesehen werden müssen als die mitversicherten Arbeitnehmer in einer Betriebshaftpflichtversicherung oder auch die Hausangestellte in der PHV, die eingeschränkt nur für ihre dienstlichen Verrichtungen Versicherungsschutz genießt.

4013 Um einen speziellen Fall der Vorsorgeversicherung handelt es sich bei der Anwendung der Vorschriften des § 2 AHB für aus dem Vertrag ausscheidende, bis dahin mitversicherte Kinder.

Nach dem Wortlaut der Bestimmungen der BBR gilt mitversichert die gleichartige gesetzliche Haftpflicht der „unverheirateten Kinder, bei volljährigen Kindern jedoch nur, solange sie sich noch in der Schul- oder sich unmittelbar anschließenden Berufsausbildung befinden". (Nähere Ausführungen siehe Rdnr. 4042 ff.).

Heimbücher vertritt die Auffassung (Mitversicherte Personen in der Privat-haftpflichtersicherung, VW 1965, 1002), daß es dem wirtschaftlichen Zweck der auf die Bedürfnisse der Familie abgestellten PHV widerspräche, wollte man einen Risikoausschluß annehmen und den Versicherungschutz mit dem Tage der Vollendung der Volljährigkeit an ohne weiteres verweigern. Die Frage, ob die Vollendung des 18. Lebensjahres versicherungstechnisch eine Risikoerhöhung oder ein völlig neues Risiko darstellt, beantwortet *Heimbücher* im Sinne der Vorsorgeversicherung nach § 2 AHB. Nach seiner Meinung entsteht in der Person des bisher mitversicherten, jetzt aber aus dem Vertrag ausscheidenden Kindes ein „neues" Privathaftpflichtrisiko, auf das die Bestimmungen der Vorsorgeversicherung anzuwenden sind. Damit gewänne – so die weiteren Ausführungen – der VN Zeit, den Versicherungschutz bis zur Vorlage der nächsten Prämienrechnung zu ordnen.

4014

Dieser Meinung widerspricht – zu Recht – *Kern* (Mitversicherte Personen in der Privathaftpflichtversicherung, VW 1965, 1129), der die Anwendung der Vorsorgeversicherung für den Fall des Ausscheidens des Kindes aus dem Versicherungschutz der PHV verneint. Der Schutz der Vorsorgeversicherung beziehe sich nur auf Risiken, die für den VN nach Abschluß der Versicherung neu entstehen. Dies sei aber hier nicht der Fall. Für den VN, in der Regel den Vater, entstehe mit dem Volljährigwerden seines Kindes kein neues Risiko. Im Gegenteil werde mit Erreichen der Volljährigkeit – oder auch der Heirat – das Kind selbständig und voll geschäftsfähig. Damit ende die elterliche Gewalt gemäß § 1626 BGB und die elterlicheAufsichtspflicht nach § 1631 BGB. Auch die mögliche Haftung des Vaters und der Mutter als Aufsichtspflichtige im Sinne des § 832 BGB entfiele.

Zu dieser Problematik ist eine gerichtliche Entscheidung bisher nicht bekanntgeworden. Es bietet sich deshalb an, bei der Lösung dieser Frage zurückzugehen auf den Sinn des § 2 AHB.

Von einem neuen Risiko im Sinne der Vorsorgeversicherung ist immer dann auszugehen, wenn es sich um eine neue Gefahr handelt, aus der Haftpflichtansprüche resultieren können, die aber nicht mit dem bereits versicherten Interesse in direktem Zusammenhang steht (*Kuwert*, AHB, 2002).

4015

Der Schutz der Vorsorgeversicherung gilt regelmäßig nach herrschender Auffassung nur für den VN selbst. Eine gewisse Ausnahme bildet die PHV insoweit, als – wie bereits ausgeführt – mit der Deckungserweiterung nach § 2 AHB auch die Personen versehen werden sollen, für die gemäß BBR „die gleichartige gesetzliche Haftpflicht" versichert gilt (siehe Rdnr. 4012).

4016

Wenn ein bis dahin ohne besondere Prämienberechnung mitversichertes Kind durch Heirat oder Volljährigkeit aus dem Versicherungsvertrag ausscheidet, so kann ein neues Haftpflichtrisiko für den VN und/oder den Ehegatten nur dann entstehen, wenn aus diesem die Gefahr erwächst, daß hieraus Haftpflichtansprüche entstehen können. Gerade dies ist aber im vorliegenden Fall nicht gegeben, da das Kind, für das der VN bisher wirtschaftlich

107

und rechtlich die Verantwortung trug, aus der Obhut des Elternhauses austritt. Ein neues Haftpflichtrisiko entsteht hier also lediglich für das bis dahin mitversicherte Kind selbst, das mittlerweile aus dem Vertrag ausgeschieden ist und somit auch nicht mehr die Vorteile der Vorsorgeversicherung für sich in Anspruch nehmen kann.

4017 In der Praxis scheint auch der Bedarf nach sofortigem Versicherungsschutz zu fehlen, da der Termin für die Beendigung der prämienfreien Mitversicherung für den VN und die mitversicherten Personen nicht überraschend kommt, sondern vorhersehbar ist. Insofern besteht im Gegensatz zur Ansicht von *Heimbücher* (a. a. O.). ausreichend Gelegenheit, einen notwendig werdenden Versicherungsschutz entsprechend zu disponieren.

4.1. Versicherungsnehmer

4018 Im vertragsrechtlichen Sinne ist VN ausschließlich die im Antrag und in der Police als *Vertragspartner* des Versicherers bezeichnete Person. Im Zusammenhang mit einer PHV handelt es sich dabei in aller Regel um eine einzelne natürliche Person. Im Ausnahmefall kann aber auch in dieser Untersparte der VN eine *juristische Person* oder eine Personengruppe sein, wobei es sich dann aber generell um eine echte *Fremdversicherung* zugunsten Dritter i. S. der §§ 74 ff. VVG handelt.

Die Rechte aus dem Versicherungsvertrag stehen grundsätzlich nur dem VN zu, der andererseits auch die vereinbarten Pflichten wahrzunehmen hat, wie insbesondere die Prämienzahlungspflicht.

Die PHV ist nicht nur vertragsrechtlich, sondern auch risikomäßig an die Person des VN gebunden. Mit dessen Tod würde der Vertrag entsprechend den Vorschriften des § 68 VVG erlöschen mit der Folge, daß die mitversicherten Personen dann ohne Versicherungsschutz wären. Andererseits gibt es rechtlich keine Möglichkeit, den Ehegatten zu zwingen, den abgeschlossenen Vertrag zu erfüllen.

4019 Um beiden Interessen Rechnung zu tragen, wurde im Jahre 1971 für die PHV die Besondere Bedingung für die Fortsetzung des Vertrages nach dem Tod des VN genehmigt. Danach besteht nach dem Tod des VN der Versicherungsschutz in unverändertem Umfang bis zum nächsten Prämienfälligkeitstermin fort. Löst der überlebende Ehegatte die nächste Prämienrechnung ein, so wird dies als konkludente Handlung dafür angesehen, daß er den Vertrag zu übernehmen wünscht. Diese Bedingung wird zwar durch die Vorschriften des VVG nicht gedeckt, ist jedoch im Sinne der versicherten Personen so praxisgerecht ausgestaltet, daß sie allein dem Vorteil der Kunden dient. Der Versicherungsschutz wird in keiner Phase unterbrochen, und die *Vertragsübernahme* geschieht ohne großen formellen Aufwand.

4020 Ein besonderes Augenmerk ist auf den Fall zu richten, daß zwei Ehepartner bei ihrer Heirat beide eine selbständige PHV abgeschlossen hatten, also beide gegenüber ihrem Versicherer VN-Eigenschaften besitzen. Dadurch, daß jeweils der andere Ehegatte ohne besondere Prämienberechnung mitversichert gilt, entsteht durch die Heirat eine *Doppelversicherung* im Sinne des § 59 VVG. Rechtlich sind beide Verträge ordnungsgemäß zustande gekommen, so daß es im einzelnen schwierig sein würde, eine vorzeitige Lösung zu erreichen. Andererseits haben die VN keinen Vorteil vom parallelen Fortbestehen zweier PHV, da unter Berücksichtigung des Bereicherungsverbotes ein Geschädigter ohnehin die Wiedergutmachung nur einmal erhalten kann, andererseits aber ohne einen besseren Versicherungsschutz die doppelte Prämie entrichtet werden muß.

Eine Klärung dieser Situation wird durch die Anwendung der „Richtlinien über die Beseitigung von Doppelversicherungen in der Allgemeinen Haftpflichtversicherung", die zum 1.4.1966 wirksam wurden, ermöglicht. In § 1 dieser Richtlinien heißt es u. a.: 4021

„(1) Besteht eine vom Versicherungsnehmer nicht gewollte Doppelversicherung, so ist sie zu beseitigen, wenn er dies beantragt.

(2) Der Versicherer, dessen Antrag später unterschrieben wurde, hat seinen Vertrag rückwirkend ab Beginn der Versicherungsperiode aufzuheben, in der der Antrag auf Beseitigung gestellt ist. Die für diese und spätere Perioden gezahlten Prämien sind dem Versicherungsnehmer zu erstatten oder auf seinen Wunsch dem Versicherer mit den älteren Vertragsrechten zu überweisen.

Sinngemäß ist zu verfahren, wenn eine Doppelversicherung dadurch entsteht, daß Ehegatten vor ihrer Heirat eigene Privathaftpflicht-Versicherungen abgeschlossen hatten. Liegt in diesem Fall der Aufhebungszeitpunkt nach § 1 vor der Heirat, so ist die jüngere Versicherung erst zu Beginn der Doppelversicherung aufzugeben ..."

Bei der Beseitigung einer Doppelversicherung nach dieser Empfehlung sollten beide VN darauf achten, ob der Schutz des aufrechterhaltenen Vertrages, der zwangsläufig der ältere sein muß, noch aktuell ist oder verbessert werden kann. Dies gilt insbesondere hinsichtlich der Deckungssummen, bei alten Verträgen auch unter Beachtung der dem Vertrag zugrunde liegenden AHB und BBR.

4.2. Ehegatte

Nach dem Text des BBR ist im Rahmen der PHV die gleichartige gesetzliche Haftpflicht des Ehegatten des VN mitversichert. Der Begriff des *Ehegatten* ist dabei im Sinne des bürgerlichen Rechts zu verstehen. 4022

In früheren Fassungen der BBR war wesentliches Kriterium für die Mitversicherung der gleichartigen gesetzlichen Haftpflicht des Ehegatten das Vorhandensein einer häuslichen Gemeinschaft. Diese Voraussetzung verlor ihre Gültigkeit mit einer Tarif- und Bedingungsänderung im Jahre 1968. Von daher ist davon auszugehen, daß der Ehegatte immer dann Versicherungsschutz genießt, solange das Rechtsgut Ehe besteht. 4023

Aus dieser Interpretation folgt zwingend, daß der Versicherungsschutz für den Ehegatten mit dem Zeitpunkt der *Ehescheidung* erlischt. Da auch die Bestimmungen der Vorsorgeversicherung keine Anwendung finden können, ist der geschiedene Ehegatte, der nicht VN ist, gezwungen, sich selbst um den Abschluß einer PHV zu bemühen, wenn er nicht auf den Versicherungsschutz gänzlich verzichten will.

4024 Leben Ehegatten getrennt, so kann dies nach der Formulierung der BBR aus dem Jahre 1968 keine Auswirkung auf den Versicherungsschutz nach sich ziehen; beide Eheleute genießen vollen Versicherungsschutz genauso, als würde ein gemeinsamer Haushalt geführt.

Für die Klärung des Versicherungsschutzes ist die rechtliche Situation zum Schadenzeitpunkt entsprechend der *Ereignistheorie* (siehe u. a. *Kuwert*, AHB, 1014) maßgebend.

4025 Zu einem versicherungsrechtlichen Problem hat sich die Frage nach dem Versicherungsschutz entwickelt, wenn zwei Personen in einem *eheähnlichen Verhältnis* zusammenleben, ohne im gesetzlichen Sinne eine Ehe zu führen.

Unter nichtehelichen Lebensgemeinschaften versteht *Schirmer* (Die nichteheliche Lebensgemeinschaft in der Privatversicherung, ZVersWiss. 1988, 139 ff.) Paarbildungen wie die Ehe. Das Zusammenleben muß auf Dauer angelegt sein, auch wenn das Andauern der Beziehung in die Zukunft hinein grundsätzlich offen und unsicher ist. Hier besteht ein entscheidender Unterschied zur Ehe, die von der Verbindung auf Lebensdauer zwingend ausgeht, auch wenn faktisch die Scheidungsraten andere Entwicklungen andeuten mögen. Das der Ehe vergleichbare Zusammenleben auf Dauer muß als Beschreibung der nichtehelichen Lebensgemeinschaft ausreichen, es ermöglicht schon die Ausgrenzung nicht eheähnlicher Beziehungen.

4026 Als weiteres unverzichtbares Kriterium der nichtehelichen Lebensgemeinschaft ist das gemeinsame Zusammenleben in einer Wohnung, also eine gemeinschaftliche Haushaltsführung. Hinzu kommt, daß nach außen die nichteheliche Lebensgemeinschaft nur durch das konstituierende Element des Zusammenlebens erkennbar wird (*Schirmer*, a. a. O. mit Hinweisen zur Rechtsprechung). Haben z. B. beide Partner eine eigene Wohnung, leben sie etwa nur am Wochenende mal in dieser, mal in jener Wohnung zusammen – Wochenendpartnerschaften –, spricht alles gegen eine nichteheliche Lebensgemeinschaft. „*Verlobte*", die mangels eigener Wohnung noch getrennt bei ihren Eltern wohnen, bilden noch keine Lebensgemeinschaft (*Schirmer*, a. a. O.).

4027 Hinsichtlich des Versicherungsschutzes durch eine bestehende PHV kann die Entscheidung nur so lauten, daß der Partner des VN im Rahmen der für ihn bestehenden PHV keinen gleichartigen Versicherungsschutz genießen kann, da dieser expressis verbis nur dem „Ehegatten des VN" zusteht. In der Praxis wird daher von den meisten Versicherern die Deckung der PHV für den Lebensgefährten des VN verneint.

Die Folge dieser Entscheidung ist, daß beide eine häusliche Gemeinschaft bildenden Personen jeweils eine selbständige PHV abschließen mit der Konsequenz, daß damit auch gegenseitige Haftpflichtansprüche mit Versicherungsschutz versehen werden.

Der HUK-Verband hat zu dieser Problematik an seine Mitglieder folgende unverbindliche Empfehlung gegeben (Rundschreiben H 3/85 M vom 24.2.1986): 4028

„Wird im Einzelfall von den eheähnlich zusammenlebenden Partnern die Mitversicherung über *einen* Vertrag gewünscht, verfahren diejenigen Mitgliedsunternehmen, die diese Mitversicherungsform praktizieren, wie folgt:

– Ein Partner ist Versicherungsnehmer; soll der andere mitversicherte Person sein, ist er *namentlich* in der Police zu *benennen*. Ist der VN verheiratet, wird zumeist vorgesehen, daß der Ehegatte des VN dann nicht mehr Mitversicherter dieses Vertrages ist;
– es wird dokumentiert, daß die Ansprüche der Partner untereinander ausgeschlossen sind;
– es erfolgt die Aufnahme einer Bestimmung in den Vertrag, daß die Mitversicherung erlischt, wenn die häusliche Gemeinschaft der Partner aufgelöst wird."

Diese Grundsätze hatte das Bundesaufsichtsamt bereits in seinem Geschäftsbericht 1978, Seite 72, unter der Nr. 806 aufgeführt.

Dieser Empfehlung folgend führt *Schirmer* aus (a. a. O., S. 168), daß die Versicherung des Lebensgefährten nach neueren Tarifen prämienfrei erfolgt, während früher noch – im Gegensatz zum prämienfreien Einschluß des Ehegatten – Zuschläge berechnet worden waren. Diese Zuschläge werden auch dann verlangt, wenn zuvor die alleinige Versicherung des VN ohne Familienangehörige prämiengünstiger gewährt worden war; sie sind dann allerdings in gleicher Weise für den nachträglichen Einschluß des Ehegatten wie des Lebensgefährten fällig. 4029

Die Partner der nichtehelichen Lebensgemeinschaft können also durch einen einzigen Haftpflichtversicherungsvertrag Deckung finden; Ansprüche untereinander bleiben jedoch ausgeschlossen. Haben sie gegen höhere oder sogar doppelte Prämienzahlung Versicherungsschutz durch zwei getrennte Verträge, dann genießen sie auch für gegenseitige Schadenersatzansprüche Versicherungsschutz, sofern nicht die Angehörigenausschlußklausel auf Lebensgefährten übertragen wird, die in häuslicher Gemeinschaft leben.

Einer rechtlichen Prüfung hält diese Anwendung nicht stand. Diese Auffassung vertritt auch *Schirmer* in seinen weiteren Ausführungen (a. a. O., S. 170 ff.). 4030

Unter wirtschaftlichen Gesichtspunkten ist eine nichteheliche Lebensgemeinschaft einer Ehe aber in etwa gleichzustellen, so daß es Gründe für die Anwendung der Angehörigenklausel nach § 4, II, 2 AHB auch in diesen Fällen gäbe.

4031 In der Kommentierung dieses Ausschlußtatbestandes wird ausgeführt (*Kuwert*, AHB, 4167), daß die Haftpflichtversicherer beim Bestehen einer persönlichen Beziehung zwischen VN und Geschädigten immer mit der Gefahr rechnen müssen, daß die Inanspruchnahme des Versicherungsschutzes sowohl dem Grunde als auch der Höhe nach nicht immer objektiv gerechtfertigt ist. Insbesondere bei Bestehen einer häuslichen Gemeinschaft kommt noch hinzu, daß Sachschäden im ökonomischen Sinne als eine Art Eigenschaden angesehen werden müssen, da innerhalb eines Zusammenlebens die Unterschiede zwischen Mein und Dein in der Regel nicht so streng eingehalten werden können.

4032 Wenn sich auch die Anwendung der Angehörigenklausel nach AHB bei einer eheähnlichen Gemeinschaft aufdrängt, so gibt der Bedingungstext dies doch nicht her, da dieser besagt:

„Ausgeschlossen von der Versicherung bleiben Haftpflichtansprüche aus Schadenfällen von *Angehörigen des Versicherungsnehmers*, die mit ihm in häuslicher Gemeinschaft leben …"

Auch aus dieser Formulierung folgt, daß für die Anwendung der Ausschlußbestimmung eine Ehe im Rechtssinn vorliegen muß und nicht lediglich eine Wohngemeinschaft „eheähnlichen Zuschnitts" (so im Ergebnis auch *Wussow* (Wussow – Informationen 1980, 57).

4033 Nach *Schirmer* (a. a. O., S. 170) läßt eine solche präzise Definition der Angehörigeneigenschaft eine ausdehnende Auslegung auf die Partner von nichtehelichen Lebensgemeinschaften nicht zu. Eine etwaige Analogie muß nach dem Zweck der Ausschlußklausel sowie nach einer ausfüllungsbedürftigen und ausfüllungsfähigen Lücke fragen. Auch wenn Sinn und Zweck der Ausschlußklausel eine Anwendung auf die nichteheliche Lebensgemeinschaft gestatten oder sogar fördern mögen, so fehlt es doch an einer Lücke, die durch eine Analogie zu füllen wäre (*Becker*, VersR 1985, 201). Die Angehörigendefinition in den AHB muß daher als abschließende Aufzählung verstanden werden; ihre analoge Anwendung auf Partner nichtehelicher Lebensgemeinschaften ist auch deshalb unzulässig, weil diese Partner ein Wahlrecht bei der Gestaltung ihres Haftpflichtversicherungsschutzes – im Gegensatz zu Eheleuten – haben. Bei Betrachtung der Angehörigen-Ausschlußklausel darf man die Möglichkeit der Einbeziehung von Lebensgefährten in den Haftpflichtversicherungsvertrag (anstelle des Ehegatten) nicht aus dem Auge verlieren. Lebensgefährten können sich zunächst durch selbständige Haftpflichtversicherungsverträge gegen entsprechend höhere Prämienzahlung absichern, dann genießen sie auch für gegenseitige Haftpflichtansprüche Versicherungsschutz, die Angehörigen-Ausschlußklausel greift nicht ein. Wenn Lebensgefährten doppelt zahlen, dann haben sie auch weitergehenden Versicherungsschutz, was den Versicherer nicht davon abhalten muß, Schadenfälle aus dem Bereich des häuslichen Zusammenlebens wegen der *Kollusionsgefahr* genau zu prüfen. Die andere Möglichkeit besteht in der vertraglichen Einbeziehung des Lebensgefährten in den Haftpflichtversicherungsvertrag (*Schirmer*, a. a. O., S. 171).

4034 Um der größeren Wahrscheinlichkeit eines Schadeneintritts durch Nutzung eines gemeinsamen Haushalts auf der einen Seite entgegen zu wirken und andererseits dem berechtigten Interesse beider Personen nach Bestehen des Versicherungsschutzes Rechnung zu tragen, sollte in der Praxis zweckmäßig so verfahren werden, wie es der HUK-Verband empfohlen hat (siehe Rdnr. 4028). Versicherungstechnisch ist damit der Schadenbedarf nicht höher als beim Bestehen einer Ehe im gesetzlichen Sinn, so daß es ungerechtfertigt scheint, bei dieser Regelung eine höhere Prämie als die im Tarif für eine Familienhaftpflichtversicherung vorgesehene zu erheben. Der Ausschluß gegenseitiger Ansprüche ergibt sich dann aus § 4, II, 2 b) AHB.

4.3. Kinder

Auch die Ausdehnung des Versicherungsschutzes auf die gleichartige gesetzliche Haftpflicht „ihrer (des VN und seines Ehegatten) unverheirateten *Kinder*" hat im Laufe der Jahrzehnte eine wechselvolle Geschichte hinter sich. Ähnlich wie bei der Mitversicherung des Ehegatten in der PHV war in den früheren Fassungen der BBR das Kriterium einer häuslichen Gemeinschaft im rechtlichen Sinne als unbedingte Voraussetzung (conditio sine qua non) anzusehen. 4035

Die Versicherer hatten für diese Bedingung auch gute Gründe. Die Haftung von Kindern für von ihnen schuldhaft herbeigeführte Schadenfälle ist je nach Alter und Einsichtsfähigkeit unterschiedlich geregelt. Unter der Überschrift „Verantwortlichkeit von Minderjährigen und Taubstummen" heißt es im § 828 BGB: 4036

„(1) Wer nicht das siebente Lebensjahr vollendet hat, ist für einen Schaden, den er einem anderen zufügt, nicht verantwortlich.

(2) Wer das siebente, aber nicht das achtzehnte Lebensjahr vollendet hat, ist für einen Schaden, den er einem anderen zufügt, nicht verantwortlich, wenn er bei der Begehung der schädigenden Handlung nicht die zur Erkenntnis der Verantwortlichkeit erforderliche Einsicht hat ..."

In einer Grundsatzentscheidung aus dem Jahre 1969 (OLG Oldenburg 15.8.1969, VersR 1970, 1099) wurde festgestellt, daß für den Haftpflichtversicherer die Mitversicherung der Kinder ein besonderes Risiko bedeutet. Diese Gefahr sah das Gericht um so geringer an, wenn und solange die Kinder unter der unmittelbaren und dauernden Aufsicht ihrer Eltern stehen. Dies sei regelmäßig nur dann der Fall, wenn sie mit ihren Eltern in häuslicher Gemeinschaft leben. 4037

Bei dieser Entscheidung berücksichtigte das Gericht die Bestimmung des § 832 BGB, die bei nicht gegebener Verantwortlichkeit eines Kindes die Haftung des Aufsichtspflichtigen regelt.

Aus reinen Risikogründen ist diese Entscheidung sicherlich nach wie vor zu begrüßen. Andererseits hat aber die Praxis gezeigt, daß eine klare Abgrenzung zwischen dem Bestehen des Versicherungsschutzes für die Kinder im Rahmen der PHV der Eltern und 4038 dem Ausscheidezeitpunkt aus diesem Vertrag dann nicht mehr gegeben ist, wenn die häusliche Gemeinschaft als Voraussetzung angenommen wird. Eine Lücke ergab sich regelmäßig, wenn ein Kind lediglich vorübergehend aus der häuslichen Gemeinschaft austrat, ohne aber – vom Alter und der Dauer dieses Zustandes her – eine eigene PHV abschließen zu können.

4039 Die Überlegungen führten schließlich dazu, daß die Mitversicherung der Kinder im Rahmen der PHV der Eltern heute nur noch daran geknüpft wird, daß sie

– unverheiratet sind und
– minderjährig sind oder
– nach Vollendung der Volljährigkeit sich noch in der Schul- oder sich unmittelbar anschließenden Berufsausbildung befinden.

4040 Hinsichtlich des Familienstandes sehen die BBR eine klare und nicht auslegungsbedürftige Regelung vor. Sobald ein Kind geheiratet hat, fällt es mit Wirkung dieses Termins – wobei der Zeitpunkt der standesamtlichen Trauung maßgeblich ist – nicht mehr unter den Versicherungsschutz der PHV der Eltern. Bei Gründung einer eigenen Familie ist auch der Abschluß einer eigenen PHV zumutbar und sinnvoll.

4041 Bei minderjährigen unverheirateten Kinder gibt es nach dem heute gültigen Text der BBR keine Ausschlußtatbestände mehr; die Mitversicherung der gleichartigen gesetzlichen Haftpflicht im Rahmen der PHV der Eltern ist grundsätzlich gegeben; an diesem Tatbestand ändert sich auch dann nichts, wenn die Eltern geschieden sind. Der Versicherungsschutz bleibt für die Kinder im Umfange der abgeschlossenen PHV bestehen, unabhängig davon, welches Elternteil VN ist und welchem das Sorgerecht über die Kinder zugesprochen wurde. Haben die beiden Elternteile eine PHV abgeschlossen, liegt eine Doppelversicherung vor, die im Schadenfall nach § 59 VVG geregelt wird. Anders verhält es sich lediglich dann, wenn der durch die Scheidung nicht mehr mitversicherte Ehegatte wegen einer Aufsichtspflichtverletzung in Anspruch genommen wird. Dieser Sachverhalt setzt voraus, daß das schadenverursachende Kind nicht schuldfähig war, so daß es auch keinen Versicherungsschutz persönlich benötigt. Der geschiedene Ehegatte, der nicht VN ist, muß für einen solchen Fall seine eigene PHV in Anspruch nehmen (siehe auch Rdnr. 4023).

4042 Gewisse Schwierigkeiten bereitet in der Praxis immer wieder die Klärung der Versicherungsschutzfrage für volljährige Kinder. Nach dem Bedingungstext besteht der Versicherungsschutz nur so lange, bis das volljährige unverheiratete Kind sich noch in der Schul- oder sich unmittelbar anschließenden Berufsausbildung (nicht Fortbildung) befindet. Zu diesem Abschnitt hat es immer wieder den Versuch von Auslegungen gegeben, die eine gewisse Kontinuität erst seit Anfang 1973 erkennen lassen.

Der Begriff der *Schulausbildung* brachte dabei weniger Probleme, da es hier eine klare Regelung durch den Gesetzgeber gibt, dem diese Verpflichtung aus Art. 7 GG erwächst. Im Sinne der BBR kann die Schulausbildung sich nur auf allgemeinbildende Schulen beziehen, die zu einem Abschluß im Rahmen einer kontinuierlichen geistigen Erziehung der Kinder führen.

Nicht als Schulausbildung in diesem Sinne sind z. B. anzusehen Abendschulen für die Erwachsenenbildung, Volkshochschulen, spezielle Einrichtungen für die Umschulung Erwachsener usw.

Der Versicherungsschutz aus der PHV der Eltern endet für volljährige Kinder nach dem Wortlaut der Bedingungen automatisch mit der Beendigung der Schulausbildung durch Verlassen der Unterrichtsanstalt, wobei es unerheblich sein muß, ob dies mit oder ohne offiziellen Abschluß geschieht.

Problematischer war seit jeher die Begriffsbestimmung der *Berufsausbildung*. Nach einer Definition des BSG (22.2.1967, Aktz. Z 9 RV 878/65) ist „Berufsausbildung die Ausbildung für einen zukünftigen, gegen Entgelt auszuübenden Beruf, die die Arbeitskraft (und Arbeitszeit) des Auszubildenden ausschließlich oder überwiegend in Anspruch nimmt". 4043

Die Haftpflichtversicherer haben sich dieser Begriffsbestimmung weitgehend angeschlossen und damit dem Umstand Rechnung getragen, daß volljährige Kinder häufig noch keine selbständige Lebensstellung innehaben, weil sie z. B. studieren und dabei zumindest im wirtschaftlichen Sinne weiterhin dem Elternhaus zugehörig sind. Mit der bewußt gewollten Formulierung im Bedingungstext „… jedoch nur, solange …" wird deutlich gemacht, daß diese Deckungserweiterung nur eine Ausnahme darstellen kann, die sehr eng auszulegen ist, und nicht auf Fälle ausgedehnt werden kann, die bei Schaffung der Risikobeschreibung nicht bekannt waren. Die Haftpflichtversicherer wollten nach Aussage des HUK-Verbandes (Rundschreiben des HUK-Verbandes H 5/73 M vom 26.3.1973) durch die Mitversicherung der unverheirateten volljährigen Kinder, die sich noch in der Schul- oder Berufsausbildung befinden, nur den typischen Fall erfassen, daß die Kinder unmittelbar im Anschluß an die Schulausbildung mit einer Berufsausbildung beginnen. Dabei sollte aber nicht eine weitere Ausbildung in den Deckungsumfang einbezogen werden, die irgendwann später einmal folgt; dabei wird dann die Grenze relevant, bei der eine Ausbildung endet und eine *Fortbildung* beginnt.

Bereits 1968 vertrat der HUK-Verband (Rundschreiben des HUK-Verbandes H 5/68 M vom 27.2.1968) zur Abgrenzung der Mitversicherung volljähriger Kinder, die sich in der Berufsausbildung befinden, folgende Auffassung:

„Die Berufssausbildung muß sich zeitlich unmittelbar an die *Schulausbildung* anschließen und in einem Zuge durchgeführt werden, so daß sie mit der Schulausbildung praktisch ein ununterbrochenes Ganzes bildet.

Eine angemessene Unterbrechungszeit zwischen Beendigung der Schulausbildung und Beginn der Berufsausbildung (z. B. für Erholungsurlaub, Beschaffung einer Lehrstelle oder für die Ableistung des Grundwehrdienstes) beeinträchtigt hierbei den Versicherungsschutz ... nicht. Dagegen gilt eine spätere Umschulung auf einen anderen als den ursprünglich erlernten Beruf in diesem Sinne nicht mehr als Berufsausbildung.

Die Berufsausbildung endet in jedem Fall mit dem Abschluß des Ausbildungsabschnitts, nach dem es der betreffenden Person möglich ist, ihren Lebensunterhalt in vollem Umfang selbst zu bestreiten. Die Aneignung weiterer beruflicher Kenntnisse gilt dann als Berufs*fort*bildung."

4044 Diese Aussage bedeutet, daß beispielsweise eine Berufsausbildung mit dem Ablegen einer Kaufmannsgehilfenprüfung beendet ist. Die Vorbereitungen für eine Prüfung zum Versicherungsbetriebswirt wären im Sinne der BBR Berufsfortbildung. Dieser Begriff läßt sich so definieren, daß hierunter die Bildungsmaßnahmen zu verstehen sind, die Kenntnisse und Fähigkeiten in einem erlernten und bereits ausgeübten Beruf erweitern oder vertiefen sollen.

Die zeitliche Bestimmung der „sich unmittelbar anschließenden Berufsausbildung" hat in jüngster Vergangenheit durch die Jugendarbeitslosigkeit erneut zu Problemen geführt. Immer häufiger kommt es vor, daß Jugendliche nach dem Schulabschluß keinen Studien- oder Ausbildungsplatz finden und die Wartezeit überbrücken müssen. Wenn diese hiervon betroffenen Kinder in der Übergangszeit erwerbstätig werden, ohne einen Beruf erlernt zu haben, so sollte der Versicherungsschutz durch die PHV der Eltern erhalten bleiben unter der Voraussetzung, daß es sich einmal um eine Übergangslösung handelt, und zum anderen nachweislich versucht wird, eine Berufsausbildungsmaßnahme zu ergreifen.

4045 Zur Vermeidung von Unklarheiten zu Lasten der VN hat der HUK-Verband die häufigsten Konstellationen zusammengefaßt (Rundschreiben H 29/84 M vom 20.11.1984) und eine Art Leitfaden herausgegeben. Wegen des Empfehlungscharakters dieser Regelung zur Mitversicherung Volljähriger sollten die Versicherungsnehmer darauf hingewiesen werden, daß sich in Zweifelsfällen eine rechtzeitige Abstimmung mit dem Haftpflichtversicherer empfiehlt, ob der Versicherungsschutz noch besteht; der allersicherste Schutz ist in derartigen Fällen natürlich der Abschluß einer eigenen Privathaftpflichtversicherung.

Wehrdienstzeit:

Für die Mitversicherung in der PH kommt nur die **Grund**wehrdienstzeit in Betracht (wer Berufssoldat ist – und sei es als Zeitsoldat auf 2 Jahre – benötigt eine eigene PH); hierbei ist es unerheblich, ob der **Grund**wehrdienst zwischen Beendigung der Schule und Beginn der Lehrzeit, eines Studiums und dergleichen oder erst im Anschluß an die Berufsausbildung absolviert wird. Bei den zuletzt genannten Fallgestaltungen handelt es sich eigentlich um den Normalfall, daß ein 15/16jähriger Haupt- oder Realschulabsolvent eine 3jährige Berufsausbildung absolviert und dann „gezogen" wird. Der Ersatzdienst ist der Grundwehrdienstzeit gleichgestellt.

Wartezeiten / Überwechseln in andere Lehr- oder Ausbildungsverhältnisse:

Betrifft Studenten und Lehrlinge. Waren es ab Mitte/Ende der 60er Jahre die Studenten (aber nur in den Fächern Medizin und Zahnmedizin), so ist die Wartezeit auf einen Studienplatz, vor allem aber auch auf eine Lehrstelle, heute leider oft nicht mehr nur die Ausnahme. Viele Schulabsolventen überbrücken z. B. ein oder zwei Jahre durch Warten – gegebenenfalls in Verbindung mit gelegentlichen Jobs, staatlichen Arbeitsbeschaffungsmaßnahmen (wie z. B. Lernmaßnahmen in Berufsbildungsstätten) – oder es wird zunächst (irgend-) eine freie Lehrstelle angenommen und es bietet sich während oder nach dieser Ausbildung die Gelegenheit zum Überwechseln in den „erstrebten" Ausbildungsberuf.

Oft absolvieren Anwärter auf einen Studienplatz während der Wartezeit eine Lehre oder brechen diese bei Nachweis eines Studienplatzes ab und lassen sich die Zeit als Praktikum anerkennen oder sie wechseln während oder nach Beendigung des Studiums in das ursprünglich beabsichtigte Studienfach über.

Verlust des Ausbildungsplatzes:

Eine weitere Gruppe bilden die Fälle, in denen der Lehrling seinen Ausbildungsplatz verliert, z. B. weil die Lehrfirma in Konkurs fällt und die Ausbildung nicht fortgesetzt werden kann oder weil das Lehrverhältnis (unter den erschwerten Bedingungen des Berufsbildungsgesetzes) vom Ausbilder gelöst wird.

Nach Auffassung des HUK-Verbandes (a. a. O.) lassen sich diese Fälle am einfachsten wie folgt lösen:

„Bei Volljährigen, die nach Abschluß der Schulausbildung auf eine Lehrstelle oder einen Studienplatz warten, sollte der Versicherungsschutz über die elterliche Privathaftpflichtversicherung **zunächst** für **ein Jahr** als weiterbestehend angesehen werden (weitere Verlängerungen der Deckung über die PH der Eltern nur auf ausdrücklichen Antrag).

Diese Regelung sollte auch dann gelten, wenn die Wartezeit mit der Begründung von Arbeits- und Ausbildungsverhältnissen überbrückt wird; z. B. Absolvieren eines 1/2jährigen Praktikums oder Abbruch der Lehre beim Nachweis eines Studienplatzes. Eine entsprechende Handhabung ist u. E. aber auch in den Fällen des Lehrstellen- oder Studienplatzwechsels vertretbar (Beispiele: Infolge Betriebsinsolvenz kann das Ausbildungsverhältnis nicht fortgeführt werden, der Lehrling begründet ein neues Ausbildungsverhältnis in einem anderen Berufszweig; der Germanistikstudent im zweiten Semester wechselt in die betriebswirtschaftliche Fakultät über usw.). Sind die Lehre oder das Studium allerdings **beendet** worden und sollen daran ein Studium, ein Zweitstudium, eine Lehre oder eine Zweitlehre angeschlossen werden, wird für den Volljährigen der Abschluß einer eigenen PH erforderlich; desgleichen in den Fällen, daß Lehrlinge oder Studenten zwar die Berufsausbildung beenden konnten, im Anschluß daran aber nicht übernommen werden oder keine anderweitige Anstellung finden."

4047 Die häufigsten Fallgestaltungen sind noch einmal in einem Schaubild zusammengefaßt (aus Handelsblatt vom 16./17.1.1987, S. 10):

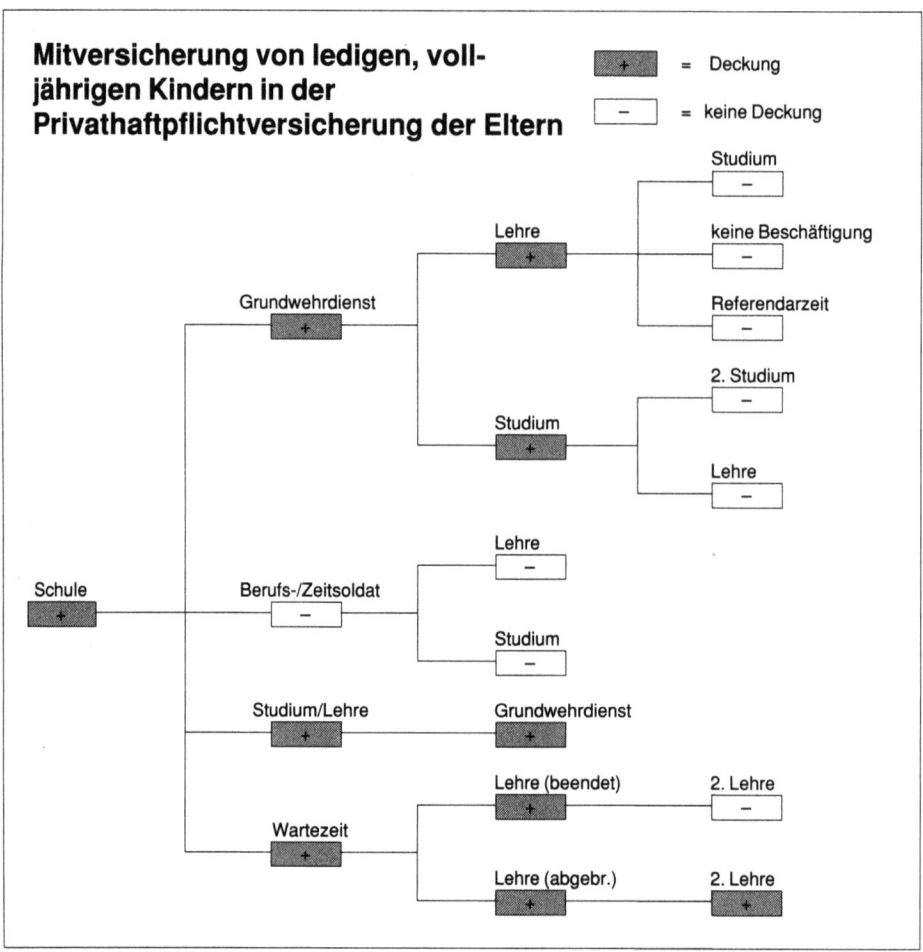

4048 Durch den Klammervermerk im Bedingungstext stehen den ehelichen Kindern hinsichtlich des Versicherungsschutzes auch *Stief-, Adoptiv-* und *Pflegekinder* gleich. Hieraus folgt zwingend, daß als Kinder des VN nicht nur diejenigen verstanden werden können, die ihm das Familienrecht als seine eigenen zurechnet; dies sind neben seinen leiblichen Kindern nur Adoptivkinder. In einer Grundsatzentscheidung äußerte sich im Sinne einer über das Familienrecht hinausgehenden großzügigeren Regelung auch der BGH folgendermaßen (BGH 13.1.1954, VersR 1954, 76):

„Bei dem Ausdruck ‚Kinder des Versicherungsnehmers' handelt es sich nicht um einen feststehenden rechtstechnischen Begriff des Familienrechts, sondern um eine Redewendung aus dem Sprachgebrauch des täglichen Lebens. Das Familienrecht regelt das

Kindschaftsverhältnis unter dem Gesichtspunkt der Verwandtschaft und verwendet dabei den Begriff der ‚Rechtsstellung des ehelichen Kindes'. Deshalb läßt sich auch nicht ohne weiteres sagen, daß mit dem Ausdruck ‚Kinder des Versicherungsnehmers' nur die gemeint sein könnten, die nach dem Familienrecht die rechtliche Stellung ehelicher Kinder haben. Bei der Prüfung der Frage, ob mit dieser Klausel auch die Stiefkinder des VN erfaßt werden, muß vielmehr ihr Sinn und ihr Zweck berücksichtigt werden."

In der Begründung führte der BGH zu Recht weiter aus, daß der in Rede stehenden Bestimmung der BBR die allgemeine Erwägung zugrunde läge, daß der Familien- und Haushaltungsvorstand, der als VN für sich selbst eine Haftpflichtversicherung nimmt, ein Interesse daran habe, auch die Haftpflicht des engsten Kreises seiner Familie, die vermögensmäßig und wirtschaftlich ohnehin eine Einheit bildet, in den Versicherungsschutz einzubeziehen, weil sich die Folgen von Haftpflichtfällen, die aus diesem Kreis entstehen, auch dann, wenn der VN rechtlich hierfür nicht verantwortlich gemacht werden könne, wirtschaftlich doch meist auf ihn auswirken würden. Damit nahm der erkennende Senat Bezug auf ein vorangegangenes Urteil aus dem Jahre 1952 (BGH 19.3.1952, VersR 1952, 141). Diesem berechtigten Interesse trage die PHV dadurch Rechnung, daß sie den Versicherungsschutz auf die Haftpflicht des engsten Familienkreises des VN ausdehne, nämlich auf seine Ehefrau und seine minderjährigen Kinder. Dadurch erst erhalte die PHV den ausgesprochenen Charakter einer Familienversicherung. Unter Berücksichtigung des Sinnes und des Zweckes dieser Bestimmung entspräche es einer lebensnahen Betrachtung, so der BGH weiter, in den vom Versicherungsschutz erfaßten engsten Familienkreis auch die minderjährigen Stiefkinder des VN mit einzubeziehen. Wenn auch die Stiefkinder – und gleiches gilt entsprechend auch für Pflegekinder – nicht der elterlichen Gewalt des VN unterstehen, so hat er als Familien- und Haushaltungsvorstand doch die Möglichkeit, auch auf sie im Sinne einer hinlänglichen Schadenverhütung einzuwirken, so daß sich das vom Versicherer übernommene Risiko in tragbaren Grenzen halte. Für die Ausdehnung des Versicherungsschutzes auf die minderjährigen Kinder des VN ist weiter der Gesichtspunkt von Bedeutung, daß hier das mitversicherte Risiko mit seinem eigenen versicherten Hauptrisiko besonders eng verknüpft ist, da er bei schadenstiftenden Handlungen seiner Kinder Gefahr laufe, unter dem Gesichtspunkt der Aufsichtspflichtverletzung auch selbst haftbar gemacht zu werden. Eine ähnlich enge Verbindung sah der BGH auch bei schadenverursachenden Handlungen durch Stiefkinder.

Der Begriff der *Pflegekinder* kann allerdings nur im eigentlichen Rechtssinn verstanden werden. Allein die Tatsache, daß z. B. eine Nachbarin gefälligkeitshalber für eine gewisse überschaubare Zeit die Aufsicht über ein minderjähriges Kind übernimmt, läßt dieses dadurch nicht zum Pflegekind werden. In einem solchen Falle ist davon auszugehen, daß das Kind, sofern es selbst schuldfähig ist, Versicherungsschutz durch die PHV seiner Eltern genießt. Ist Deliktunfähigkeit gegeben und liegt eine Aufsichtspflichtverletzung vor, so kann verständlicherweise auch nur diejenige Person auf Schadenersatz in Anspruch genommen werden, die – gefälligkeitshalber – die Aufsicht für eine bestimmte Zeit übernommen hatte.

4049

Der Begriff „Pflegekind" ergibt sich aus § 27 JWG, wonach Pflegekinder als Minderjährige unter 16 Jahren bezeichnet werden, die sich dauernd oder nur für einen Teil des Tages, jedoch regelmäßig, außerhalb des Elternhauses in Familienpflege befinden.

4.4. Hausangestellte

4050 Nach den BBR ist in den Versicherungsschutz der PHV neben der Haftpflicht des Ehegatten des VN und seiner Kinder auch die gesetzliche Haftpflicht der im Haushalt des VN beschäftigten Personen gegenüber Dritten aus dieser Tätigkeit eingeschlossen. Insoweit liegt hier eine echte Versicherung für fremde Rechnung vor.

Zur Definition und Abgrenzung des Begriffes „der im Haus beschäftigten Personen" verwies 1952 der BGH (19.3.1952, VersR 1952, 141) auf die Anwendung des § 831 Abs. 1 Satz 1 BGB.

Nach Ansicht des Gerichtes kann es dabei hingestellt bleiben, ob sich der aus § 831 ergebende Begriff der „zu Verrichtungen im Haushalt bestellten Personen", der auch die nur zu gelegentlichen Verrichtungen herangezogenen Personen einschließt, nicht einen weiteren Personenkreis als „die im Haushalt angestellten Personen" umfaßt. In der Begründung führte der BGH weiter aus, daß der Haushaltungsvorstand, der als VN für sich selbst seine Haftpflichtversicherung nimmt, ein Interesse daran habe, daß in den Versicherungsschutz auch die Haftpflicht seiner *Hausangestellten* einbezogen wird, weil die entstehenden Haftpflichtschäden aufgrund von § 831 BGB mittelbar auch ihn treffen können, so daß hier also das mitversicherte Risiko der Hausangestellten mit seinem eigenen versicherten Hauptrisiko rechtlich und wirtschaftlich eng verknüpft sei. Deshalb, so das Gericht weiter, entspreche es auch dem Sinn der genannten Bedingungen, den Personenkreis „Hausangestellte" nicht über die durch § 831 BGB gesetzte Grenze hinaus auszudehnen. Der Familien- und Haushaltungsvorstand könne allerdings als VN auch ein Interesse daran haben, die mit ihm in häuslicher Gemeinschaft lebenden Personen unabhängig von seiner Haftungsmöglichkeit aus § 831 BGB in den Versicherungsschutz einzubeziehen. Dieses Interesse trete bei seiner Ehefrau und seinen minderjährigen Kindern besonders in Erscheinung und beruhe darauf, daß dieser engste Familienkreis wirtschaftlich und vermögensmäßig eine Einheit bilde.

4051 Damit geht die Definition des Hausangestellten i. S. der BBR über den arbeitsrechtlichen Begriff hinaus. Im Zusammenhang mit § 9, Abs. 3 a) VHB äußerte sich das OLG Nürnberg (22.9.1988, VersR 1989, 585) dahingehend, daß als Hausangestellter jeder Arbeitnehmer zu verstehen ist, der im Haushalt, sei es auch nur vorübergehend oder nur stundenweise, tätig ist ... Daher sind als Hausangestellte auch Putzfrauen oder Hausgärtner anzusehen, die nur stundenweise tätig werden. Diese Begriffsbestimmung ist dem Sinne nach auch auf die Privathaftpflicht-Versicherung übertragbar.

4052 Bei Anwendung der Bestimmungen des § 831 BGB ist davon auszugehen, daß von einer im Haushalt angestellten Person nur gesprochen werden kann, wenn sie von den Weisungen des Haushaltungsvorstandes, von dem sie ihre Tätigkeit übertragen erhalten hat, mehr oder weniger abhängig ist. Erforderlich ist immer ein Über- oder Unterordnungsverhältnis, kraft dessen der Geschäftsherr berechtigt ist, dem zu Verrichtungen Angestellten Anordnungen zu erteilen, die dieser zu befolgen hat.

Der automatische und ohne besondere Prämienberechnung gemäß der BBR bestehende Einschluß der Haftpflichtversicherung der im Haushalt beschäftigten Personen im Sinne von Hausangestellten ist aus heutiger Sicht etwas antiquiert. Es ist allerdings in einer Reihe von Haushalten nach wie vor ein konkreter Bedarf für die Versicherungsschutzerweiterung gegeben, so daß die Bedeutung dieser Besonderen Bedingungen in Einzelfällen durchaus noch zu bejahen ist. 4053

Für alle VN erhält die in Rede stehende Versicherungsschutzerweiterung dadurch praktische Bedeutung, daß den Hausangestellten die Personen gleichgestellt werden, die aus Arbeitsvertrag oder gefälligkeitshalber Wohnung, Haus und Garten betreuen oder Streudienst versehen. Damit sind die Schadenfälle abgedeckt, die dadurch eintreten, daß eine Person, die vertraglich oder gefälligkeitshalber Verrichtungen im Interesse des VN ausführt, bei dieser Gelegenheit schuldhaft einem Dritten einen Schaden zufügt. Der Begriff des oder der *Hausangestellten* geht in der PHV mithin erheblich weiter als in der Hausratversicherung; dort kann man von einem Hausangestellten nicht mehr sprechen, wenn es sich nur um eine einmalige kurzfristige Hilfeleistung im Haushalt handelt (*Wussow*-Informationen 1989, 128). Die wirtschaftlichen Interessen des VN lassen aber eine solche Einengung im Deckungsumfang der PHV nicht zu.

Die Versicherung für fremde Rechnung erlischt in dem Moment, in dem diese Person eigenwirtschaftlichen Interessen nachgeht. Das kommt besonders durch den letzten Teil des ersten Satzes in der Besonderen Bedingung zum Ausdruck, in dem es heißt: „…aus dieser Tätigkeit". 4054

Einige typische Schadenbeispiele sollen diese Aussagen verdeutlichen:

- Die Hausangestellte besorgt Einkäufe für den Haushalt des VN und stößt bei dieser Gelegenheit in einem Geschäft ein Küchengerät vom Regal herunter.
- Das Kindermädchen bringt den vierjährigen Sohn des VN zum Kindergarten. Dabei vernachlässigt sie ihre Aufsichtspflicht, wodurch ein Autofahrer durch das unbedachte Verhalten des Kindes zu Schaden kommt.
- Eine Nachbarin pflegt während der Urlaubsreise des VN die Blumen. Beim Gießen der Balkonpflanzen läßt sie versehentlich die Kanne herunterfallen, die einen Straßenpassanten an der Schulter trifft und verletzt.
- Ein Bekannter übernimmt es regelmäßig, im Winter bei Abwesenheit des VN vor der Ferienwohnung Schnee wegzuräumen und mit abstumpfenden Mitteln zu streuen. Diese Pflicht versäumt der Betreffende fahrlässig, wodurch ein Passant auf eisglattem Gehsteig zu Fall kommt und sich Verletzungen zuzieht.

Diese Beispiele mögen genügen, um noch einmal hervorzuheben, daß es nicht darauf ankommt, ob die schadenverursachende Person mit Arbeitsvertrag an den VN gebunden ist oder lediglich gefälligkeitshalber für ihn tätig wird. Weiterhin ist es irrelevant, ob die haftpflichtversicherten Personen für ihre Leistung ein Entgelt erhalten oder nicht.

4055 Für die *Streupflicht* ist grundsätzlich die Gemeinde als Wegebaupflichtiger verantwortlich. Soweit sie diese ihr obliegende Pflicht auf die Anlieger abgewälzt hat, geschieht dies entweder aufgrund von Observanz oder besonderer gesetzlicher Bestimmungen im Rahmen des Landesrechtes. Der Umfang der Streupflicht richtet sich räumlich und zeitlich nach den Umständen des Einzelfalles. Bürgersteige müssen nicht in voller Breite gestreut werden; es genügt, einen Streifen schnee- und eisfrei zu halten, auf dem zwei Fußgänger vorsichtig aneinander vorbeikommen. Für den Fahrverkehr besteht keine allgemeine Pflicht, alle Fahrbahnen öffentlicher Straßen oder Privatstraßen des öffentlichen Verkehrs zu streuen. Innerhalb geschlossener Ortschaften ist dies nur an verkehrswichtigen und gefährlichen Stellen, außerhalb nur an besonders gefährlichen Stellen – nicht zur Nachtzeit (BGH 21.2.1972, NJW 1972, 903; vgl. im übrigen *Palandt-Thomas*, BGB, Anhang zu § 823, S. 2305 ff., Anm. Ae) – erforderlich. Soweit eine Gemeinde im Rahmen ihres Ermessens die Streupflicht überträgt, wird diese Verpflichtung für die Anlieger als objektiv materielles Ortsrecht wirksam, so daß bei Verstößen mit Folgeschäden im Rahmen von § 1, 1 AHB Deckung zu gewähren ist (andere Auffassung HUK-Verband, Rundschreiben H 6/83 M vom 25.3.1983, z. T. revidiert mit Rundschreiben H 23/83 M vom 14.12.1983).

4056 Wird eine Person im Auftrag des VN für seinen Haushalt tätig, haftet der VN für herbeigeführte Schäden grundsätzlich im Sinne des § 831 BGB für seinen *Verrichtungsgehilfen* mit der im Gesetz vorgesehenen Entlastungsmöglichkeit für den Fall, daß der Geschäftsherr bei der Auswahl der bestellten Person und bei der Überwachung die im Verkehr erforderliche Sorgfalt beobachtet hat oder der Schaden auch bei Anwendung dieser Sorgfalt entstanden sein würde. Gelingt dem VN als Haushaltungsvorstand diese Exculpation, haftet der Verrichtungsgehilfe für den von ihm schuldhaft herbeigeführten Schaden selbst. In diesem Fall genießt er dann Versicherungsschutz nach den Besonderen Bedingungen durch die PHV des Geschäftsherrn.

4057 Der Vollständigkeit halber ist noch zu erwähnen, daß eine Haftung des Geschäftsherrn auch im Sinne des § 278 BGB zutreffen kann, wenn die im Haushalt beschäftigte Person als *Erfüllungsgehilfe* anzusehen ist. Dies ist immer dann der Fall, wenn sich der VN zur Erfüllung einer Verbindlichkeit gegenüber dem Geschädigten einer anderen Person bedient. Trifft der Tatbestand des § 278 BGB zu, entfällt für den VN die Möglichkeit, sich zu exculpieren, so daß er in jedem Fall für den Schaden aufzukommen hat und dafür im Rahmen des Vertrages auch Schutz durch die PHV erfährt.

4058 Mit der hier behandelten Risikoerweiterung der BBR/PHV unmittelbar verbunden ist die sog. *Arbeitsunfallklausel*. Sie schließt Haftpflichtansprüche aus Personenschäden aus, bei denen es sich um Arbeitsunfälle im Betrieb des VN gemäß RVO handelt. Dem Begriff „Betrieb des Versicherungsnehmers" ist sinngemäß gleichzusetzen der Haushalt des VN.

Der Begriff des *Arbeitsunfalles* ergibt sich aus § 548 Abs. 1 Satz 1 RVO. Vom Versicherungsschutz erfaßt sind unter Berücksichtigung des § 539 Abs. 2 RVO Arbeitsunfälle auch von solchen Personen, die wie ein aufgrund eines Arbeits-, Dienst- oder Lehrverhältnisses Versicherter tätig werden; dies gilt auch bei nur vorübergehender Tätigkeit. Diese Vorschrift ist von erheblicher praktischer Bedeutung, da hierdurch festgelegt wird, daß alle Personen unter den Schutz der RVO fallen, die für eine andere Person tätig werden. Auch hier ist Bestehen einer vertraglichen Bindung nicht erforderlich. Verunglückt also eine solche Person bei Ausübung ihrer Tätigkeit für den Geschäftsherrn, so ist für den entstehenden eigenen Personenschaden der Sozialversicherungsträger zuständig. 4059

Für die Anwendung des § 539 Abs. 2 RVO kommt es nach Rechtsprechung des BSG (28.5.1957, VersR 1958, 337 – hier noch zu § 37 Nr. 10 RVO a. F. –) darauf an, „daß es sich um eine ernstliche, dem in Frage stehenden Unternehmen – oder Haushalt (Anm. der Autoren) – dienende Tätigkeit handelt, daß sie dem mutmaßlichen Willen des Unternehmers – oder Haushaltungsvorstandes (Anm. der Autoren) – entspricht und daß durch diese Tätigkeit ein innerer ursächlicher Zusammenhang mit dem Unternehmen hergestellt wird". Um den Versicherungsschutz nach § 539 Abs. 2 RVO zu begründen, ist nicht der Beweggrund entscheidend, sondern allein die Art der Tätigkeit. Die im Haushalt beschäftigte oder aus Gefälligkeit tätig werdende Person braucht nicht als Arbeitnehmer, sondern nur wie ein Arbeitnehmer tätig zu sein. Ein Arbeitsvertrag oder eine Entlohnung ist nicht erforderlich. Entgegen der früheren Rechtsprechung kommt es nach Ansicht des BGH (16.12.1958, VersR 1959, 109) nicht darauf an, daß der im Haushalt Helfende persönlich oder wirtschaftlich abhängig ist. Es kann sich demnach auch um Dienste aus Freundschaft oder Gefälligkeit oder aus sonstigen ideellen Beweggründen handeln.

Nach ständiger Rechtsprechung (u. a. BGH 13.6.1961, VersR 1961, 733) ist auch auf vorübergehend für einen Betrieb oder einen fremden Haushalt tätige Personen der § 636 RVO anwendbar. Danach ist der Arbeitgeber den für ihn beschäftigten Versicherten zum Ersatz des Personenschadens nur dann verpflichtet, wenn er den Arbeitsunfall vorsätzlich herbeigeführt hat oder wenn der Arbeitsunfall bei der Teilnahme am allgemeinen Verkehr (An dieser Stelle muß auf die Spezialliteratur zu dieser Bestimmung der RVO verwiesen werden.) eingetreten ist. Hier handelt es sich also um rein zivilrechtliche Haftungsprivilegien. 4060

Ansonsten stehen den Personen, die bei Ausübung ihrer Tätigkeit für den VN Verletzungen erleiden, keine Ansprüche gegen den Geschäftsherrn wegen dieses Personenschadens zu. Die Kosten für erforderliche Heilbehandlungen usw. sind dann ausschließlich Sache des Sozialversicherungsträgers. 4061

Eine andere Entscheidung ist nur hinsichtlich der erlittenen Sachschäden zu treffen – z. B. beschädigte Kleidung infolge eines Unfalles –; hier sind die Bestimmungen der RVO ohne Bedeutung; der Geschädigte hat einen unmittelbaren Anspruch nach dem Deliktrecht gegen den Schadenverursacher.

4062 Für die Anwendbarkeit der RVO auf die im Haushalt tätigen Personen ist ein Urteil des OLG Stuttgart (23.3.1965, VersR 1965, 977) von besonderem Interesse. Das Gericht äußerte zu dieser Frage, daß auf seiten des Geschädigten der § 637 RVO nicht von einem „Betriebsangehörigen", sondern von einem „Versicherten" spreche. Der „Versicherte" brauche kein Betriebsangehöriger zu sein; es genüge vielmehr auch eine nur vorübergehende Tätigkeit für den Betrieb ohne Entlohnung.

Die während der Ausübung einer Tätigkeit für den Geschäftsherrn verletzte Person kann nach den Bestimmungen der RVO grundsätzlich keine Ansprüche gegen den Schädiger direkt stellen. Nach einhelliger Rechtsprechung sind auch Ansprüche wegen Schmerzensgeldes i. S. des § 847 BGB ausgeschlossen (so bereits BAG 26.7.1956, NJW 1956, 1771). Der Verletzte ist vielmehr wegen seines Personenschadens allein auf die Leistung des Sozialversicherungsträgers (Kranken-, Renten- und Unfallversicherungsträger) angewiesen. Daß trotzdem auch bei einem Arbeitsunfall das Vorhandensein einer Haftpflichtversicherung wertvoll ist, ergibt sich einerseits aus der Abwehrfunktion des Versicherungsvertrages bei ungerechtfertigten Ansprüchen des Verletzten und andererseits aus der Leistung für den Fall, daß der Träger der Sozialversicherung nach § 640 Abs. 1 RVO bei dem Geschäftsherrn Regreß nimmt, wenn der Arbeitsunfall von ihm grobfahrlässig herbeigeführt wurde. In der Literatur (u. a. *Bruck-Möller-Johannsen*, VVG, Anm. G. 67) besteht Einigkeit darüber, daß der originäre *Regreßanspruch* des Sozialversicherungsträgers durch § 1 AHB erfaßt wird. Ein derartiger Anspruch ist demgemäß als privatrechtlicher im Sinne der AHB zu qualifizieren.

4063 Bei der Schwere der eintretenden Verletzungen sind die Aufwendungen und damit die Ansprüche der Sozialversicherungsträger oft recht hoch. Dabei ist festzustellen, daß der Versicherungsträger geneigt ist, den Begriff der groben Fahrlässigkeit weit auszulegen. Gemäß den Vorschriften der RVO für den Regreßfall können die Träger der Sozialversicherung nach billigem Ermessen insbesondere unter Berücksichtigung der wirtschaftlichen Verhältnisse des Schädigers auf den Ersatzanspruch verzichten. Die Träger der Sozialversicherung werden insbesondere dann einen Verzicht auf ihren Anspruch erwägen, wenn der Schädiger keinen Haftpflichtversicherungsschutz genießt und der Anspruch bei den Vermögensverhältnissen des Schädigers nicht zu realisieren ist.

4064 Hinsichtlich der reinen *Gefälligkeitshandlungen* vertreten die Sozialversicherungsträger gelegentlich die Auffassung, daß dadurch der gesetzliche Versicherungsschutz nicht ausgelöst wird. Ob es sich im Einzelfall um eine geringfügige und damit nicht unter § 539 Abs. 2 RVO fallende Gefälligkeit handelt, können nur die Tatumstände entscheiden.

4065 Die Zuständigkeit des Sozialversicherungsträgers ist jedenfalls nicht gegeben, wenn die unfallbringende Tätigkeit, die eine Entschädigungspflicht gemäß § 539 Abs. 2 RVO auslösen könnte, in keinem ursächlichen Zusammenhang mit der Tätigkeit für den Geschäftsherrn steht.

4066 Der Versicherungsschutz des Sozialversicherungsträgers mit allen daraus resultierenden Konsequenzen hinsichtlich der Schadenersatzansprüche des Geschädigten wird auch dann ausgelöst, wenn innerhalb desselben Haushaltes tätige Personen sich gegenseitig einen Personenschaden während der Verrichtung für den Geschäftsherrn zufügen. Auch hier besteht für den Verletzten keine Möglichkeit, die andere tätige Person auf Schadenersatz für den erlittenen Personenschaden in Anspruch zu nehmen, da eine Leistungspflicht des Sozialversicherungsträgers gegeben ist.

Für Unfälle, die sich im Privathaushalt ereignen, sind grundsätzlich die Gemeinde-Unfallversicherungsverbände zuständig. Sie sind also heranzuziehen, wenn „Hausangestellte" bei ihrer Tätigkeit Gesundheitsschädigungen infolge eines Unfalles erleiden. 4067

5. Erweiterungen des Versicherungsschutzes gegenüber den AHB

Im ersten Kapitel wurde klargestellt, daß allgemeine Rechtsgrundlage aller Privathaft- 5001
pflichtversicherungen neben allgemeingültigen Gesetzen die AHB sind. Sie regeln die
Vertragswirklichkeit aller allgemeinen Haftpflichtversicherungen. Damit sind die *Ausschlüsse* gemäß § 4 AHB auch in der PHV generell anzuwenden.

In vielen Bereichen der Haftpflichtversicherung hat sich im Laufe der Jahre gezeigt, daß
gerade bei Haftpflichtansprüchen aus Schäden, für die nach § 4 AHB kein Versicherungsschutz besteht, der VN doch ein besonderes Interesse an einer Mitversicherung hat. Da
nach allgemeiner Auffassung die Ausschlußtatbestände nach § 4, I AHB abdingbar sind,
ist es möglich, je nach Risikolage besondere Vereinbarungen mit dem VN zu treffen.

In der PHV als Massensparte mit weitgehend typisierten und schematisierten Verträgen 5002
können solche Einzelvereinbarungen nicht durchgeführt werden, da es einmal kostenmäßig kaum zu vertreten wäre und zum anderen die Markttransparenz erheblich beeinträchtigt würde. Bestimmte Ausschlußtatbestände des § 4, I AHB haben gerade in der PHV
besondere Nachteile für die Versicherten. Aus diesem Grund werden in den BBR/PHV
bestimmte Ausschlüsse durch Besondere Bedingungen generell abbedungen. Es sei auch
hier noch einmal darauf hingewiesen, daß solche generellen Abweichungen von Allgemeinen Versicherungsbedingungen grundsätzlich der Genehmigungspflicht unterliegen.
Optisch zeigt sich die *Genehmigungspflicht* in den Vordrucken dadurch, daß die dem
BAV vorzulegenden Texte zur Unterscheidung und Abgrenzung gegenüber den Risikobeschreibungen eingerahmt werden.

Die AHB einerseits mit ihren Ausschlußbestimmungen und die BBR andererseits mit den 5003
Abweichungen von den Allgemeinen Versicherungsbedingungen regeln den Versicherungsschutz sowohl für den VN als auch für die mitversicherten Personen. Dies ergibt sich
allein schon bei verbaler Interpretation, da der PHV-Schutz nach den Risikobeschreibungen ausgedehnt wird auf die „gleichartige gesetzliche Haftpflicht...". Schon diesem
Wortlaut ist zu entnehmen, daß für diesen Personenkreis der gleiche Vertragsumfang
gelten muß wie für den VN selbst.

Zum anderen gelten die Bestimmungen der Versicherung für fremde Rechnung, wie sie u.
a. in § 7, 1 AHB geregelt ist. Insofern wird auf die einschlägigen Kommentare verwiesen
(z. B. *Kuwert*, AHB, 7004 ff.).

5.1. Abwässerschäden

Nach § 4, I, 5 AHB bezieht sich der Versicherungsschutz der Allgemeinen Haftpflichtver- 5004
sicherung nicht auf Haftpflichtansprüche aus Sachschaden ... durch *Abwässer* ... Die

AHB schließen solche Schäden deswegen aus, weil sie sowohl in ihrer Entstehung als auch in ihren Folgen oft kaum überschaubar und abzuschätzen sind.

5005 Unter dem Begriff „Abwässer" ist regelmäßig ehemals reines Wasser zu verstehen, „das durch Zusatz fremder Bestandteile physikalischer, chemischer, biologischer oder bakterieller Art in irgendeiner Weise verunreinigt ist. Der Grad der Verunreinigung ist dabei unbedeutend, da es allein darauf ankommt, daß diese Flüssigkeit im Gegensatz zu reinem Wasser mindere Qualität besitzt und nicht mehr dieselbe Gebrauchsfähigkeit hat wie reines Wasser." (*Kuwert*, AHB, 4054 unter Hinweis auf BGH 24.10.1955, VersR 1955, 732).

5006 Die Anwendbarkeit dieses Ausschlußtatbestandes auf die PHV war schon immer umstritten. Die Haftpflichtversicherer wollen sich mit der Ausschlußklausel vor unüberschaubaren Risiken schützen. Häufig sind es aber nicht die im Abwasser enthaltenen Schadstoffe, die den eigentlichen Schaden herbeiführen, sondern lediglich die Nässe. Haftpflichtansprüche aus Sachschäden, die auf diese Weise entstehen, können deshalb vom Versicherungsschutz nicht ohne weiteres ausgenommen werden, zumal diese Ursachen kein unkalkulierbares Risiko für den Haftpflichtversicherer mit sich bringen.

Diese Anschauung ist aber nach wie vor umstritten und wird in der Literatur und der Rechtsprechung unterschiedlich behandelt. Typisch für die extensive Auslegungstheorie ist ein Urteil des LG Düsseldorf (12.5.1970, VersR 1970, 945):

In einer Toilette platzte der Lüftungsverschluß der Wasserleitung, wodurch das Kellergeschoß vollief. Das Gericht stellte sich bei diesem Schadenfall auf den Standpunkt, das Wasser könne geringe Mengen schmutziger Flüssigkeit oder an den Rohrwänden abgelagerte Fäulnisstoffe in sich aufgenommen haben, so daß es nicht mehr als sauber im Sinne seiner ursprünglichen Verwendbarkeit erscheinen würde und eine Ableitung erforderlich mache. Somit handele es sich im vorliegenden Fall um Abwasser. Zwar sei das Wasser noch sauber gewesen, als es aus der Leitung ausströmte, habe aber seine ursprüngliche Verwendbarkeit, als es durch die Sinkkästen in das Abflußsystem gelangte, verloren. Die Sinkkästen dienten nämlich dazu, das Wasser aufzunehmen und durch das hauseigene Abflußnetz der städtischen Kanalisation zuzuführen. Dabei sei es unausbleiblich, daß diese Leitung im Zuge des bestimmungsgemäßen Gebrauchs verschmutzt werde und sich Ablagerungen an ihren Rändern bilden würden. Mit diesen unsauberen Ablagerungen sei aber das ursprünglich reine Leitungswasser in Berührung gekommen, ehe es in den Kellerraum lief. Die Ausschlußklausel finde also hier Anwendung.

5007 Die Unsicherheiten in der Auslegung, ob der Schaden nun durch das eigentliche Abwasser oder lediglich durch seine spezifische Eigenschaft – die Nässe – entstanden ist, führte zunehmend zu Problemen in der Schadenregulierung und Unverständnis bei den VN. Bereits 1966 empfahl deshalb der HUK-Verband (Rundschreiben H 45/66 M vom 23.12.1966) seinen Mitgliedern eine großzügige Auslegung der Ausschlußklausel für Sachschäden durch Abwässer in der PHV. Dabei bezog sich der Verband auch auf die vom BAV vertretene Auffassung (vgl. VerBAV 1966, 175).

Das Vordringen von Wasch- und Spülmaschinen in den Haushalten hatte zunehmend zu 5008
Schäden durch austretendes Wasser geführt. Platzte der Zuführungsschlauch ab, so trat
reines Wasser aus, und ein Haftpflichtschaden fiel unter den Geltungsbereich der PHV.
Rutschte statt dessen der Abflußschlauch beispielsweise vom Badewannenrand ab und
ergoß sich dieses Wasser in eine darunter liegende Wohnung, so konnten sich die Versicherer formaljuristisch auf die Ausschlußklausel des § 4, I, 5 AHB berufen. Den Übergang
zu einer großzügigeren Regelung begründete der HUK-Verband seinerzeit wie folgt:

„1. Die auf solche Art entstehenden Schäden sind in der PHV übersehbar und beruhen
weit mehr auf der Durchnässung durch Wasser als auf einer Verschmutzung oder
Beschädigung durch Bestandteile des Abwassers.
2. Die Versicherungsnehmer erwarten den Versicherungsschutz und verstehen nicht
die willkürlich erscheinenden Ergebnisse, daß derartige Durchnässungsschäden
durch Spülwasser nicht gedeckt, durch unverbrauchtes Wasser aber gedeckt sind.
3. Die Deckung rundet die PHV ab; eine Deckungsablehnung würde gerade diese
Versicherungsarten als unvollkommen und damit entwertet erscheinen lassen."

Diese Empfehlung des HUK-Verbandes an seine Mitglieder konnte nur eine Übergangslö- 5009
sung darstellen, da die VN keinen Rechtsanspruch auf Befolgen solcher Hinweise haben.
Eine endgültige Regelung trat im Jahre 1970 in Kraft, als die heute in den BBR/PHV
enthaltene Sonderbedingung für den Einschluß von Sachschäden durch häusliche Abwässer in die PHV eingeführt wurde.

Mit diesem Schritt sind die in privaten Haushaltungen auftretenden Abwasserschäden ausdrücklich in den Versicherungsschutz der PHV einbezogen worden. Über die seinerzeitige
Empfehlung hinaus spricht die Besondere Bedingung auch nicht mehr von Schäden
„durch verbrauchtes Haushaltswasser", sondern in einer weiteren Fassung von „häuslichen Abwässern". Unter den letztgenannten Begriff sind auch sonstige häusliche Abwässer zu subsumieren, wie beispielsweise Abwasser aus häuslichen Sickergruben.

Andererseits ist eine Abgrenzung des Risikos durch das Adjektiv „häusliche" gegeben zu 5010
gewerblichen und industriellen Abwässern, die vom Risiko her nach wie vor für den
Haftpflichtversicherer unüberschaubarer bleiben und deswegen von der generellen Versicherungsschutzerweiterung nicht berührt werden sollen.

Im übrigen wird zum Begriff des Abwasserschadens auf die Kommentierungen zu § 4, I, 5
AHB verwiesen (u. a. *Kuwert*, AHB, 4052 ff; *Wagner*, Haftpflichtversicherung, S. 168 ff;
Wussow, AHB, Anm. 4. 21 ff.).

5.2. Auslandsschäden

§ 4, I, 3 AHB regelt die Umgrenzung des Versicherungsschutzes im lokalen Deckungsbe- 5011
reich. Nach diesen Bestimmungen ist für die Leistungspflicht des Versicherers maßgebend, daß sich der Schadenfall im *Inland* ereignet, wobei der Begriff staatsrechtlich

aufzufassen ist. Entscheidend für die Anwendung der Ausschlußbestimmung ist, daß sich das Schadenereignis im *Ausland* zugetragen hat.

Der Grund für den Ausschluß von Schadenfällen im Ausland liegt zum einen in der unterschiedlichen ausländischen Gesetzgebung im Haftpflicht- und Zivilprozeßrecht, sowie in den überdurchschnittlich hohen zusätzlichen Kosten der Schadenregulierung und Prozeßführung außerhalb des deutschen Staatsgebietes (vgl. auch *Kuwert*, AHB, 4022).

5012 Die beginnende Reisewelle in den 60er Jahren führte immer mehr VN in das Ausland mit dem Ergebnis, daß sie gezwungen waren, vor Reiseantritt mit ihrem Haftpflichtversicherer eine besondere Vereinbarung über die kurzfristige Erweiterung ihres PHV-Schutzes auszuhandeln.

Da auf der einen Seite ein Bedarf vorlag und auf der anderen Seite im privatwirtschaftlichen Bereich eine generelle Auslandsdeckung überschaubar und kalkulierbar ist, entschlossen sich die Versicherer 1968 zu einer generellen Ausweitung des Versicherungsschutzes in der PHV.

5013 Mit einer zeitlichen Begrenzung des Auslandsaufenthaltes, im Regelfall bis zu einem Jahr, ist nach dieser Bedingung generell die gesetzliche Haftpflicht aus im Ausland vorkommenden Schadenereignissen vom Versicherungsschutz erfaßt.

Die zeitliche Begrenzung war erforderlich, um das kurzfristige Bedürfnis nach Versicherungsschutz während eines Auslandsaufenthaltes auf der einen Seite zu erfüllen, andererseits aber die Versicherungsschutzerweiterung dann nicht wirksam werden zu lassen, wenn der VN auf Dauer seinen Wohnsitz ins Ausland verlegt. Diese Begrenzung ist notwendig, da der Geschäftsbereich der in der Bundesrepublik tätigen Haftpflichtversicherer im Normalfall auf dieses staatsrechtliche Gebiet beschränkt ist. Die Übernahme des Privathaftpflicht-Versicherungsschutzes von Personen, die ständig im Ausland leben, würde sich dadurch nicht unter die erforderliche Erlaubnis zum Geschäftsbetrieb subsumieren lassen.

5014 Die Besondere Bedingung für die Ausdehnung des Versicherungsschutzes im lokalen Deckungsbereich legt fest, daß die Leistungen des VN und des Versicherers ausschließlich in Deutscher Mark erfolgen. Diese Regelung bedeutet keine Einschränkung im materiellen Sinn, sondern lediglich eine Vereinfachung im Verwaltungsbereich. Daß der tatsächliche Schaden, für den der VN aufgrund gesetzlicher Haftpflichtbestimmungen privatrechtlichen Inhalts aufzukommen hat, von der Ersatzleistung gedeckt ist, ergibt sich auch aus dem letzten Satz der Besonderen Bedingungen, wonach die Leistungspflicht als abgegolten gilt, wenn der Versicherer *den Gegenwert* laut Umrechnungstabelle an eine Außenhandelsbank abführt.

5015 In früherer Zeit sah die Besondere Bedingung für Auslandsdeckung insoweit eine Einschränkung vor, als die Haftungsfrage bei einem schuldhaft herbeigeführten Schaden ausschließlich nach Deutschem Recht beurteilt wurde. Für die VN führte dies aber zu

Unsicherheiten, da sie einerseits im Ausland nach am Tatort geltendem Recht schadenersatzpflichtig gemacht wurden, während andererseits nach Deutschem Recht eine solche Verpflichtung nicht herzuleiten war.

In der Praxis führte das dazu, daß der VN trotz des bestehenden PHV-Schutzes mit Erweiterung auf im Ausland vorkommende Schadenereignisse gezwungen war, Schadenersatzansprüche aus eigenem Vermögen zu befriedigen. Insofern ist die heutige Regelung erheblich günstiger für die VN, nachdem diese Bedingung ersatzlos gestrichen worden ist.

Der Vollständigkeit halber ist darauf hinzuweisen, daß *Regreßansprüche* deutscher Sozialversicherungsträger, die in ihrer Basis auf § 640 RVO beruhen, grundsätzlich auch dann mitgedeckt sind, wenn sich das Schadenereignis im Ausland zugetragen hat; auf diese Fälle ist die Ausschlußklausel nicht anzuwenden. Mithin ist für sie auch die Versicherungsschutzerweiterung durch die Besondere Bedingung für Auslandsdeckung irrelevant. 5016

5.3. Mietsachschäden

Nach geltender Fassung der AHB sind entsprechend § 4, I, 6 a) AHB Schäden an fremden Sachen ausgeschlossen, die der VN gemietet, gepachtet, geliehen oder durch verbotene Eigenmacht erlangt hat, oder die Gegenstand eines besonderen Verwahrungsvertrages sind. Als fremde Sachen im Sinne dieser Ausschlußklausel sind diejenigen anzusehen, die sich im Eigentum eines Dritten befinden. Für die Klärung der Eigentumsverhältnisse ist entscheidend, wie sie sich zum Zeitpunkt des Schadenereignisses darstellen (vgl. auch *Kuwert*, AHB, 4094). 5017

Bei Prüfung der Frage, ob das Schadenereignis in den zeitlichen Rahmen des Versicherungsvertrages fällt, ist die Begriffsbestimmung zum Schadenereignis maßgebend; zur Gesamtproblematik wird auf die einschlägige Fachliteratur verwiesen (u. a. *Kuwert*, AHB, 1008 ff.; *Wussow*, AHB, Anm. 1. 27).

Im Zusammenhang mit Mietsachschäden ist die Entscheidung eines Falles von Interesse, bei dem sich das Schadenereignis über längere Zeit hinzog: Zu seiner am 26.7.1985 abgeschlossenen PHV trug der VN vor, bis Ende September 1985 sei er Mieter einer Wohnung in einem Mehrfamilienhaus gewesen. Anläßlich des Auszuges habe er einen von ihm eingebrachten Flickenteppich in der Küche aufgenommen. Dabei sei festgestellt worden, daß sich der darunter liegende PVC-Belag verfärbt habe. Diese Verfärbung habe trotz aller Bemühungen nicht entfernt werden können. Der VN habe daraufhin einen neuen PVC-Belag verlegen lassen müssen. 5018

Das Amtsgericht Wiesbaden (13.11.1986, ZfS 1989, 26) formulierte in der Urteilsverkündung folgenden Leitsatz: „Liegt der Versicherungsbeginn zwei Monate vor Auszug aus einer Mietwohnung, so besteht kein Versicherungsschutz bei einem Schaden an einem

PVC-Boden, wenn es an einem plötzlichen Schadenfall – z. B. Verschütten von Flüssigkeit – fehlt."

In der Begründung wies das Gericht darauf hin, daß der VN hätte darlegen und beweisen müssen, daß der Schaden erst nach Abschluß des Versicherungsvertrages eingetreten ist. Dieser selbst hatte aber in der Verhandlung ausgeführt, daß die Verfärbung des PVC-Bodens nicht dadurch eingetreten sei, daß ein bestimmtes Ereignis maßgebend gewesen sei. Insofern ließe sich die Verfärbung nicht auf ein bestimmtes Datum konkretisieren, sondern stamme aus einer irgendwann eingetretenen Verfärbung während der Zeit, in der der Teppich auf dem Boden lag. Dies war seit Beginn des Mietverhältnisses.

Diese Entscheidung deckt sich mit der herrschenden Auffassung, daß das Schadenereignis in den versicherten Zeitraum fallen muß; inwieweit hier noch der Ausschlußtatbestand der Allmählichkeitsschäden gemäß § 4, I, 5 AHB einzuwenden gewesen wäre, blieb in der Urteilsfindung außer Betracht.

5019   Zur Klarstellung sei darauf hingewiesen, daß dieser Ausschluß sich nur auf Schäden bezieht, die unmittelbar an den fremden Sachen entstanden sind; mögliche Folgeschäden an anderen Sachen werden nicht von der Deckung ausgeschlossen.

5020   Der Ausschlußtatbestand nach § 4, I, 6 a) AHB ist nur dann erfüllt, wenn sich die beschädigte fremde Sache im *Besitz* des VN befindet. Der Grund hierfür liegt im wesentlichen darin, daß die Haftpflichtversicherung grundsätzlich für Schäden an eigenen Sachen des VN nicht aufkommen kann. Nach allgemeiner Erfahrung und herrschender Auffassung gibt es im Prinzip jedoch kaum einen Unterschied zwischen eigenen und fremden Sachen, die – aus welchem Grunde auch immer – in den Besitz des VN übergegangen sind. Die Beschädigung ist letztlich von der Willkür und dem Gebrauch des Besitzers abhängig, weniger von einem ungewollten fahrlässig herbeigeführten Ereignis (vgl. *Wagner*, Haftpflichtversicherung, S. 152–153).

5021   Bei einer Mitversicherung der in der Ausschlußklausel aufgeführten Gefahrenumstände würde sicherlich die Sorgfalt des Besitzers in der Behandlung und Beaufsichtigung fremder Sachen nicht gerade gefördert (vgl. *Kuwert*, AHB, 4096).

Ein generelles Abbedingen eines Ausschlusses würde also geeignet sein, das subjektive Risiko in erheblichem Maße negativ zu beeinflussen. Auf der anderen Seite gibt es in bestimmten Grenzfällen ein starkes Bedürfnis der VN nach einer weniger extensiven Ausgestaltung dieser Bestimmung. Besonders groß war der Wunsch nach zumindest teilweisem Abbedingen dieses Ausschlusses in der PHV.

5022   Der Weg zu diesem Schritt war relativ langwierig. Auf Verbandsebene wurde dieses Problem 1965 durch ein Mitgliedsunternehmen aufgegriffen (Rundschreiben des HUK-Verbandes H 20/65 M vom 24.11.1965), das anfragte, ob von dem Ausschluß von Schäden an gemieteten Sachen auch diejenigen Räumlichkeiten und Einrichtungen erfaßt sind, die allen Mietern des Hauses gleichzeitig zur Benutzung zur Verfügung stehen, z. B. das Treppenhaus, die Haustür, die Waschküche usw.

Während *Wussow* schon seinerzeit die Meinung vertrat (*Wussow*-Informationen 1960, 152), daß diese Einrichtungen nicht unter den Ausschlußtatbestand fallen, hat sich eine erhebliche Mehrheit der Haftpflichtversicherer auf den Standpunkt gestellt, daß auch solche Schäden abzulehnen sind.

Der Meinungsstreit zeigte deutlich den Bedarf der VN auf Klarstellung durch ein teilweises Abbedingen der Ausschlußklausel, zumal eine solch extensive Interpretation zu Unsicherheit und Verständnislosigkeit bei Versicherten führte.

Die Diskussionen wurden beendet, indem 1970 die Besondere Bedingung für den Einschluß von *Mietsachschäden* in die PHV eingeführt wurde. Diese Deckungserweiterung hat in der Praxis zu einer Verbesserung des Versicherungsschutzes für die VN geführt, wenn auch ausschließlich solche Schäden an fremden Sachen angesprochen wurden, die unter den Vertragstyp der *Miete* fallen; maßgeblich ist die Bestimmung des § 535 BGB. Damit ist einerseits klargestellt, daß Schäden an gepachteten und geliehenen Sachen weiterhin ausgeschlossen bleiben und andererseits bewußt nur solche fremden Sachen in die Deckung einbezogen werden sollen, die tatsächlich als Mietobjekt anzusehen sind. Ein nur leihweise zur Verfügung gestelltes oder durch verbotene Eigenmacht in Besitz genommenes Wohnobjekt ist keine Mietsache. Zwar ähneln sich nach den Bestimmungen des BGB die Vorschriften der Miete und der *Leihe*, dennoch muß entsprechend der gesetzlichen Differenzierung zwischen beiden Instituten unterschieden werden. Wenn die BBR unter bestimmten Voraussetzungen **Miet**sachschäden unter Deckung stellen, so sind damit nicht auch alle anderen in § 4, I, 6 a) AHB aufgeführten Ausschlußtatbestände erfaßt. Allerdings betrifft die Ausschlußklausel nicht auch solche Sachen, auf die sich der Mietvertrag nur indirekt bezieht, wie Haustür, Waschküche, Treppenhaus etc. 5023

Wenn auch die Versicherungsschutzerweiterung für den Einschluß von Mietsachschäden die Ausschlußklausel für bewegliche Sachen bestehen läßt, so muß der Versicherer doch mit einem auch subjektiv beeinflußten größeren Risiko rechnen. Aus diesem Grunde beschränken die Haftpflichtversicherer regelmäßig die Ersatzleistung je Schadenereignis auf 100.000,- DM. 5024

Der in der Klausel gewählte Begriff „*Wohnräume*" muß wohl so verstanden werden, daß hierunter auch *Einfamilienhäuser* oder *Ferienhäuser* zu verstehen sind; letzteres gilt auch dann, wenn sie während eines vorübergehenden Aufenthaltes im Ausland angemietet werden. Eine eindeutige Begrenzung findet die Versicherungsschutzerweiterung durch die verwendeten Begriffe „Wohnräume" und „Räume in Gebäuden", die mit der Terminologie des BGB-Mietrechts übereinstimmen. Durch diese Begriffswahl wird klargestellt, daß sich der Einschluß von Mietsachschäden ausschließlich auf unbewegliche Sachen bezieht. 5025

5026 Unbedingte Voraussetzung dafür, daß die beschädigte Sache von der Besonderen Bedingung für die Mitversicherung von Mietsachschäden erfaßt wird, ist, daß sie Bestandteil „von Wohnräumen und sonstigen, zu privaten Zwecken gemieteten Räumen in Gebäuden" ist. Neben der eigentlichen Wohnung gehören also auch *Terrassen und Balkone* zu den vom Mieter genutzten Flächen, soweit sie mitgemietet sind. Eine zur Mietwohnung gehörende freiliegende und nicht umschlossene Dachterrasse fällt dagegen nicht unter den Versicherungsschutz (LG Köln 11.5.1988, ZfS 1988, 257). Eine solche Auslegung würde nach Ansicht des Gerichtes zu weit gehen und den Wortsinn der Klausel nicht beachten. Gestützt würde diese Auffassung durch einen Blick auf das vom Versicherer übernommene Risiko: der Umfang von Schäden, die vom Mieter in seiner Wohnung innerhalb des Gebäudes verursacht würden, sei meistens unmittelbar beschränkt auf den Schaden selbst, ohne daß weitere, schwerwiegendere Folgen einträten; bei Schäden, die außerhalb von geschlossenen Gebäuden einträten, kämen jedoch weitere Unwägbarkeiten hinzu: typischerweise seien die dort herrschenden Witterungseinflüsse geeignet, selbst in kurzer Zeit aus einer nur kleinen Beschädigung einen beträchtlichen, nur mit großem Aufwand wieder zu beseitigenden Schaden entstehen zu lassen. ...Die vom klagenden VN für die Auslegung der Klausel herangezogene Verordnung über wohnungswirtschaftliche Berechnungen und die DIN-Norm 283 veranlasse keine andere Beurteilung. Diese Normen gäben für die versicherungsrechtliche Frage, welches Risiko abgedeckt werden solle, nichts her, da sie anderen Zwecken diene.

5027 Nach herrschender Meinung muß also in diesem Zusammenhang festgestellt werden, daß ausschließlich Schäden an gemieteten fremden Sachen unter Versicherungsschutz fallen, wenn es sich um Räume und fest mit dem Gebäude verbundene Sachen handelt.

Nur beispielhaft sollen typische Schäden erwähnt werden wie die Beschädigung von Wänden, eingebauten Badewannen, Fliesen oder fest mit dem Untergrund verbundenen Teppichböden. Schäden an beweglichen fremden Sachen, wie z. B. Einrichtungsgegenstände, lose verlegte Teppiche u. ä. fallen dagegen nicht unter diese Versicherungsschutzerweiterung.

5028 Des weiteren wird in der Besonderen Bedingung festgestellt, daß es sich um unvorhersehbare Schäden handeln muß, die unerwartet auftreten. Damit scheiden also voraussehbare Schäden, die durch normale Abnutzung, Verschleiß oder auch übermäßige Beanspruchung entstehen, als Versicherungsschutz auslösende Faktoren aus. Diese Klarstellung mußte zwangsläufig erfolgen, da sonst normale Renovierungsarbeiten in den Versicherungsschutz mit einbezogen worden wären.

In diesem Sinne entschied auch die Rechtsprechung (LG Wuppertal 16.7.1981, ZfS 1981, 316). Im vorliegenden Fall hatte ein Mieter auf den Linoleumboden Teppichfliesen aufgeklebt. Beim Auszug aus der Mietwohnung war der Teppichboden erheblich abgenutzt, so daß der Vermieter eine Renovierung verlangte. Beim Herausreißen der Teppichbodenfliesen wurde der Linoleumboden so stark beschädigt, daß er erneuert werden mußte. Abgesehen von der Prüfung, ob dieses Schadenereignis als vorsätzlich herbeigeführt betrachtet und unter die Ausschlußklausel nach § 4, II, 1 AHB fallend angesehen werden muß, hielt das Gericht den Haftpflichtversicherer nicht für verpflichtet, für den geltend gemachten Schaden einzustehen. Das Gericht verwies dabei auf die BBR/PHV, wonach in der Besonderen Bedingung für den Einschluß von Mietsachschäden Haftpflichtansprüche wegen *Abnutzung*, *Verschleißes* und *übermäßiger Beanspruchung* der Mietwohnräume ausgeschlossen seien. Die Schäden, um die es vorliegend ging, beruhten nach Ansicht des Gerichtes auf einer übermäßigen Beanspruchung des Mietobjektes durch den Kläger.

Trotz dieser für den VN negativen Entscheidung verteidigte das Gericht den Sinn der Mietsachschadenklausel und die damit verbundene materielle Versicherungsschutzerweiterung. Mt dieser Auffassung wurde auch die vorangegangene Rechtsprechung ausdrücklich bestätigt (z. B. AG Berlin-Wedding 18.1.1979, VersR 1979, 638).

Ähnliche Beweggründe wie diejenigen, Schäden durch Abnutzung, Verschleiß und übermäßige Beanspruchung nicht unter Versicherungsschutz zu stellen, gelten auch für den in der Mietsachschadenklausel erwähnten Ausschluß von Schäden an *technischen Geräten*, die der Klarstellung wegen im einzelnen aufgeführt sind. Auch in diesem Bereich kann es nicht Sinn des Versicherungsschutzes sein, für anfallende Wartungskosten aufzukommen. 5029

Die Aufzählung der nicht unter Versicherungsschutz fallenden Geräte ist vollständig und im Sinne einer objektiven Risikobegrenzung zu sehen. Auch wenn der Schaden nicht durch eine der aufgezählten Anlagen selbst ausgelöst ist, entfällt der Versicherungsschutz. So wurde beispielsweise zu Recht entschieden, daß der Ausschluß „Elektrogerät" auch dann Platz greift, wenn zum Schadenzeitpunkt das Gerät nicht eingeschaltet war (AG Bonn 13.2.1987, ZfS 1988, 151).

Ferner sind von dem Einschluß ausgenommen *Glasschäden*, wenn der VN in der Lage ist, durch den Abschluß einer Glasversicherung gesonderten Schutz zu erlangen. Gedeckt werden soll nur der Bereich, in dem es dem Kunden nicht möglich oder nicht zumutbar ist, sich gegen das Glasrisiko besonders zu versichern, wie beispielsweise bei der vorübergehenden Anmietung eines Hotelzimmers oder einer Ferienwohnung. 5030

Unter Ziff. 2 der Besonderen Bedingung wird letztlich noch klargestellt, daß Regreßansprüche bei übergreifenden Schadenereignissen nach dem Abkommen der Feuerversicherer nicht von dem Einschluß erfaßt werden, soweit sie unter den *Regreßverzicht* fallen. 5031

In diesem Vertrag verzichten die Abkommensunternehmen bindend auf die Geltendmachung von Regreßansprüchen, die nach § 67 VVG nach einem Feuer- oder Explosionsschaden auf sie übergangen sind. Damit soll vermieden werden, daß der selbst feuerversicherte, fahrlässig handelnde Verursacher eines derartigen Schadens die Entschädigungsleistung seines Feuerversicherers im Ergebnis wieder verliert, indem er vom Feuerversicherer eines Dritten regreßpflichtig gemacht wird. Der Verzicht auf einen Regreß gegen den Regreßschuldner gilt bei allen übergreifenden Schadenereignissen, also sowohl für den klassischen Nachbarschaftsschaden, bei dem das Feuer auf ein Nachbargrundstück übergreift, als auch bei Folgeschäden auf demselben Grundstück, von denen die Eigentümer, Vermieter, Verpächter oder andere Mieter betroffen sind (*Essert*, Regreßverzichtsabkommen der Feuerversicherer, VersR 1981, 1111).

In den Bestimmungen für einen *Regreßverzicht der Feuerversicherer* bei übergreifenden Schadenereignissen heißt es in Ziff. 6 wie folgt:

„Der Regreßverzicht ist je Schadenereignis nach unten und oben begrenzt:

a) Er gilt bei einem Regreßschuldner für eine Regreßforderung bis zu 400.000,- DM, jedoch nur insoweit, als die Regreßforderung 100.000,- DM übersteigt.
b) Der Regreßverzicht erweitert sich über die untere Begrenzung hinaus insoweit, als eine Haftpflichtversicherung gemäß §§ 4, I, Ziff. 6 a und 6 b sowie 4, II, 2 AHB keine Deckung bieten würde."

Aus diesem Passus ergibt sich, daß sich der Regreßverzicht der Feuerversicherer auch auf Regreßforderungen bis 100.000,- DM erweitert, wenn nach Ausschlußtatbeständen des § 4 AHB kein Versicherungsschutz aus der Haftpflichtversicherung besteht. In diesen Fällen ist eine Überschneidung zwischen Haftpflichtversicherung und Regreßverzichtsabkommen ausgeschlossen, so daß sich dieses auf alle Regreßforderungen ohne untere Begrenzung bis zu der vereinbarten Höhe von 400.000,- DM erstreckt.

5032 Würde in der Besonderen Bedingung für den Einschluß von Mietsachschäden die Klarstellung gemäß Ziff. 2 fehlen, hätten die Haftpflichtversicherer mit ihrer Versicherungsschutzerweiterung einen Bedarf in die Deckung mit hineingenommen, der faktisch gar nicht vorhanden ist. Insofern darf dieser „Ausschluß des Einschlusses" lediglich als Abgrenzung zum Regreßverzichtsabkommen verstanden werden, nicht als einschränkende Maßnahme des Versicherungsschutzes gegenüber den VN.

5033 Abschließend ist klarstellend noch darauf hinzuweisen, daß Mietsachschäden, die durch die in der Wohnung gehaltenen *Tiere* verursacht werden, nach dem Text der Besonderen Bedingungen nur dann unter Versicherungsschutz stehen, wenn die Haltung dieser Tiere in die PHV fällt (siehe auch Rdnr. 3102). Ist dieser Tatbestand nicht gegeben, wie beispielsweise bei der Haltung von Hunden, so greift die Erweiterung des Versicherungsschutzes nicht.

Daß diese Regelung zu einer gewissen Problematik führen kann, ist nicht zu übersehen. Der HUK-Verband hat deshalb 1976 seinen Mitgliedern folgende Empfehlung gegeben (Rundschreiben des HUK-Verbandes H 12/76 M vom 30.6.1976):

„Das Risiko als Halter eines Hundes wird häufig im Zusammenhang mit der Privathaftpflicht versichert. In der Schadenregulierung ergeben sich dann Schwierigkeiten, wenn die Beschädigung der Mietsache durch das Tier verursacht worden ist. Da sich nur die Privathaftpflichtversicherung, nicht aber die Tierhalter-Haftpflichtversicherung auf Mietsachschäden erstreckt, sind derartige Fälle – formell betrachtet – nicht versichert.

Dieses Ergebnis ist unbefriedigend und wird von den Versicherungsnehmern als ungerechtfertigt angesehen. Wir empfehlen deshalb, der Praxis verschiedener Haftpflichtversicherer folgend, auch solche Mietsachschäden im Rahmen der Bedingungen zu regulieren, vorausgesetzt allerdings, daß die Privathaftpflichtversicherung mit Mietsachschadendeckung ausgestattet ist.

Bestehen Privathaftpflichtversicherung und Tierhalter-Haftpflichtversicherung bei verschiedenen Gesellschaften, sollte u. E. der Schaden zwischen diesen Gesellschaften geteilt werden. Reguliert wird zweckmäßigerweise durch den Privathaftpflichtversicherer."

Es ist ausdrücklich darauf hinzuweisen, daß es sich hierbei lediglich um eine Empfehlung des HUK-Verbandes an seine Mitglieder handelt, auf deren Einhaltung der VN keinen Rechtsanspruch hat. In der Fachliteratur (*Kuwert*, AHB, 4097) wird es auch für bedenklich gehalten, daß von Hunden verursachte Schäden zu Lasten der PHV-Prämie gehen oder gar zu 50 % des Schadens einen Versicherer belasten, der für dieses Risiko überhaupt keine Prämie als Äquivalent erhält. In einer solchen Handhabung läßt sich sogar ein Verstoß gegen das Prinzip einer risikogerechten Prämie sehen, würde doch auf diese Weise jeder PHV-Kunde einen gewissen Beitragsteil für den Hundehalter mitbezahlen, unabhängig davon, ob er selbst zu diesem Kreis gehört oder nicht.

5034

Um diese Unsicherheit zu beseitigen, haben einzelne Versicherer sich auch zu der Tierhalter-Haftpflichtversicherung für Hunde eine Mietsachschadenklausel genehmigen lassen. Sie ist inhaltlich mit der Klausel in den BBR/PHV identisch und führt zu einer klaren Vertragssituation für den PHV-Kunden einerseits und den Tierhalter andererseits.

5035

Ergibt die Prüfung der Versicherungsschutzfrage, daß ein Schadenereignis unter die Besondere Bedingung für den Einschluß von Mietsachschäden zu subsumieren ist, so muß grundsätzlich darüber hinaus auch geklärt werden, ob noch weitere Ausschlußtatbestände zu berücksichtigen sind. Sowohl das Wegbedingen als auch das ausdrückliche Einschließen haben gemeinsam, daß sich diese Vereinbarung nur auf eine einzelne Ausschlußklausel bezieht und die übrigen Bestimmungen, insbesondere des § 4 AHB, nicht berührt (*Kuwert*, AHB, 4003). So bleibt beispielsweise der durch Abwasser entstandene Schaden an Mietsachen nach § 4, I, 5 AHB vom Versicherungsschutz der Haftpflichtversicherung ausgeschlossen, auch dann, wenn Mietsachschäden abweichend von § 4, I, 6 a) AHB in die Deckungspflicht einbezogen worden sind (LG Karlsruhe, 12.2.1988, ZfS 1988, 365).

5036

Dem Grundsatz, daß die einzelnen Ausschlußklauseln ausdrücklich aufgehoben werden müssen, und nicht durch das Abbedingen einer einzelnen dadurch die Geltung der übrigen Ausschlußklauseln berührt wird, muß als allgemein anerkannter Grundsatz gelten (z. B. *Wussow*, AHB, Anm. 4.1 mit Hinweis auf einschlägige Rechtsprechung). Auch nach jüngster Rechtsprechung liegt insoweit eine Unklarheit der Besonderen Versicherungsbedingungen i. S. von § 5 AGBG nicht vor (LG Karlsruhe, a. a. O.).

5.4. Vermögensschäden

5037 Nach dem Gegenstand der Haftpflichtversicherung, der in § 1, 1 AHB umrissen wird, beschränkt sich der Versicherungsschutz auf den Fall, daß der VN wegen eines während der Wirksamkeit der Versicherung eingetretenen Ereignisses, das einen Personen- oder Sachschaden zur Folge hatte, für diese Folgen aufgrund gesetzlicher Haftpflichtbestimmungen privatrechtlichen Inhalts von einem Dritten auf Schadenersatz in Anspruch genommen wird. Ergänzt wird diese sog. primäre Risikobegrenzung durch den Abs. 3, in dem es heißt:

„Der Versicherungsschutz kann durch besondere Vereinbarung ausgedehnt werden auf die gesetzliche Haftpflicht wegen Vermögensschädigung, die weder durch Personenschaden noch durch Sachschaden entstanden ist, ..."

Der Gegenstand der Haftpflichtversicherung bezieht sich normalerweise ausdrücklich nur auf Personen- und Sachschäden, also die Tötung, Verletzung oder Gesundheitsschädigung von Personen und die Beschädigung oder Vernichtung von Sachen. Zur Definition dieser Schadenarten wird auf die einschlägige Literatur verwiesen (z. B. *Kuwert*, AHB, 1022 ff.).

5038 Aus dem AHB-Text in § 1, 3 folgt, daß es zwei Arten von *Vermögensschäden* gibt, und zwar einmal diejenigen als Folge eines vorangegangenen Personen- oder Sachschadens, zum anderen jene, die für sich allein stehen.

Nach einhelliger Auffassung (vgl. *Kuwert*, AHB, 1028 ff. mit Hinweis auf weiterführende Literatur) handelt es sich dann um einen unechten Vermögensschaden, wenn dieser im ursächlichen Zusammenhang mit einem Pesonen- oder Sachschaden eintritt, also eine Folge dieses vorangegangenen Schadens ist. Dabei bleibt ohne Bedeutung, ob die Ansprüche aus den einzelnen Schadenarten von einem oder mehreren Anspruchstellern geltend gemacht werden. Diese Art von Vermögensschäden wird dem vorangegangenen Personen- bzw. Sachschaden zugeordnet, so daß eine Schadenregulierung im Rahmen einer Allgemeinen Haftpflichtversicherung so zu erfolgen hat, als ob es sich um einen Personen- oder Sachschaden selbst handeln würde.

5039 Die AHB lassen die Möglichkeit offen, den Versicherungsvertrag auch auf die Mitversicherung von Ansprüchen aus reinen Vermögensschäden auszudehnen. Diese Schadenart wird in den Allgemeinen Versicherungsbedingungen für die Vermögensschaden-Haftpflichtversicherung wie folgt umrissen:

„Vermögensschäden sind solche Schäden, die weder Personenschäden (Tötung, Verletzung des Körpers oder Schädigung der Gesundheit von Menschen) noch Sachschäden (Beschädigung, Verderb, Vernichtung oder Abhandenkommen von Sachen) sind, noch sich aus solchen – von dem VN oder einer Person, für die er einzutreten hat, verursachten – Schäden herleiten. Als Sachen gelten insbesondere auch Geld und Geldwerte."

Diese Umschreibung wird bei *Wussow* (AHB, Anm. 1. 59) noch differenzierter eingegrenzt, da dort nur von einem reinen Vermögensschaden gesprochen wird, wenn er weder durch Personenschaden noch durch Sachschaden entstanden ist. Betont wird dabei das Wort „durch", das auf den ursächlichen Zusammenhang besonders hinweist. „Es darf also mithin kein Folgeschaden eines Personen- oder Sachschadens vorliegen, der mit diesem in einem ursächlichen Zusammenhang im Sinne der Lehre vom adäquaten Ursachenzusammenhang steht. Es genügt nicht, daß der reine Vermögensschaden nur anläßlich eines Personen- oder Sachschadens entsteht."

5040

Es gibt bestimmte Haftpflichtrisiken, bei denen die Mitversicherung von reinen Vermögensschäden unumgänglich ist und dem Wunsch nach bedarfsdeckendem Versicherungsschutz des VN entspricht; als Beispiele seien hier die Berufshaftpflichtversicherung für Architekten, Rechtsanwälte, Notare, Steuerberater, Wirtschaftsprüfer und dergleichen genannt.

5041

Auch in bestimmten Betriebshaftpflichtversicherungen (Beherbergungsgewerbe, Krankenhäuser und dergleichen) ist die Ausdehnung des Versicherungsschutzes auf reine Vermögensschäden von Bedeutung.

Die PHV kann – da die AHB keine Beschränkung vorgeben – ebenfalls auf die Mitversicherung von reinen Vermögensschäden ausgedehnt werden. Ein dringender Bedarf in der Praxis ist hier nicht gegeben, da Ersatz nach den Bestimmungen der AHB nur für Schadenersatzansprüche aufgrund gesetzlicher Haftpflichtbestimmungen privatrechtlichen Inhalts vom Vertrag erfaßt ist. Kernsatz des Deliktrechts ist der § 823 Abs. I BGB, der nur die Verletzung bestimmter Rechtsgüter als ersatzpflichtigen Tatbestand normiert.

5042

Neben dem Personenschaden (das Leben, der Körper, die Gesundheit, die Freiheit) und dem Sachschaden (das Eigentum) ist die Schadenersatzpflicht nur noch auf „ein sonstiges Recht" bezogen. Der umstrittene Sinngehalt dieses Begriffs erschließt sich aus den vorher angeführten Rechtsgütern; es sind zum einen weitere einzelne Rechte auf Achtung und Nichtverletzung der Person, zum anderen eigentumsähnliche Rechte, die sowohl eine positive Nutzungsfunktion haben als auch absolute Abwehrbefugnisse gewähren (*Jauernig-Teichmann*, § 823, Anm. II A 5).

5043

Die sonstigen Rechte können in der Regel nur vorsätzlich angetastet werden, so daß dann ohnehin gemäß § 4, II, 1 AHB kein Versicherungsschutz besteht. Die fahrlässige, nicht zielgerichtete Schadenszufügung in diesen Fällen führt nicht zu einer Schadenersatzverpflichtung und damit auch nicht zu einem Bedarf nach entsprechendem Versicherungsschutz. Zu den durch § 823 Abs. I geschützten Rechtsgütern gehört nach herrschender Auffassung neben dem Persönlichkeitsrecht und der Ehe auch das Recht am eingerichteten und ausgeübten Gewerbebetrieb. Eine Verletzung dieses Rechtes ist aber auch für den PHV-Kunden ohne praktische Bedeutung, da auch hier die Schadenszufügung zielgerichtet gegen den Gewerbebetrieb gestaltet sein muß und dann wiederum im Normalfall auf Vorsatz zurückzuführen ist. Beispielhaft sollen hier angesprochen sein die Verhinderung bestimmter gewerblicher Tätigkeit durch ungerechtfertigtes Abmahnen, ungerechtfertigte physische Beeinträchtigung, Verbreitung nachteiliger Werturteile, die Verbreitung von kritischen Warentests, die schädigende Mitteilung wahrer Tatsachen oder anderer Verstöße gegen das Wettbewerbsrecht.

5044 Des weiteren ist zu berücksichtigen § 823 Abs. II BGB, der denjenigen zum Ersatz eines verschuldeten Schadens verpflichtet, welcher gegen ein den Schutz eines anderen bezweckendes Gesetzes verstößt. Nach herrschender Auffassung sind *Schutzgesetze* im Sinne des BGB bestimmte Rechtsnormen; dazu zählen neben den formellen Gesetzen auch z. B. Rechtsverordnungen, öffentlich-rechtliche Satzungen, Anstaltsordnungen, Tarifverträge, Gewohnheitsrecht, Richterrecht und Observanz, daher auch die Verkehrspflichten, nicht jedoch die von Verbänden aufgestellten technischen Regeln und Standardnormen, wie z. B. die *Unfallverhütungsbestimmungen* der Berufsgenossenschaft (*Jauernig-Teichmann*, § 823, Anm. III 2).

Auch aus diesem Tatbestand sind für die PHV Schadenersatzverpflichtungen für reine Vermögensschäden nicht ohne weiteres herzuleiten.

5045 Wenn auch aus heutiger Sicht die Erweiterung des Versicherungsschutzes für den Privatkunden auf die Mitversicherung reiner Vermögensschäden in der PHV keine besondere Bedeutung hat, so sollte deshalb doch diese Versicherungsschutzerweiterung nicht als überflüssig hingestellt werden. Die eine Schadenersatzpflicht auslösenden Rechtsgrundsätze können durch die Legislative oder die Rechtsprechung ständig einer Änderung unterzogen werden, so daß es schon rein prophylaktisch sinnvoll ist, mögliche Schadenersatzansprüche auf Ersatz eines echten Vermögensschadens mit Versicherungsschutz zu versehen. Im übrigen bleibt die Abwehrfunktion der PHV für unberechtigte Schadenersatzansprüche von Bedeutung.

5046 Für den Fall des Einschlusses in die PHV gelten die für die Vermögensschäden vorgesehenen Besonderen Bedingungen. Sie sind in beiden Bereichen abgestellt auf Berufs- und Betriebshaftpflichtversicherungen, so daß für die PHV selbst aus dem Abs. 2 der Besonderen Bedingungen nur die Ziffern 2, 9 und 10 von Bedeutung sein können.

Hier ergibt sich eine weitere Begrenzung, da sich Schadenersatzansprüche aufgrund ständiger Emissionen aus dem Nachbarrecht ergeben und nicht vom Schutz der PHV erfaßt sind.

5047 Bei Schäden durch Abweichen von gesetzlichen oder behördlichen Vorschriften muß vorsätzliches Handeln unterstellt werden, so daß hier der Versicherungsschutz aufgrund von § 4, II, 1 AHB versagt werden muß.

5048 Letztlich wird das *Abhandenkommen* von Sachen in § 1, 3 AHB gesondert behandelt und expressis verbis vom reinen Vermögensschaden abgetrennt, so daß auch hier eine praktische Bedeutung für die Mitversicherung von reinen Vermögensschäden in der PHV nicht zu erkennen ist.

Der Versicherungsschutz bezieht sich durch Umkehrschluß aus § 1, 3 AHB nicht auf die 5049
gesetzliche Haftpflicht wegen Abhandenkommens von Sachen. Da solche Haftpflichtansprüche speziell zur PHV häufig gemeldet werden, ist an dieser Stelle hierauf besonders einzugehen, wenngleich es sich um eine Bestimmung der AHB und nicht der BBR/PHV handelt. Im weiteren wird auf die Ausführungen in *Kuwert*, AHB verwiesen (Rdnr. 1059 ff.).

Nach allgemeiner Auffassung ist eine Sache dann als abhanden gekommen anzusehen, 5050
wenn der unmittelbare Besitzer den Besitz an dieser Sache gegen seinen Willen verloren hat; Abhandenkommen ist also unfreiwilliger Verlust des unmittelbaren Besitzes. Dabei sind die vom Gesetz aufgeführten Fälle des Diebstahls oder des Verlustes lediglich Beispiele und keine vollständige Aufzählung (vgl. u. a. Münchener Kommentar, *Quack*, § 935, Anm. II. 1).

Im Sinne des § 823 BGB muß das Abhandenkommen von Sachen als Besitzentziehung und damit als Verletzung eines absoluten Rechtes anzusehen sein, so daß dieser Tatbestand entsprechend der Begriffsbestimmung zu den Schadenarten als reiner Vermögensschaden anzusehen ist (so *Wussow*, AHB, Anm. 1. 60). Entgegen dieser rechtlichen Wertung deklarieren die AHB das Abhandenkommen von Sachen als Sonderposition, was insbesondere dadurch zum Ausdruck kommt, daß daneben auch die reinen Vermögensschäden expressis verbis genannt sind.

Vom Abhandenkommen einer Sache kann nur dann gesprochen werden, wenn sie noch 5051
vorhanden ist und vom Besitzer wiedererlangt werden kann. Geht eine Sache verloren und wird dabei gleichzeitig vernichtet, so liegt eine Sachbeschädigung vor, die vom Deckungsumfang der AHB erfaßt wird. Zur Abgrenzung zwischen den Begriffen führt *Johannsen (Bruck-Möller-Johannsen*, VVG, Anm. G 79) folgendes Beispiel an: Ein Kleinkind wirft in einem unbeobachteten Augenblick auf einer Bootsfahrt ein wertvolles Schmuckstück eines Dritten in den Rhein. Hier liegt eindeutig ein Abhandenkommen im Sinne des § 935 BGB vor. Der Folgerung, daß dieser Fall so sehr einer Zerstörung der Sache ähnelt, daß aus der Interessenlage der Versicherungsschutz bejaht werden kann, vermag ich mich nicht anzuschließen. Wenn auf den Zweck abgestellt wird, aus dem die AHB das Abhandenkommen von Sachen als Sondertatbestand aufführen, muß dieser immer dann angenommen werden, wenn eine Sache grundsätzlich vom Besitzer wiedererlangt werden *kann* und nicht, wenn sie auch tatsächlich wiedererlangt wird. Der Zweck der Herausnahme aus dem Versicherungsschutz liegt darin, daß der Versicherer nicht mit den Problemen unklarer Ersatzverpflichtungen des VN aus der Haftung für Abhandenkommen von Sachen belastet werden will (*Bruck-Möller-Johannsen,* a. a. O.).

Es soll ganz bewußt ein subjektives Risiko vom Versicherungsschutz ausgegrenzt werden, weil nach dem Abhandenkommen einer Sache der Schadenbeweis i. d. R. vom Anspruchsteller nicht geführt werden kann. Somit handelt es sich um eine objektive Festlegung des Versicherungsschutzumfanges.

Eine andere Entscheidung ist dann zu treffen, wenn eine zunächst abhanden gekommene 5052
Sache zerstört wird; es liegt dann ein nach § 1, 1 AHB gedeckter Sachschaden vor (*Bruck-*

141

Möller-Johannsen, VVG, Anm. G 77 mit Hinweis auf weiterführende Judikatur). Dabei kommt es darauf an, daß zwischen dem Verhalten des VN, das zum Abhandenkommen der Sache führt, und deren spätere Beschädigung oder Zerstörung ein adäquater Kausalzusammenhang besteht. In diesen Fällen wird der VN nicht wegen des Abhandenkommens an sich, sondern wegen der dadurch bedingten Zerstörung der Sache in Anspruch genommen, durch die der Herausgabeanspruch des Eigentümers an der Sache zunichte gemacht wird. Daraus ergibt sich, daß die Haftung als Sachschadenhaftung anzusehen ist (*Wussow*, AHB, Anm. 1. 60).

5053   In der Praxis stellt sich das Abhandenkommen von Schlüsseln als besonderes Problem dar. Beim Verlust eines Schlüssels kann in vielen Fällen der Schaden nicht mit der Beschaffung eines neuen Schlüssels gleicher Art wieder gutgemacht werden, weil die Gefahr eines Mißbrauchs durch den Finder zu groß ist. Daher wird der Hauseigentümer häufig die Kosten für die Änderung des Schlosses und sämtlicher übrigen Schlüssel verlangen. Der Besitzer des Schlüssels haftet in diesem Fall entweder aus Vertrag – z. B. Mietvertrag – oder aus §§ 823 ff. BGB. Im haftpflichtrechtlichen Sinne liegt also entweder ein allgemeines schuldhaftes Handeln oder ein Anspruch aus pVV vor. Im zweiten Fall besteht der Anspruch auf Schadenersatz, sowohl wegen Sachschadens als auch wegen eines reinen Vermögensschadens. Damit ist eine Haftung des Verlierers zu bejahen.

Bei der Deckungsprüfung ist zu berücksichtigen, daß § 1, 3 AHB den Ersatz für reine Vermögensschäden ausschließt, sofern nicht eine besondere Vereinbarung dagegensteht. *Wussow* kommt zu der Auffassung (*Wussow*-Informationen 1964, 65), daß beim Abhandenkommen eines einzelnen Schlüssels hinsichtlich der übrigen Schlüssel und hinsichtlich des Schlosses weder ein Abhandenkommen noch eine Sachbeschädigung vorliegt. In die Substanz des Schlosses oder der anderen Schlüssel wird durch das Abhandenkommen des einen Schlüssels in keiner Weise eingegriffen; auch die Gebrauchsfähigkeit des Schlosses oder der anderen Schlüssel wird durch den Verlust nicht konkret beeinträchtigt. Es ist dagegen zu berücksichtigen, daß der Schlüsselverlust im wirtschaftlichen Sinne die Eigenschaft der Schlösser bzw. Schließanlagen wesentlich verändert. Eine rein wirtschaftliche Erwägung erfüllt aber nicht den Tatbestand einer Sachbeschädigung.

Andererseits besteht aber zwischen dem Abhandenkommen des Schlüssels und der Notwendigkeit der Änderung des Schlosses und der Erneuerung der übrigen Schlüssel ein adäquater Kausalzusammenhang. Nach *Wussow* (*Wussow*-Informationen 1964, 65 ff.) muß auch dann von einem mittelbaren Schaden gesprochen werden, der von der Ausschlußklausel betroffen wird, wenn der Anspruch des Geschädigten sich nicht nur auf Herstellung eines neuen Schlüssels, sondern auf Änderung des betreffenden Schlosses erstreckt (*Wussow*, AHB, a. a. O.). Eine andere Entscheidung ist nur dann zu treffen, wenn die Haftpflichtversicherung auf Schadenersatzansprüche wegen Abhandenkommens von Sachen ausgedehnt ist; unter dieser Voraussetzung wäre dann auch der weitere Schaden, der sich aus der Änderung des Schlosses und der übrigen Schlüssel ergibt, vom Versicherer zu bezahlen.

Im Falle eines Schlüsselverlustes ergeben sich nach *Knaths* (Schlüsselverlust im Versicherungsrecht, VersR 1983, 1015) je nach Fallgestaltung folgende Lösungsmöglichkeiten:

5054

- Verlust der Schlüssel:
  nicht gedeckt, wenn Abhandenkommen nicht eingeschlossen ist; eine Ausnahme besteht, wenn der Verlust einer Vernichtung gleichzusetzen ist.
- Auswechseln eines Schlosses einer Mietwohnung durch den Mieter:
  gedeckt, wenn Mietsachschäden *und* Abhandenkommen eingeschlossen sind.
- Auswechseln anderer Schlösser:
  gedeckt als mittelbarer Vermögensschaden oder Sachschaden.
- Sind die Schlüssel des Dritten durch einen gleichzeitig eingetretenen (vom VN verschuldeten) Personenschaden oder Sachschaden in Verlust geraten, so sind Verlust und Auswechslung immer gedeckt.
- Wird der Schlüssel durch Verletzung des Besitzers vernichtet, so besteht wieder Deckung für beides.

Ungeachtet dieser Ergebnisse sind andere Auschlußtatbestände der AHB oder etwaige vereinbarte Besondere Bedingungen zu prüfen.

Zur Vollständigkeit sei darauf hingewiesen, daß bei Erweiterung des Versicherungsschutzes auf Vermögensschäden nach dem Text der Besonderen Bedingungen der VN von jedem reinen Vermögensschaden 20 %, mindestens 100,– DM, selbst zu tragen hat. Diese Selbstbeteiligung gilt selbstverständlich nicht für einen unechten Vermögensschaden, der sich aus einem vorangegangenen Personen- oder Sachschaden ableitet und somit nicht unter den Text dieser Besonderen Bedingungen fällt.

5055

5.5. Gewässerschäden

Innerhalb der Versicherungsschutzerweiterungen der PHV durch Besondere Bedingungen stellt der Einschluß von Gewässerschäden in gewisser Weise einen Bruch in der Systematik dar. Alle bisher behandelten Erweiterungen gehen entweder auf Ausschlußtatbestände zurück oder auf eine klar umrissene primäre Risikobegrenzung.

5056

Bei der hier zu behandelnden Besonderen Bedingung ist eine solche eindeutige Beziehung zu den AHB nicht herzustellen.

Die Entstehung dieser Versicherungsschutzerweiterung geht auf den Anfang der 60er Jahre zurück. Heizöl hatte zu dieser Zeit als Energiequelle für die Wirtschaft und auch die privaten Haushaltungen eine ganz überragende Bedeutung gewonnen. Nicht nur durch die Verwendung ergaben sich zahlreiche Haftpflichtgefahren, sondern auch durch den häufigen und verschiedenartigen Heizöltransport und letztlich dadurch, daß immer mehr Heizöl an verschiedenen Stellen gelagert wurde. Vor allem beim Transport (z. B. Unfall) gerieten durch Unachtsamkeit oft große Ölmengen außer Kontrolle und richteten erhebliche Schä-

5057

den an (*Preiß*, Der Haftpflichtversicherungsschutz für den Transport, die Lagerung und Verwendung von Heizöl, VW 1967, 564 ff.).

5058 Wesentlichen Anstoß für eine Versicherungslösung gab das *Wasserhaushaltsgesetz* der Länder, das am 1.3.1960 in Kraft trat. Hierdurch wurde nicht nur eine eindeutige Haftungsgrundlage für Schäden durch gewässerschädliche Stoffe normiert, sondern auch für die Inhaber von Anlagen zur Lagerung solcher Stoffe und für das Ableiten von Abwässern eine verschuldensunabhängige *Gefährdungshaftung* eingeführt. Kernstück dieses Gesetzes hinsichtlich der Schadenersatzregelung ist der § 22 WHG, der wie folgt lautet:

„(1) Wer in ein Gewässer Stoffe einbringt oder einleitet oder wer auf ein Gewässer derart einwirkt, daß die physikalische, chemische oder biologische Beschaffenheit des Wassers verändert wird, ist zum Ersatz des daraus einem anderen entstehenden Schadens verpflichtet. Haben mehrere die Einwirkung vorgenommen, so haften sie als Gesamtschuldner.

(2) Gelangen aus einer Anlage, die bestimmt ist, Stoffe herzustellen, zu verarbeiten, zu lagern, abzulagern, zu befördern oder wegzuleiten, derartige Stoffe in ein Gewässer, ohne in dieses eingebracht oder eingeleitet zu sein, so ist der Inhaber der Anlage zum Ersatz des daraus einem anderen entstehenden Schadens verpflichtet; Abs. 1 Satz 2 gilt entsprechend. Die Ersatzpflicht tritt nicht ein, wenn der Schaden durch höhere Gewalt verursacht ist."

5059 Abs. 1 dieses Paragraphen beschäftigt sich mit der sog. *„Einwirkungshaftung"*, die im Zusammenhang mit diesem Thema irrelevant ist, da hier Industrie und Gewerbe speziell angesprochen werden.

5060 Abs. 2 des § 22 WHG befaßt sich mit der sog. *„Anlagenhaftung"*. Unter einer Anlage in diesem Sinne ist eine auf gewisse Dauer berechnete Einrichtung zu verstehen, nicht also allein Behälter wie Fässer und dergleichen. Als Inhaber einer Anlage i. S. von § 22 Abs. 2 WHG ist derjenige anzusehen, der die Anlage in Gebrauch hat, die Verfügungsgewalt besitzt, die ein solcher Gebrauch voraussetzt (BGH 8.1.1981, VersR 1981, 458), und die Kosten für die Unterhaltung aufbringt (OLG Düsseldorf 4.7.1963, VersR 1965, 343). Der Begriff des „Inhabers" ist ähnlich dem des Halters i. S. des StVG und des LuftVG sowie der Betriebsunternehmer i. S. des Haftpflichtgesetzes (BGH 8.1.1981, VersR 1981, 458 [459]; *Geigel*, Haftpflichtprozeß, § 24 Anm. 25). Inhaber einer Anlage in einem vermieteten Haus kann sowohl der Vermieter als auch der Mieter sein (*Geigel*, a. a. O.). Es kommt auf die Umstände des Einzelfalles an (vgl. LG Hamburg 16.6.1966, MDR 1967, 128).

5061 Ein Abgleich dieser haftpflichtrechtlichen Bestimmungen mit dem Text der AHB ergibt, daß die auf diesem Bedingungswerk beruhenden Haftpflichtversicherungsverträge für das sich aus § 22 WHG ergebende Risiko nur unzureichenden Deckungsschutz gewähren. Hierfür maßgebend sind im wesentlichen folgende Überlegungen (*Paul*, Haftpflichtversicherung von Gewässerschäden, BB 1965, 18):

Da Wasser, solange es nicht in Rohren oder Behältern gefaßt ist, tatsächlich nicht begrenzt ist und deshalb nach herrschender Auffassung nicht als Sache im bürgerrechtlichen Sinne (§ 90 BGB) angesehen wird, werden im Rahmen des § 22 WHG die Vermögensschäden gegenüber den denkbaren Personen- und Sachschäden zahlen- und wertmäßig die entscheidende Rolle spielen (vgl. Bay. ObLG 22.1.1965, NJW 1965, 973; BGH 23.12.1966, VersR 1967, 374). § 1, 1 AHB beschränkt den Versicherungsschutz jedoch auf die Deckung von Personen- und Sachschäden. Um Vermögensschäden abzudecken, die weder durch einen Personen- noch durch einen Sachschaden entstanden sind, bedarf es nach § 1, 3 AHB einer besonderen Vereinbarung, die von den VN in der Vergangenheit entweder überhaupt nicht oder nur mit geringen Deckungssummen getroffen worden ist. Sachschäden, die durch Abwässer entstehen, sind vom Deckungsschutz ausdrücklich ausgenommen (§ 4, I, 5 AHB). In den Fällen, in denen der Schaden auf das allmähliche Eindringen von gewässerschädlichen Stoffen zurückzuführen ist, gilt ebenfalls der in § 4, I, 5 AHB festgelegte Ausschluß.

Diese Schlußfolgerung hat nur dann Gültigkeit, wenn vertraglich nicht ausdrücklich etwas anderes vereinbart ist, denn Sachschäden durch allmähliche Einwirkung der Temperatur, von Gasen, Dämpfen und Feuchtigkeit und von Niederschlägen können durch Besondere Bedingung (VerBAV 1984, 9) in die PHV einbezogen werden. Mit dieser pauschalen Formulierung werden aber auch Umweltbeeinträchtigungen mit Deckung versehen; es ist deshalb eine vorsichtige Anwendung der Klausel angezeigt. 5062

Die vorstehenden Überlegungen führten dazu, die speziell auf dieses Risiko zugeschnittene *Gewässerschaden*-Haftpflichtversicherung einzuführen, für die der Versicherungsschutz sich neben den AHB nach den Zusatzbedingungen für die Versicherung der Haftpflicht aus Gewässerschäden richtet. 5063

Diese Regelung reichte zur Deckung des Versicherungsbedarfs jedoch nicht aus. Über diese gesonderte Versicherungssparte hinaus, die das Gewässerschadenrisiko nur insoweit deckt, als es sich um ein Anlagen- sowie Abwässeranlagen- und Einwirkungsrisiko handelt, bleibt ein *Restrisiko* übrig, das üblicherweise als allgemeines Gewässerschadenrisiko bezeichnet wird. Durch die Besonderen Bedingungen für die Versicherung der Haftpflicht aus Gewässerschäden im Rahmen der Privat- sowie Haus- und Grundbesitz-Haftpflichtversicherung, die 1964 eingeführt wurden, wird diese heute üblicherweise als Restrisiko bezeichnete Gefahr grundsätzlich in jeden konventionellen Haftpflichtversicherungsvertrag eingeschlossen. 5064

Durch die Kombination der herkömmlichen Allgemeinen Haftpflichtversicherung mit einer Erweiterung und der Zusatzhaftpflichtversicherung speziell für das Gewässerschadenrisiko konnte damit ein lückenloser Versicherungsschutz geschaffen werden, der für den VN eine optimale Lösung darstellt.

§ 1 dieser Besonderen Bedingungen besagt, daß der Versicherungsschutz im Umfang des konventionellen Vertrages die gesetzliche Haftpflicht des VN für unmittelbare oder mittelbare Folgen von Veränderungen der physikalischen, chemischen oder biologischen 5065

Beschaffenheit eines Gewässers einschließlich des Grundwassers (Gewässerschäden) umfaßt mit Ausnahme der Haftpflicht – und nun folgt die Aufzählung der wesentlichen Gewässerschadenrisiken –, die unmittelbar Gegenstand der eigens geschaffenen Gewässerschaden-Haftpflichtversicherung sind. Für die PHV beschränkt sich, im Gegensatz zur Betriebs- und Berufshaftpflichtversicherung, diese Ausnahme von der Versicherungsschutzerweiterung auf das eigentliche Anlagenrisiko.

Diese Konstruktion von sich ergänzenden Versicherungsverträgen war notwendig, da über das erwähnte Anlagenrisiko hinaus Haftpflichtgefahren übrigbleiben, auf die sich die Gewässerschaden-Haftpflichtversicherung nicht bezieht und die andererseits ohne die Besondere Bedingung auch nur unvollkommen oder gar nicht unter den Deckungsbereich der konventionellen Haftpflichtversicherung zu subsumieren sind. Die folgenden Schadenbeispiele sollen diese These verdeutlichen:

Beispiel 1:
Ein im Hof gelagerter Kleintank wird leck. Auslaufendes Öl ergießt sich auf das Nachbargrundstück und beschädigt Erdreich, Pflanzen und Putz des Gebäudes sowie den Belag der vorbeiführenden Straße. Diese Schäden sind durch die Allgemeine Haftpflichtversicherung gedeckt. Haftpflichtansprüche des Nachbarn bzw. der Gemeinde müssen aus der PHV befriedigt werden; ein möglicherweise gleichzeitig auftretender Schaden durch eindringendes Öl in einen vorbeifließenden Bach müßte als Vermögensschaden abgelehnt werden.

Beispiel 2:
Der Besitzer eines Ölofens hat in seinem Keller ein Mineralölfaß aufgestellt, aus dem er bei Bedarf eine Kanne nachfüllt. Auf seinem Weg hinauf zur Wohnung stolpert er, und überschwappendes Öl verschmutzt das Treppenhaus. Schadenersatz für den entstandenen Sachschaden erfolgt durch die PHV (unter der Voraussetzung, daß der Schädiger nicht selbst Hauseigentümer ist; dann würde es sich um einen Eigenschaden handeln).

Beispiel 3:
Aus dem im Kellerraum eines Wohnhauses aufgestellten Heizöltank eines Mieters läuft Öl wegen einer gerissenen Schweißnaht aus und verteilt sich im Keller. Auch hier muß wiederum die PHV Platz greifen und dem Hauseigentümer die Schäden am Gebäude, den anderen Mietern die Schäden an den gelagerten Vorräten und Gegenständen ersetzen. Ausgeschlossen vom Versicherungsschutz bleibt lediglich der Schaden im Kellerraum des Mieters, soweit hier nicht Ansprüche Dritter bestehen. Die Sachschäden an dem gemieteten Kellerraum selbst, die unter den Ausschlußtatbestand des § 4, I, 6 a) AHB fallen würden, sind durch die Versicherungsschutzerweiterung auf Mietsachschäden wieder in die Deckung mit einbezogen.

Beispiel 4:
Ein Fußgänger überquert achtlos die Fahrbahn und läuft direkt vor einen Tanklastwagen. Dessen Fahrer versucht auszuweichen, gerät dabei ins Schleudern und prallt seitlich gegen einen Baum. Durch diese Karambolage platzt die Wandung des Tankbehälters, und das transportierte Öl ergießt sich in einen Bach, der in eine Trinkwassertalsperre mündet. Hier liegt der typische Fall für das sog. Restrisiko vor. Sowohl der Sachschaden an dem LKW als auch die Kosten, die zur Beseitigung des ausgelaufenen Öls erforderlich sind, gehen zu Lasten der PHV des Fußgängers.

Beispiel 5:
Einem Ölofenbesitzer ist durch verzögerte Lieferung das Heizmaterial ausgegangen. Ein Nachbar ist bereit, ihm auszuhelfen. Beim Überqueren der Straße mit einer gefüllten Kanne stolpert der Mann und läßt die Kanne fallen. Das auslaufende Öl beschmutzt die Fahrbahndecke und dringt ins Grundwasser ein.

Die Kosten für die Straßenreinigung gehen als Sachschaden zu Lasten der PHV des Schadenverursachers. Die aus dem Gewässerschaden resultierenden Ansprüche fallen in die Gewässerschaden-Haftpflichtversicherung des Nachbarn, obwohl er zur Schadenverursachung nicht beigetragen hat. In den Zusatzbedingungen für die Haftpflicht aus Gewässerschäden heißt es aber:

„Die Versicherung umfaßt die Haftpflicht des Versicherungsnehmers als Inhaber der im Versicherungsschein oder seinen Nachträgen angegebenen Anlagen zur Lagerung von gewässerschädlichen Stoffen und aus der Verwendung dieser gelagerten Stoffe" (§ 1, 1 der Zusatzbedingungen).

Die Verwendung des Heizöls ist im vorliegenden Schadenbeispiel das Verbrennen im Ofen des gestürzten Nachbarn; zu diesem Zweck ist aber der Transport des Öls über die Straße zum Ofen notwendig.

Die Beispiele 1 – 4 sind auf das konventionelle Restrisiko zugeschnitten. Das Beispiel 5 dient der Abgrenzung des Versicherungsschutzes im konventionellen Haftpflichtbereich zum Gewässerschaden-Haftpflichtbereich. Nach den Besonderen Bedingungen sollen für dieses allgemeine Gewässerschadenrisiko (also die unwesentlichen Gewässerschadenrisiken) die im konventionellen Vertrag vereinbarten Versicherungssummen gelten; Gewässer-Vermögensschäden werden jedoch wie Sachschäden behandelt (*Paul*, Haftpflichtversicherung von Gewässerschäden, BB 1965, 19). Damit ist praktisch für diesen Bereich ein genereller Einschluß von reinen *Vermögensschäden* in den Haftpflichtversicherungsschutz sichergestellt.

Die §§ 2 – 4 der vorliegenden Besonderen Bedingungen enthalten wie der Zusatzvertrag, der die umfassende Gewässerschadenversicherung gewährt, sowohl die Rettungskostenklausel als auch die Klausel, der zufolge vorsätzliche Verstöße gegen die dem Gewässer-

5066

schutz dienenden Gesetze den Deckungsschutz ausschließen, und die Klausel über Gemeingefahren. Die Besonderen Bedingungen zum konventionellen Vertrag enthalten – im Gegensatz zum Zusatzvertrag – keine Vorschriften über einen Selbstbehalt oder eine Begrenzung der Leistungspflicht des Versicherers auf jährlich das Doppelte der Versicherungssumme – Maximierung – (*Paul*, a. a. O.).

5067 Die Besonderen Bedingungen für die Versicherung der Haftpflicht aus Gewässerschäden wurden auch zur Berufs- und Betriebshaftpflicht-Versicherung geschaffen. Der wesentliche Unterschied in der Bedingungsfassung beim „einfachen Geschäft" und bei den betrieblichen Versicherungen erklärt sich aus dem angesprochenen Personenkreis. Ferner hat das BAV für die Gewässerschaden-Bedingungen zu PH-Risiken besondere Interessen des Privatkunden berücksichtigt, so daß die ursprünglich vorgesehene Übereinstimmung mit den Bedingungen zur Betriebshaftpflicht-Versicherung verloren ging (vgl. Sonderrundschreiben des HUK-Verbandes H 64/65 vom 4.2.1965).

5068 § 2 der Besonderen Bedingungen befaßt sich mit dem Ersatz für aufgewendete *Rettungskosten* zur Vermeidung eines Gewässerschadens.

Hiermit ist eine Verbindung zu § 5 AHB geschaffen, der wiederum im wesentlichen auf den Vorschriften des VVG basiert. Als Rettungskosten im Sinne des § 63 VVG sind die Auslagen des VN anzusehen, die bei der Erfüllung der Schadenabwendungs- oder Schadenminderungspflicht nach § 62 VVG entstehen. Nach dem Text des VVG beginnt diese Pflicht mit Eintritt des Schadens. Daraus ist zu schließen, daß Aufwendungen vor Eintritt eines Schadens als Verhütungsmaßnahmen von vorbeugendem Charakter keine Rettungskosten im Sinne der Bestimmungen sind. Ihre Durchführung kann der Versicherer auch nicht verlangen, sondern sich höchstens beim Vorliegen eines Tatbestandes nach § 152 VVG von der Leistungspflicht befreien.

5069 Zu dieser Problematik hat bereits 1916 das Reichsgericht (RG 17.6.1916, RGZ Bd. 88, 313) eine Grundsatzentscheidung gefällt, die bis heute Gültigkeit hat. Nach ihr können zu den Rettungskosten keine Aufwendungen gehören, die dazu dienen, den versicherten Gegenstand der Gefahr, gegen die er versichert ist, vor Eintritt des Schadenereignisses zu entziehen.

Andere Gerichte sind zwar zum Teil zu widersprechenden Urteilen gekommen, denen aber nicht zugestimmt werden kann, da § 5 AHB nicht die Abwendung des Ereignisses oder Versicherungsfalles bestimmt, sondern dem VN lediglich die Pflicht zur Abwendung des Schadens auferlegt. Daraus folgt, daß prophylaktische Schadenverhütungsmaßnahmen keine Rettungskosten im Sinne der Bestimmungen sind und damit auch nicht dem Versicherer angelastet werden können (vgl. *Kuwert*, AHB, 5018 und *Wussow*, AHB, Anm. 5. 13 jeweils mit weiterführender Judikatur).

5070 Klarstellend hat der BGH (27.6.1957, NJW 1957, 1477) deshalb das Schadenereignis in den Gegensatz zum Gefahrenzustand gestellt. Als Rettungskosten im Sinne des VVG können demnach nur solche Aufwendungen verstanden werden, die ab Eintritt des Versicherungsfalles entstehen, also ab Beginn des Ereignisses, das Schadenersatzansprüche gegen den VN nach sich ziehen kann.

Nach *Johannsen* (Haftpflicht-Versicherungsschutz gegen Umweltschäden durch Verunreinigung des Erdbodens und der Gewässer, S. 30 ff.) entspricht es aber einer auf Sinn und Zweck der Gewässerschaden-Haftpflichtversicherung abstellenden Interpretation, den Beginn eines Versicherungsfalls i. S. des § 62, I VVG auf den Zeitpunkt des regelwidrigen Austretens von gewässerschädlichen Stoffen aus Behältnissen aller Art auf das ungeschützte Erdreich festzulegen. Was in den Erläuterungen dabei als Schadenereignis angesprochen wird, ist bei präziser Sicht der Dinge die zeitlich spätere Folge eines solchen Schadenereignisses. Jedenfalls wäre es jedem Rechtsbürger gewiß unverständlich, wenn seine Rettungslast nicht mit dem Austritt von Öl aus einer undichten Tankanlage beginnen sollte, sofern sich aus einem solchen Geschehen, wie das zumeist der Fall ist, die Gefahr der Schädigung eines Dritten ergibt. 5071

Nach herrschender Meinung (*Johannsen*, a. a. O., S. 31 mit Hinweis auf weiterführende Literatur) ist es für die Erstattung von Rettungskosten unerheblich, aus welchem Rechtsgrund der VN zur Zahlung dieser Kosten verpflichtet ist. Dies bedeutet aber nicht, daß in jedem Fall, in dem z. B. eine öffentlich-rechtliche Beseitigungsverfügung gegen den VN als *Zustandsstörer* ergeht, auch eine Eintrittspflicht des Versicherers besteht. Vielmehr verlangt der Text der BBR, daß daneben eine zivilrechtliche Haftung gegeben sein muß; fehlt es an einer solchen Parallelmöglichkeit, so braucht der Versicherer nicht einzutreten. Dazu sei folgender Beispielfall wiedergegeben (nach *Johannsen*, a. a. O., S. 34): Ein fremder Tankwagen stürzt von der Straße auf das Grundstück des VN. Es ergießt sich eine Ölflut über das Grundstück des VN. Dieser wird darauf als Zustandsstörer nach verwaltungsrechtlichen Grundsätzen auf Beseitigung in Anspruch genommen (zusammen mit dem als Veranlassungsstörer haftenden Halter). Hier besteht keine Eintrittspflicht des Versicherers; denn es ist keine Möglichkeit für eine zivilrechtliche Inanspruchnahme des VN ersichtlich, insbesondere auch keine Haftung aus § 22 WHG gegeben. Das Gesagte ändert sich auch nicht dadurch, daß der Dritte die Haftungssituation verkennt und den VN parallel zu jener Ordnungsverfügung verklagt. Dann muß der Versicherer zwar im Rahmen seiner Verpflichtung zur Abwehr unbegründeter Ansprüche tätig werden, schuldet aber nur die Abwehr dieser unberechtigten Ansprüche. 5072

Wenn die Besonderen Bedingungen für die Versicherung der Haftpflicht aus Gewässerschäden diese Regelung der Rettungskosten über VVG und AHB hinaus nochmals aufgreifen, so dient dies lediglich der Klarstellung. 5073

§ 2 Abs. 2 der Besonderen Bedingungen bringt darüber hinaus nur noch einen Hinweis darauf, was als *Weisung des Versicherers* hinsichtlich Rettungsaufwendungen anzusehen ist. Diese Weisungen setzen nach dem Bedingungstext eine Aktivität des Versicherers voraus; die lediglich unwidersprochene Hinnahme von vorgenommenen Maßnahmen zur Abwendung oder Minderung des Schadens gilt expressis verbis nicht als Weisung des Versicherers. 5074

Zum Umfang der vom Versicherer zu erstattenden Rettungskosten unter besonderer Berücksichtigung von zuvor ergangenen Weisungen des Versicherers wird auf die Kommentierungen zu § 5, 3 AHB verwiesen (z. B. *Bruck-Möller-Johannsen*, VVG, Anm. F 85; *Kuwert*, AHB, 5022 ff.; *Wussow*, AHB, Anm. 5. 13).

5075 § 3 der Besonderen Bedingungen beinhaltet eine Klausel, der zufolge vorsätzliche Verstöße gegen dem Gewässerschutz dienende Gesetze den Deckungsschutz ausschließen . Die Aufnahme dieses Abschnittes ist deswegen notwendig, weil dieser Ausschluß über die Regelung für vorsätzlich herbeigeführte Schäden im Sinne von § 4, II, 1 AHB hinausgeht.

Während nach einhelliger Auffassung und ständiger Rechtsprechung (vgl. *Kuwert*, AHB, 4155 ff. mit weiterführender Judikatur) nach den AHB ein Schaden wegen Vorsatzes nur dann abgelehnt werden kann, wenn sich der Vorsatz auf die tatsächliche Folge einer Handlung bezieht, so geht § 3 der Besonderen Bedingungen weiter. Hier wird bereits Vorsatz unterstellt, wenn der VN oder mitversicherte Personen vorsätzlich gegen dem Gewässerschutz dienende Gesetze, Verordnungen, behördliche Anordnungen oder Verfügungen verstoßen haben.

Allein damit wird die Leistungspflicht des Versicherers verwirkt. Es ist nicht erforderlich, daß der VN sich auch vorstellt und es billigt, daß durch sein gesetzwidriges Tun ein Schaden i. S. des Wasserhaushaltsgesetzes entsteht. Auch der VN, der zwar vorsätzlich gegen eine der vielen gesetzlichen dem Gewässerschutz dienenden Bestimmungen verstößt, der aber in Folge grober Fahrlässigkeit nicht damit rechnet, daß aus seinem verbotenen Tun ein Schaden entstehen könne, verliert den Haftpflichtversicherungsschutz (*Johannsen*, a. a. O., S. 63). Versicherungsschutz ist demnach selbst dann zu versagen, wenn ein Gewässerschaden nicht gewollt oder nicht einmal bedingt in Kauf genommen wird (dolus eventualis).

5076 Bei der Interpretation der zitierten Vorsatzausschlußklausel in den BBR ist im übrigen zu beachten, daß dem VN nur sein eigenes Verschulden schadet. Ihm gleichgestellt sind allerdings seine Repräsentanten (*Johannsen*, a. a. O., S. 67 mit Hinweis auf weiterführende Literatur). Hierbei ist aber zu beachten, daß dem Versicherer die volle Beweislast für das Vorliegen eines solchen vorsätzlichen Abweichens von dem Gewässerschutz dienenden Gesetzen, Verordnungen und an den VN gerichteten behördlichen Anordnungen oder Verfügungen obliegt.

5077 § 4 der Besonderen Bedingungen wird häufig als Klausel über Gemeingefahren bezeichnet. Nach § 22 Abs. 2 WHG hat der Inhaber von Anlagen zur Lagerung gewässerschädlicher Stoffe die Möglichkeit, sich aufgrund bestimmter Tatbestände zu exculpieren. Insofern besteht auch keine Notwendigkeit für den Haftpflichtversicherer, in diesen Fällen eine Schadenersatzpflicht zu konstruieren, da die Haftpflichtversicherung nur den Sinn haben kann und soll, den VN vor dem Schadenersatz aus eigenem Vermögen zu bewahren. Neue Haftungstatbestände soll die Haftpflichtversicherung nicht schaffen. Insofern ist es nur konsequent, daß der Versicherungsschutz für alle Fälle ausgeschlossen wird, in denen die gesetzlichen Bestimmungen den VN von einer Schadenersatzpflicht befreien.

Die Besonderen Bedingungen für die Versicherung der Haftpflicht aus Gewässerschäden 5078
im Rahmen der PHV können und sollen sich nur auf die Ansprüche aus Gewässerschäden
beziehen, für die kein Versicherungsschutz durch den Abschluß einer gesonderten Gewässerschaden-Haftpflichtversicherung nach den Zusatzbedingungen erworben werden kann.
Diese Besondere Bedingung ist kein Ersatz für einen speziellen Versicherungsvertrag,
sondern soll lediglich eine vorhandene Lücke schließen, damit der Versicherungsschutz
der konventionellen Haftpflichtversicherung und der speziellen Gewässerschaden-Haftpflichtversicherung nahtlos ineinander übergehen. Dieses Ziel ist mit der Erweiterung des
Versicherungsschutzes auf das sog. Restrisiko erreicht worden.

6. Nicht versicherte Risiken

Nicht alle Risiken, die den Gefahren des täglichen Lebens entspringen, können durch die 6001
PHV unter Versicherungsschutz gestellt werden. Das gilt vor allem dann, wenn die
Risiken nicht einschätzbar sind und den Rahmen sprengen, der bei der Prämienkalkulation
zugrunde gelegt wurde. Dabei soll die Gesamtheit der Prämien ausreichen, hinsichtlich
der Gesamtheit der Schadenfälle alle Aufwendungen und Kosten des Versicherers zu
decken. Entsprechend müssen Risiken voraussehbar und kalkulierbar sein.

Ein anderer Grund dafür, bestimmte Wagnisse nicht im Rahmen der PHV unter Versicherungsschutz zu stellen, liegt darin, daß eine andere spezielle Versicherung besteht, die sonst zu Überschneidungen bzw. Doppelversicherungen führen würde.

6.1. Benzinklausel

Nicht versichert ist die Haftpflicht des Eigentümers, Besitzers, Halters oder Führers eines 6002
Kraft-, Luft- oder Wasserfahrzeuges wegen Schäden, die durch den *Gebrauch des Fahrzeuges* verursacht werden.

Besitzer eines *Fahrzeuges* ist derjenige, der die tatsächliche Gewalt darüber ausübt. 6003
Darunter fällt sowohl der Eigen- wie auch der Fremdbesitz. Maßgebend ist, für wen der
Besitzer besitzen will. Auch der mittelbare Besitz ist im Rahmen der Bedingung ausreichend. Dieser liegt vor, wenn jemand die tatsächliche Gewalt über das Fahrzeug für einen
anderen in einem Verhältnis ausübt, vermöge dessen er den sich auf den Wagen beziehenden Weisungen des anderen Folge zu leisten hat. In diesem Fall ist auch der andere
Besitzer (§ 855 BGB).

Die gelegentliche Benutzung eines PKW mit vorheriger ausdrücklicher Zustimmung des
Eigentümers begründet keine eigene selbständige Sachherrschaft. Es handelt sich vielmehr insoweit um eine bloße Gestattung der Mitbenutzung ohne entsprechende Herrschaftsübertragung (OLG Nürnberg ZfS 1989, 279 f. vom 2.6.1989).

Halter des Fahrzeuges ist grundsätzlich, wer im eigenen Interesse den wirtschaftlichen 6004
Nutzen aus einem Kraftfahrzeug zieht und zu diesem Zweck die tatsächliche Verfügungsmacht über das Kraftfahrzeug hat. Damit setzt das Halten des Fahrzeuges regelmäßig
Besitz voraus.

Führer eines Kraft-, Luft- oder Wasserfahrzeuges ist derjenige, der in eigener Verantwortung 6005
tung das Fahrzeug unter Verwendung der diesem eigenen Fortbewegungsmöglichkeiten
lenkt. Es kann nur derjenige als Führer angesehen werden, der in dem maßgeblichen
Zeitpunkt des Versicherungsfalles das Fahrzeug tatsächlich fährt oder lenkt.

6006 Der Begriff der *Kraftfahrzeuge* umfaßt auch Krafträder, Motorroller und Mopeds.

Kraftfahrzeuge sind nach § 1 Abs. 2 StVG zunächst Landfahrzeuge, die durch Maschinenkraft bewegt werden, ohne an Bahngleise gebunden zu sein. Auch maschinengetriebene Fahrzeuge, die nicht dem Pflichtversicherungsgesetz unterliegen und nicht zum Einsatz im Straßenverkehr bestimmt sind, fallen darunter (vgl. *Prölss-Voit*, PHV, § 3 Anm. 9 b).

6007 Eine Sonderregelung (Rundschreiben des HUK-Verbandes HUK 13/75 M vom 15.7.1975) empfahl der HUK-Verband seinen Mitgliedern bei der Behandlung des Versicherungsschutzes aus dem Gebrauch von *Krankenfahrstühlen*.

Damit kam er insbesondere einer Bitte der Betroffenen und ihrer Vereinigung nach.

Für Krankenfahrstühle (Elektrorollstühle), deren *Höchstgeschwindigkeit 6 km/h nicht übersteigt* und die nach § 2 Abs. 1 Ziff. 6 PflVG nicht versicherungspflichtig und vom Zulassungsverfahren für Kraftfahrzeuge ausgenommen sind, wurden die Beiträge für versicherungspflichtige Fahrzeuge nach Wagniskennziffer 005 des Tarifes für Kraftfahrtversicherung berechnet.

Unter Würdigung des Risikos einerseits und des sozialen Aspektes andererseits empfahl der Verband unverbindlich, dieses Risiko künftig nur noch im Rahmen einer PHV, und zwar aus sozialen Gründen prämienfrei, einzuschließen.

Krankenfahrstühle mit einer durch die Bauart bestimmten *Höchstgeschwindigkeit von mehr als 6 km/h* sind wie bisher nach dem K-Tarif zu versichern.

6008 Wichtig ist vor allem im Hinblick auf Kraftfahrzeuge die Abgrenzung zwischen dem Deckungsbereich der Allgemeinen Bedingungen für die Kraftfahrtversicherung (AKB) und den AHB. Dabei muß der Versicherungsschutz bei verständiger Auslegung des Wortlauts der Versicherungsbedingungen als lückenlos angesehen werden (*Wussow*, AHB, § 2 Anm. 30).

6009 Das typische Kfz-Risiko ist in § 10 AKB beschrieben. Danach ist die Haftpflicht wegen Schäden versichert, die durch den **Gebrauch** eines Kraftfahrzeuges verursacht werden. Somit handelt es sich bei dem Personenkreis, der durch eine PHV keine Deckung hat, im wesentlichen um jenen, der gemäß § 10 AKB dort Versicherungsschutz genießt (*Kuwert*, AHB, 2023). Wegen der weiteren Erläuterungen zur kleinen Benzinklausel wird auf die bei *Kuwert*, a. a. O., und *Wussow*, a. a. O., angeführten Beispiele verwiesen).

Gebrauch eines Kraftfahrzeuges liegt nicht nur vor, wenn es gefahren wird, sondern auch, wenn es zu anderen Zwecken gebraucht wird, z. B. zur Aufbewahrung von noch nicht entladener Ware. Der Gebrauch endet aber dort, wo sich nichts weiter mit dem Fahrzeug ereignet, wenn es endgültig abgestellt wird in einer Weise, die auch den Betrieb im Sinne des § 7 StVG nach der sog. verkehrstechnischen Theorie enden läßt (*Stiefel-Hofmann*,

Kraftfahrt-Versicherung, § 10 Anm. 94). So gehören zum Gebrauch des Fahrzeuges die Fahrzeugwäsche, die Ausführung von Reparaturarbeiten und auch das Rangieren in der Garage. Ebenso ist der Be- und Entladevorgang des Fahrzeuges unter den Gebrauch zu fassen.

Die Schäden müssen **durch** den Gebrauch des Kraftfahrzeuges entstanden sein. Dies bedingt eine Kausalität zwischen dem Gebrauch und dem eingetretenen Schaden. Wird daher beim Sprühlackieren eines PKW durch den VN ein Kfz des Nachbarn durch Farbnebel beschädigt, besteht Deckung über die PHV (LG Köln ZfS 1983, 119 ff. vom 1.2.1983). Zwar wurde von dem Gericht Gebrauch eines Kraftfahrzeuges angenommen, wenn Lackierarbeiten daran durchgeführt werden. Andererseits mangelt es aber an einem adäquaten Ursachenzusammenhang zwischen dem Gebrauch des Fahrzeuges und dem Schadenereignis. Entscheidend ist nicht lediglich der örtliche und zeitliche Zusammenhang mit dem Gebrauch des Fahrzeuges, sondern die Ursächlichkeit der Gebrauchshandlung für den Schaden. Der Schaden ist nur dann „durch den Gebrauch" des Kraftfahrzeuges entstanden, wenn das Fahrzeug für die schadenstiftende Handlung aktuell, unmittelbar, zeitlich und örtlich nahe eingesetzt gewesen ist und sich eine Gefahr verwirklicht, die von dem Fahrzeug selbst ausgeht (BGH VersR 1977, 418 vom 23.2.1977; NJW 1979, 2408 vom 26.6.1979). Im konkreten Fall ist die Gefahr nicht von dem Fahrzeug, sondern von dem Lackiergerät ausgegangen. Der Schaden ist durch dessen Gebrauch entstanden. Es handelt sich somit nicht um einen Kfz-Haftpflichtschaden, sondern um einen Privathaftpflichtschaden, soweit die sonstigen Voraussetzungen für diese Versicherung vorliegen.

6010

Führt der VN an seinem Kfz Schweißarbeiten durch und kommt es dadurch zu einem Brand, besteht kein Versicherungsschutz in der privaten Haftpflichtversicherung; denn der Schaden ist „durch den Gebrauch des Kfz" entstanden (OLG München ZfS 1985, 344 f. vom 5.7.1985).

6011

Wenn jemand ein im Wege stehendes, parkendes Krad beiseite schiebt, um in seine Garage zu gelangen, mit dem Ziel, sein dort abgestelltes Fahrzeug zu erreichen, gehört dies zu den typischen Tätigkeiten eines Fahrers eines Kfz, so daß in der PHV kein Versicherungsschutz gewährt werden kann (AG Frankfurt ZfS 1985, 377 vom 26.7.1983).

6012

Ebenso gehört das Be- und Entladen eines Kfz zu dem Gebrauch des Fahrzeuges, so daß kein Versicherungsschutz in der PHV besteht, wenn beim Abladen von Gartensteinen ein anderer PKW durch einen herabfallenden Stein beschädigt wird (AG Frankfurt ZfS 1985, 377 vom 16.4.1985).

6013

Allerdings genügt es für den Ausschluß nicht, daß das Schadenereignis in irgendeiner entfernteren Verbindung mit dem Gebrauch eines Kraftfahrzeuges steht. So zählt das lediglich vorbereitende Beiseiteschieben von Hindernissen zwecks anschließender Durchführung von Wartungsarbeiten an einem Kfz nicht zu den Tätigkeiten im Zusammenhang mit dem Gebrauch des Kfz. Die vorbereitende Beseitigung von Hindernissen beinhaltet keine spezielle von der Benutzung eines Kraftfahrzeuges ausgehende Gefahr (LG Paderborn, ZfS 1988, 87 vom 29.10.1987).

6014 Führt der VN an seinem stillgelegten Kfz Schweißarbeiten durch und kommt es dadurch zu einem Brand, besteht kein Versicherungsschutz in der privaten Haftpflichtversicherung; denn der Schaden ist „durch den Gebrauch des Kfz" entstanden (LG Kiel ZfS 1986, 249 vom 28.1.1985). Wenn es sich jedoch um die Reparatur eines nicht mehr zugelassenen und nicht mehr versicherten Kfz handelt, kann sich der PHV-Versicherer nicht auf den Risikoausschluß der kleinen Kfz- oder Benzinklausel berufen (BGH VersR 1989, 243 ff. vom 14.12.1988). In dem dort entschiedenen Fall war das in Frage stehende nicht mehr zugelassene Fahrzeug weit über ein Jahr stillgelegt. Der Erwerber eines solchen Fahrzeuges erhält für seine Inanspruchnahme für Schäden, die er im Zuge von Reparaturarbeiten herbeiführt, die er vor einer Wiederzulassung dieses Fahrzeuges zur Teilname am Straßenverkehr vorgenommen hat, in der Kfz-Haftpflichtversicherung keinen Versicherungsschutz, auch nicht im Rahmen einer sogenannten Ruhensversicherung. Da aber ein Versicherungsnehmer keine ihm nicht aufgezeigten Lücken zwischen Kfz-Haftpflichtversicherung und Privathaftpflichtversicherung erwartet, darf er den Risiko-ausschluß in den BBR verständigerweise dahin auffassen, der Privathaftpflichtversicherer schließe mit ihr lediglich die doppelte Versicherung ein- und desselben Risikos aus. Daher bezweckt die kleine Benzinklausel einen lückenlosen Deckungsanschluß zwischen beiden Versicherungsarten. Das bedeutet allerdings nicht, daß die Privathaftpflichtversicherung stets dann einzutreten hat, wenn im konkreten Fall kein Versicherungsschutz in der Kfz-Haftpflichtversicherung gewährt wird. Allein entscheidend ist stets, ob sich der Art nach ein Risiko der Privat- oder ein solches der Kfz-Haftpflichtversicherung verwirklicht hat. Wenn allerdings ein nach den AKB nicht versicherbarer Fahrzeuggebrauch vorliegt, kann dieser nicht dem nach der Risikoausschlußklausel der BBR vorausgesetzten Fahrzeuggebrauch gleichgesetzt werden. Deshalb zieht die höchstrichterliche Rechtsprechung seit langem den in § 10 Abs. 1 AKB angesprochenen (versicherbaren) Fahrzeuggebrauch zur Auslegung der Kfz- oder Benzinklausel heran. Hierdurch bleibt der Deckungsanschluß gewahrt, auf den der VN bei gebotener Aufmerksamkeit und Überlegung vertrauen darf. Somit fällt die Reparatur des nicht mehr (ruhens)versicherten, noch nicht wieder zur Teilname am Straßenverkehr zugelassenen Fahrzeugs, die einen in der Kfz-Haftpflichtversicherung nicht versicherbaren Fahrzeuggebrauch darstellt, nicht unter den Risikoausschluß der Kfz- und Benzinklausel (BGH, a. a. O.).

6015 Wichtig ist, daß es sich um den Gebrauch des **Fahrzeuges** handeln muß. Das Fahrzeug muß also als Ganzes und nicht in einzelnen Teilen im Gebrauch sein. Sobald daher einzelne Teile aus dem Zusammenhang des Fahrzeugs herausgelöst werden, und nunmehr diese Teile selbständig z. B. zu Reparaturzwecken gebraucht werden, entfällt jeder Versicherungsschutz nach den AKB (*Stiefel-Hofmann*, a. a. O., § 10 Anm. 103).

6.1.1. Flugmodelle/Wassersportfahrzeuge

Auch die entsprechende Haftpflicht wegen Schäden, die durch den Gebrauch von *Luft-* oder *Wasserfahrzeugen* verursacht worden sind, ist ausgeschlossen, soweit es sich nicht um Flugmodelle, unbemannte Ballone und Drachen handelt, 6016

- die weder durch Motoren noch durch Treibsätze angetrieben werden,
- deren Fluggewicht 5 kg nicht übersteigt,
- für die keine Versicherungspflicht besteht.

In Gebrauch befindet sich das Luft- oder Wasserfahrzeug bei allen Vorgängen, die mit seinem Besitz oder seiner Verwendung in unmittelbarem Zusammenhang stehen. Wenn daher der VN auf dem Dach seines Motorbootes ein Schutzgeländer anschweißt und dabei ein am Nachbarsteg liegendes Boot durch Funken und Stahlsplitter beschädigt wird, besteht kein Versicherugsschutz, da das Anschweißen des Geländers auf dem Dach des Bootes in erster Linie der Erhöhung der Sicherheit der Besatzung des Schiffes bei Fahrt dient, so daß der für den „Gebrauch" erforderliche unmittelbare Zusammenhang gegeben ist (LG Aachen ZfS 1988, 119 vom 22.1.1988). 6017

Eingeschlossen ist die Haftpflicht wegen Schäden, die durch *Wassersportfahrzeuge* verursacht worden sind. Davon ausgenommen sind jedoch eigene Segelboote und eigene oder fremde *Wassersportfahrzeuge* mit Motoren – auch Hilfs- oder Außenbordmotoren – oder Treibsätzen. 6018

Damit sind z. B. Ruder- und Paddelboote, Kanus, Wasserski, Bretter zum Wellenreiten unter Versicherungsschutz gestellt. Beim Surfing wird man das *Surfbrett* mit Segel wie ein Segelboot behandeln müssen. Somit ist der Versicherungsschutz für eigene Surfbretter ausgeschlossen.

Für die Abgrenzung der Versicherungssparten Privat- und Bootshaftpflichtversicherung kommt es allein auf die Art des Risikos an, wobei nicht lückenlos aufeinander abgestimmte Versicherungsbedingungen der beiden Versicherungssparten vom Versicherungsnehmer hinzunehmen sind (LG Aachen, a. a. O.). 6019

6.1.2. Modellfahrzeuge

Immer häufiger wird die Frage aufgeworfen, wie sich die PHV zum Gebrauch von *Modellautos* verhält. Es gibt bereits ferngesteuerte Modell-Fahrzeuge mit eigenem Antrieb, die Geschwindigkeiten von weit über 100 km/h erreichen. Es ist fraglich, inwieweit es sich bei solchen Modellautos um „Kraftfahrzeuge" im Sinne der kleinen Benzinklausel handelt. 6020

In einem Urteil des OLG Düsseldorf (VersR 1982, 390 ff. vom 25.8.1981) ist im Zusammenhang mit dem Gebrauch eines Gabelstaplers klargestellt, daß der „fest umrissene Begriff" des Kraftfahrzeuges im Sinne des § 1 Abs. 2 StVG und des § 4 Abs. 1 StVZO auch im Rahmen der Auslegung von Versicherungsbedingungen Gültigkeit hat. Danach gelten als *Kraftfahrzeuge* im Sinne dieses Gesetzes Landfahrzeuge, die durch Maschinenkraft bewegt werden, ohne an Bahngleise gebunden zu sein. Diese Definition ist recht weitgehend, läßt aber trotzdem die Möglichkeit offen, ferngesteuerte Modellautos, soweit sie mit eigenem Antrieb versehen sind, darunter zu fassen. Eine Deckung durch die PHV ist demnach nicht zu gewähren (so im Ergebnis auch *Kuwert*, Modellautos und Haftpflichtversicherungsschutz, VK 1982, 456 ff.).

6021 Neben diesen Hobby-Modell-Fahrzeugen gibt es den weiten Bereich der Kinder-Spielzeugautos. Die Trennung zwischen beiden Arten wird nicht immer leicht sein. Bei *Spielzeugautos* wird aber der Antrieb normalerweise über Taschenlampenbatterien funktionieren. Außerdem ist die Geschwindigkeit, mit der diese Autos fahren, gering, und auch die Reichweite der oft vorhandenen Funksteuerung beträgt nur maximal 20 Meter. Als Entscheidungskriterium kann auch der Preis herangezogen werden. Echte Modellautos sind selten unter 500,– DM zu bekommen. Ein Kinderspielzeugauto kostet erheblich weniger.

Auf diese Spielzeugautos können die Bestimmungen über Kraftfahrzeuge keine Anwendung finden (*Rüth/Berr/Berz*, Straßenverkehrsrecht, § 1 StVG Anm. 7), so daß Schäden, die durch den Gebrauch dieses Kinderspielzeugs verursacht werden, unter den Schutz der PHV gestellt werden müssen.

Der HUK-Verband (Rundschreiben des HUK-Verbandes H 21/82 M vom 3.8.1982) vertritt die Auffassung, daß ferngelenkte Modellautos als Kraftfahrzeuge im Sinne der kleinen Benzinklausel zu betrachten sind, wenn die mit ihnen erzielbare Höchstgeschwindigkeit 15 km/h übersteigt. Die Mitversicherung der Haftpflicht aus dem Gebrauch solcher Modelle im Rahmen der PHV bedarf einer besonderen Vereinbarung und eines angemessenen Beitragszuschlages (siehe auch Tarifbuch für die Allgemeine Haftpflichtversicherung, Ausgabe 1989, Tarif IX, Wagnis-Nr. 9006). Fahrzeuge, die dem Charakter eines Kinderspielzeuges entsprechen, fallen dagegen nicht unter den Ausschluß der Benzinklausel.

Nach Auffassung des HUK-Verbandes sollten diese Abgrenzungsmerkmale sinngemäß auch auf den Wasserfahrzeugbereich angewendet werden. Dort finden entsprechend ferngelenkte Wasserfahrzeug-Modelle zwischenzeitlich ebenfalls vielfach Verwendung.

6022 **6.2. Vorschriftswidriger Umgang mit brennbaren oder explosiblen Stoffen**

Nicht versichert ist die Haftpflicht aus *vorschriftswidrigem Umgang* mit brennbaren oder explosiblen Stoffen. Vorschriften im Sinne dieser Bestimmung sind zunächst einmal Gesetze oder Verordnungen. So gibt es z. B. in Bayern und Schleswig-Holstein eine Landesverordnung zur Verhütung von Bränden, in der u. a. ausgeführt wird, daß vorschriftswidrig handelt, wer Zündwaren und Feuerzeuge an Kinder unter 12 Jahren abgibt oder diese so verwahrt, daß sie Kindern ohne weiteres zugänglich sind (z. B. §§ 15, 19 der Landesverordnung über die Verhütung von Bränden (Brandverhütungs-Verordnung vom 21.6.1976) des Landes Schleswig-Holstein). Der Verstoß gegen diese Vorschrift bedeutet eine Ordnungswidrigkeit und ist in diesem Zusammenhang „vorschriftswidrig" im Sinne der BBR. Wenn demnach Kinder unter 12 Jahren unter den in den genannten Landesverordnungen geschilderten Umständen an Zündhölzer gelangen und damit einen Brand verursachen, besteht kein Versicherungsschutz. Die Streichhölzer gelten als brennbare Stoffe im Sinne der Ausschlußklausel, so daß insgesamt vorschriftswidriger Umgang mit brennbaren Stoffen vorliegt, der zu einem Schaden geführt hat (vgl. Bayerisches Oberstes Landesgericht VersR 1981, 1045 ff. vom 12.12.1980).

Nach der Klausel muß der Schaden dadurch entstanden sein, daß ein Verstoß gegen Vorschriften gerade beim Umgang mit den Betriebsstoffen begangen wurde. Es kann also nur auf solche Vorschriften ankommen, die unmittelbar den Umgang mit dem Betriebsstoff regeln (BGH VersR 1970, 1121 ff. vom 30.9.1970). 6023

Dies ist – im Bereich der Betriebshaftpflichtversicherung – vor allem von Bedeutung bei den häufig auftretenden Brandfällen infolge von *Schweißarbeiten*. In den Allgemeinen Unfallverhütungsvorschriften der zuständigen BG ist ausführlich geregelt, welche Schutzmaßnahmen zu ergreifen sind, wenn Schweißarbeiten durchgeführt werden. *Unfallverhütungsvorschriften* der BG sind aber als Vorschriften im Sinne dieser Klausel anzusehen (BGH, a. a. O.). Zwar hat der BGH festgestellt, daß die Unfallverhütungsvorschriften der BG als „behördliche Vorschriften" im Sinne der damals geltenden Versicherungsklausel zu werten seien. Wenn aber seinerzeit gefordert war, daß nicht gegen behördliche Vorschriften verstoßen weden durfte, so ist mit der heute gültigen Ausschlußklausel eine Ausweitung erfolgt, indem nunmehr nur noch „vorschriftswidriger" Umgang erforderlich ist. Denn für die Auslegung der Klausel ist auf die Verkehrsanschauung und den Sinn und Zweck abzustellen. Danach fallen unter Stellen, die Vorschriften geben können, mit Sicherheit alle Behörden, ohne daß dies ausdrücklich in der Klausel erfaßt ist. Als behördliche Vorschriften gelten z. B. alle Anordnungen öffentlich-rechtlicher Körperschaften, die befugt sind, einem Unternehmer bindende Vorschriften für die Betriebseinrichtung und den Umgang mit Betriebsstoffen zu erlassen. Diese Voraussetzungen sind gerade auch bei den Unfallverhütungsvorschriften der BG gegeben (BGH, a. a. O.). 6024

In diesem Zusammenhang muß genügen, daß es sich um Vorschriften handelt, die den Arbeiter vor Unfällen schützen wollen und deshalb Bestimmungen enthalten, die auch der Verhütung von Bränden dienen.

Da Schweißgeräte mit Brennern, die mit Acetylen betrieben werden, brennbare und explosible Stoffe enthalten, wird bei vorschriftswidrigem Umfang mit ihnen unter Verstoß gegen Unfallverhütungsvorschriften der BG kein Versicherungsschutz im Schadenfalle gewährt. 6025

Etwas anderes gilt, wenn elektrisch geschweißt wird.

Auf den Aggregatzustand der brennbaren oder explosiblen Stoffe kommt es nicht an. Die Klausel kann sich auf flüssige, gasförmige und feste Stoffe wie auch auf Gemische beziehen.

Einen Unterschied zwischen „explosiven" und „explosiblen" Stoffen gibt es nicht.

Auch in der PHV sind Fälle denkbar, bei denen es auf die Einhaltung von Unfallverhütungsvorschriften ankommt. Im Verhältnis zu einer Hausangestellten gelten z. B. die von der zuständigen BG erlassenen Vorschriften, deren Verletzung beim Umgang mit brennbaren und explosiblen Stoffen zum Deckungsausschluß führt.

6026 Soweit das BAV die Auffassung vertritt (GB BAV 1982, 77ff.), die Explosionsschadenklausel habe nur Wirkung in der betrieblichen Haftpflichtversicherung, kann dem nicht gefolgt werden. Die Klausel ist generell für die Allgemeine Haftpflichtversicherung ohne Einschränkung ihrer Verwendung auf die Betriebs-/Berufs-Haftpflichtversicherung genehmigt. Ihre Anwendung im Rahmen der BBR/PHV ist auch nicht auf wenige, sehr selten auftretende Fälle beschränkt, so daß die Berufung auf sie auch nicht willkürlich und überraschend erscheint. Der Deckungsbereich der PHV wird durch die Klausel nicht in einer ungerechtfertigten Weise eingeschränkt. Die Verwendung muß wegen der generellen Genehmigung entgegen der Meinung des BAV auch in der PHV als zulässig angesehen werden.

6027 Die Klausel verlangt vom VN ein bestimmtes Verhalten, nämlich einen vorschriftsmäßigen Umgang mit brennbaren und explosiblen Stoffen.

Im Vordergrund steht bei dieser Bedingung die vertragliche Anforderung an die vom VN bei der Verwaltung der versicherten Gefahr zu beobachtende Sorgfalt, von der es abhängt, ob ein ihm zugesagter Versicherungsschutz erhalten bleibt oder ob er ihn verliert.

Wenn ein Versicherungsnehmer oder einer seiner Mitarbeiter den neuverlegten Fußboden mit einem leicht entzündlichen Mittel grundiert, so daß es aufgrund einer Wachflamme eines Gasofens zu einem Verpuffungsschaden kommt, liegt ein Verstoß gegen die Ausschlußklausel vor (LG Bochum ZfS 1988, 325 f. vom 28.4.1988; vgl. auch LG Bonn ZfS 1984, 88 vom 25.11.1983).

Eine Klausel, die an ein solches Verhalten des VN eine Leistungsfreiheit knüpft, ist nach § 6 VVG zu beurteilen (BGH VersR 1980, 153 ff. vom 24.10.1979; Bayerisches Oberstes Landesgericht, a. a. O.). Diese Bedingung begründet demnach eine *verhüllte Obliegenheit* (OLG Koblenz VersR 1982, 1089 ff. vom 4.12.1981; *Wussow*-Informationen vom 29.2.1988, S. 33) des VN, auf deren Verletzung sich der Versicherer nur berufen kann, wenn er das Versicherungsverhältnis gemäß § 6 Abs. 1 Satz 3 VVG gekündigt hat.

6.3. Baumfällen 6028

Beim *Baumfällen* wird die Haftpflicht nicht versichert aus Beschädigung von Bauwerken, Telefon-, Telegrafen- und elektrischen Leitungen, Masten und dergleichen in einem Umkreis, dessen Radius der Höhe des zu fällenden Baumes entspricht. Hierbei handelt es sich um die sog. *Radiusklausel*. Für den zu bemessenden Radius ist nicht die Höhe des noch zu fällenden Baumteiles zur Zeit des Schadenfalles maßgebend, sondern die ursprüngliche Baumhöhe zu Beginn der Fällarbeiten, (vgl. *Wussow*, AHB, § 1 Anm. 94).

Der Ausschluß wird nicht wirksam bei Personenschäden und Schäden an beweglichen Sachen.

7. Tabellarische Übersicht

Versicherte Risiken	Nicht versicherte Risiken	Besonders zu versichernde Risiken
Versichert ist die gesetzliche Haftpflicht des Versicherungsnehmers als Privatperson aus den Gefahren des täglichen Lebens.	Nicht versichert ist die gesetzliche Haftpflicht aus den Gefahren	
	eines Betriebes,	Betriebshaftpflicht
	eines Berufes,	Berufshaftpflicht für selbständige Berufe
	eines Dienstes,	
	eines Amtes (auch Ehrenamtes),	
	der Jagd,	Jagdhaftpflicht (Abschluß ist gesetzlich vorgeschrieben)
	verantwortlicher Betätigung in Vereinigungen aller Art oder	Vereinshaftpflicht
	ungewöhnlicher und gefährlicher Beschäftigung;	
	des Eigentümers, Besitzers, Halters oder Führers eines Kraft-, Luft- oder Wasserfahrzeugs wegen Schäden, die durch den Gebrauch des Fahrzeugs verursacht werden;	Kraftfahrthaftpflicht Luftfahrthaftpflicht Wasserfahrzeughaftpflicht
	aus vorschriftswidrigem Umgang mit brennbaren oder explosiblen Stoffen;	
	beim Baumfällen aus der Beschädigung von Bauwerken, Telefon-, Telegrafen- und elektrischen Leitungen, Masten und dgl. in einem Umkreis, dessen Radius der Höhe des zu fällenden Baumes entspricht.	

Versicherte Risiken	Nicht versicherte Risiken	Besonders zu versichernde Risiken
Dazu gehört die gesetzliche Haftpflicht aus: Eigentum und Besitz von Häuser und bebauten Grundstücken und Wohnungen im Inland, die vom VN ausschließlich zu Wohnzwecken genutzt werden.	Vermietete und/oder gewerblich genutzte Häuser	Haus- und Grundbesitzerhaftpflicht
der Vermietung von nicht mehr als drei einzeln zu Wohnzwecken vermieteten Räumen,		
der Durchführung von Bauarbeiten,	ausgenommen sind Bauvorhaben mit einer Bausumme von mehr als 20.000,- DM je Bauvorhaben. Wird dieser Betrag überschritten, entfällt die Mitversicherung.	Bauherrenhaftpflicht
erlaubtem privaten Besitz und Gebrauch von Hieb-, Stoß- und Schußwaffen sowie Munition und Geschossen,	ausgenommen sind der Besitz und Gebrauch zu strafbaren Handlungen	
der Eigenschaft als Reiter bei Benutzung fremder Pferde zu privaten Zwecken,	ausgenommen sind Ansprüche der Tierhalter oder -eigentümer.	
der Eigenschaft als Halter oder Hüter von zahmen Haustieren, gezähmten Kleintieren und Bienen.	ausgenommen sind Halter oder Hüter von Hunden, Rindern, Pferden, sonstigen Reit- und Zugtiere sowie	Tierhalterhaftpflicht
	Halter von Tieren, die zu gewerblichen oder landwirtschaftlichen Zwecken gehalten werden.	Mitversicherung in der Betriebshaftpflicht

Personenkreis	Nicht versicherte Risiken	Besonders zu versichernde Risiken
a) Versicherungsnehmer Mitversichert sind die gleichartige gesetzliche Haftpflicht		
b) des Ehegatten des Versicherungsnehmers		
c) ihrer unverheirateten Kinder (auch Stief-, Adoptiv- und Pflegekinder), bei volljährigen Kindern jedoch nur, solange sie sich noch in der Schul- oder unmittelbar anschließenden Berufsausbildung (nicht Fortbildung) befinden;		eigene Privathaftpflicht
Für den mitversicherten Ehegatten des Versicherungsnehmers und/oder unverheiratete Kinder des Versicherungsnehmers besteht der bedingungsgemäße Versicherungsschutz im Falle des Todes des Versicherungsnehmers bis zum nächsten Beitragsfälligkeitstermin fort.		
Wird die nächste Prämienrechnung durch den überlebenden Ehegatten eingelöst, so wird dieser Versicherungsnehmer;		
d) der im Haushalt des Versicherungsnehmers beschäftigen Personen gegenüber Dritten aus dieser Tätigkeit. Das gleiche gilt für Personen, die aus Arbeitsvertrag oder gefälligkeitshalber Wohnung, Haus und Garten betreuen oder Streudienst versehen.	mit Ausnahme von Haftpflichtansprüchen aus Personenschäden, bei denen es sich um Arbeitsunfälle im Betrieb des Versicherungsnehmers gemäß der Reichsversicherungsordnung handelt	eigene Privathaftpflicht

Besonders eingeschlossene Risiken	Nicht versicherte Risiken	Besonders zu versichernde Risiken
Besonders eingeschlossen sind a) die gesetzliche Haftpflicht wegen Schäden, die verursacht werden durch den Gebrauch von aa) Flugmodellen, unbemannten Ballonen und Drachen bis 5 kg Fluggewicht, die weder durch Motoren noch durch Treibsätze angetrieben werden und für die keine Versicherungspflicht besteht, ab) Wassersportfahrzeugen.	Ausgenommen sind eigene Segelboote und eigene oder fremde Wassersportfahrzeuge mit Motoren – auch Hilfs- oder Außenbordmotoren – oder Treibsätzen.	Wasserfahrzeughaftpflicht
b) Mietsachschäden bis 100.000,– DM und zwar abweichend von § 4 Ziff. I, 6a) AHB die gesetzliche Haftpflicht aus der Beschädigung von Wohnräumen und sonstigen zu privaten Zwecken gemieteten Räumen in Gebäuden.	Ausgeschlossen sind 1. Haftpflichtansprüche wegen a) Abnutzung, Verschleißes und übermäßiger Beanspruchung, b) Schäden an Heizungs-, Maschinen, Kessel- und Warmwasserbereitungsanlagen sowie an Elektro- und Gasgeräten, c) Glasschäden, soweit sich der Versicherungsnehmer hiergegen besonders versichern kann. 2. die unter den Regreßverzicht nach dem Abkommen der Feuerversicherer bei übergreifenden Schadenereignissen fallenden Rückgriffsansprüche.	(Der Text des Abkommens wird auf Wunsch vom Versicherer zur Verfügung gestellt)
c) Sachschäden durch häusliche Abwässer, und zwar abweichend von § 4 Ziff. I 5 AHB Haftpflichtansprüche wegen Sachschäden durch häusliche Abwässer.		

Besonders eingeschlossene Risiken	Nicht versicherte Risiken	Besonders zu versichernde Risiken
d) Gewässerschaden (Restrisiko) Versichert ist im Umfang des Vertrages, wobei Vermögensschäden wie Sachschäden behandelt werden, die gesetzliche Haftpflicht des Versicherungsnehmers für mittelbare oder unmittelbare Folgen von Veränderungen der physikalischen, chemischen oder biologischen Beschaffenheit eines Gewässers einschl. des Grundwassers (Gewässerschäden).	Ausgenommen ist die Haftpflicht als Inhaber von Anlagen zur Lagerung von gewässerschädlichen Stoffen und aus der Verwendung dieser gelagerten Stoffe	Gewässerschadenhaftpflicht
Aufwendungen, auch erfolglose, die der Versicherungsnehmer im Versicherungsfall zur Abwendung oder Minderung des Schadens für geboten halten durfte (Rettungskosten) sowie außergerichtliche Gutachterkosten werden vom Versicherer insoweit übernommen, als sie zuammen mit der Entschädigungsleistung die Versicherungssumme für Sachschäden nicht übersteigen. Für Gerichts- und Anwaltskosten bleibt es bei der Regelung der Allgemeinen Versicherungsbedingungen für die Haftpflichtversicherung	Ausgeschlossen sind Haftpflichtansprüche gegen die Personen (Versicherungsnehmer oder jeden Mitversicherten), die den Schaden durch vorsätzliches Abweichen von dem Gewässerschutz dienenden Gesetzen, Verordnungen, an den Versicherungsnehmer gerichteten behördlichen Anordnungen oder Verfügungen herbeigeführt haben.	
Auf Weisung des Versicherers aufgewendete Rettungs- und außergerichtliche Gutachterkosten sind auch insoweit zu ersetzen, als diese zusammen mit der Entschädigung die Versicherungssumme für Sachschäden übersteigen. Eine Billigung des Versicherers von Maßnahmen des Versicherungsnehmers oder Dritter zur Abwendung oder Minderung des Schadens gilt nicht als Weisung des Versicherers.	Ausgeschlossen sind Haftpflichtansprüche wegen Schäden, die unmittelbar oder mittelbar auf Kriegsereignissen, anderen feindseligen Handlungen, Aufruhr, inneren Unruhen, Generalstreik (in der Bundesrepublik oder in einem Bundesland) oder unmittelbar auf Verfügungen oder Maßnahmen von hoher Hand beruhen. Das gleiche gilt für Schäden durch höhere Gewalt, soweit sich elementare Naturkräfte ausgewirkt haben.	

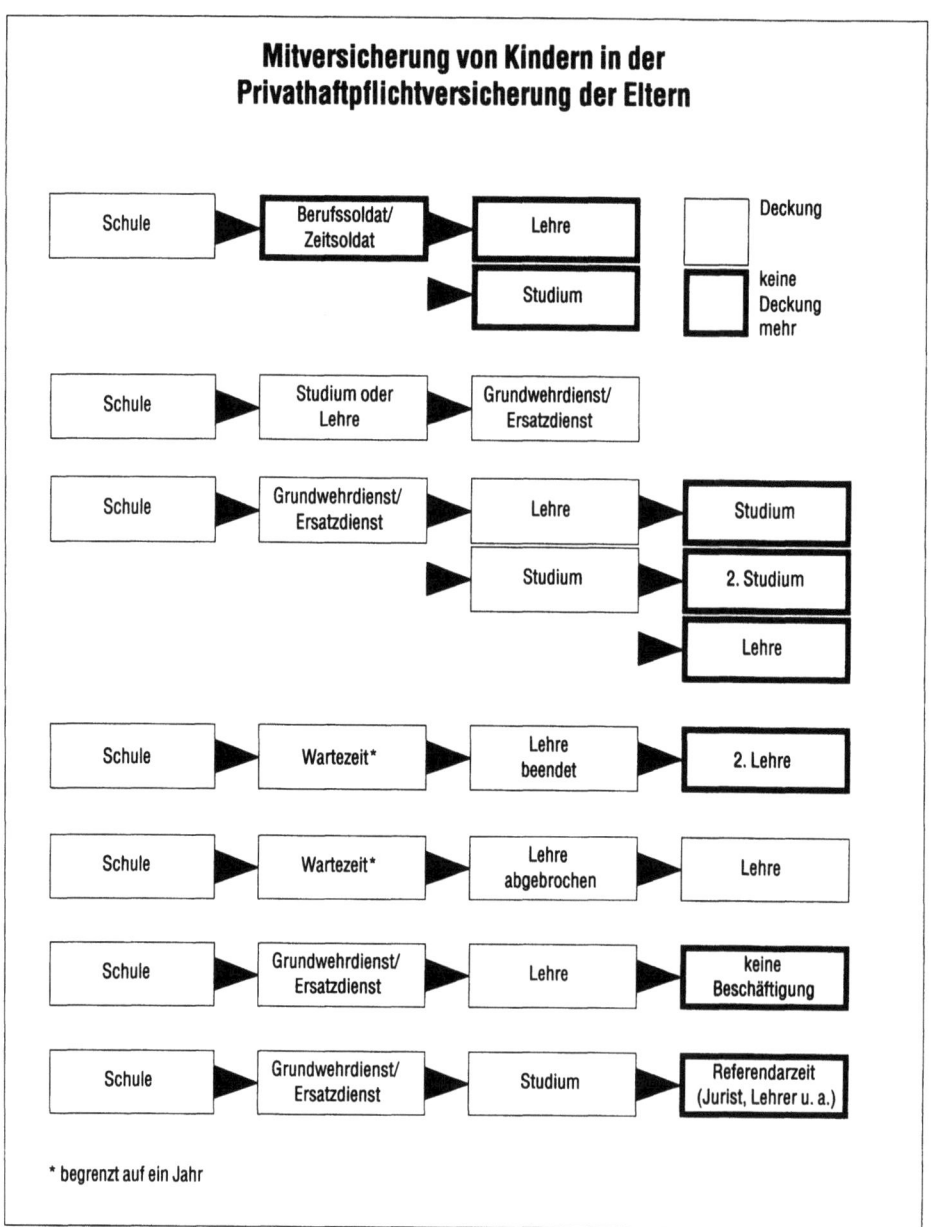

Schrifttum

Bruck-Möller-Johannsen	Versicherungsvertragsgesetz, 8. Auflage, IV. Band, Allgemeine Haftpflichtversicherung, Berlin 1970
Eichler	Versicherungsrecht, 2. Auflage, Karlsruhe 1976
Gablers Wirtschaftslexikon, 12. Auflage, Wiesbaden 1988	
Geigel	Der Haftpflichtprozeß, 19. Auflage, München 1986
Heimbücher	Einführung in die Haftpflichtversicherung, 2. Auflage, Karlsruhe 1989
Jauernig	Bürgerliches Gesetzbuch, 4. Auflage, München 1987 (zitiert: Jauernig-Bearbeiter)
Johannsen	Haftpflichtversicherungsschutz gegen Umweltschäden, Hamburg 1987
Kuwert	Allgemeine Haftpflichtversicherung, 3. Auflage, Wiesbaden 1988
Meyers Enzyklopädisches Lexikon, Mannheim 1971 ff.	
Medicus	Bürgerliches Recht, 11. Auflage, Köln 1983
Münchener Kommentar zum Bürgerlichen Gesetzbuch, 2. Auflage, München 1988 ff. (zitiert: MK-Bearbeiter)	
Palandt	Bürgerliches Gesetzbuch. 49. Auflage, München 1990 (zitiert: Palandt-Bearbeiter)
Prölss/Martin	Versicherungsvertragsgesetz, 24. Auflage, München 1988 (darin Prölss-Voit, Privathaftpflichtversicherung)
Prölss	Versicherungsaufsichtsgesetz, 8. Auflage, München 1978
Rüth/Berr/Berz	Straßenverkehrsrecht, 2. Auflage, Berlin 1988
Schmidt, Reimer	Versicherungsalphabet, 7. Auflage, Karlsruhe 1987
Stiefel/Hofmann	Kraftfahrtversicherung, 14. Auflage, München 1989
Wagner	Haftpflichtversicherung, Karlsruhe 1977
Wussow	Allgemeine Versicherungsbedingungen für die Haftpflichtversicherung – AHB –, 8. Auflage, Frankfurt/M. 1976
Wussow	Informationen zum Versicherungs- und Haftpflichtrecht (zitiert: Wussow-Informationen, Jahrgang, Seite)

Stichwortverzeichnis (die Ziffern verweisen auf die entsprechenden Randnummern)

A
Abdingbare gesetzliche Vorschriften 1015
Abhandenkommen 5048
Abnutzung 5028
Abwässer 5004
Adoptivkinder 4003, 4048
Allgemeine Geschäftsbedingungen 1001
Allgemeine Versicherungsbedingungen 1002
Amt 3027, 3051
Amtshaftung 3051
Angehörige 2007, 4030
Anlagenhaftung 5060
Anpassung 1019
Arbeitsunfall 3030, 3032, 4059
Arbeitsunfallklausel 4058
Ausland 5011
Auslegung 1018
Ausschlüsse 5001

B
Bauarbeiten 3089
Bauherr 3089
Baumfällen 6028
Beanspruchung, übermäßige 5028
Bedingungsänderungen 1011
Beifügungszwang 1031
Benzinklausel 6002
Beruf 3036, 3041
Berufsausbildung 3024, 4043
Berufsbezogenheit 3024
Berufsfortbildung 4043
Berufsreiter 3101
Beschäftigung, ungewöhnliche und gefährliche 3055, 3059, 3063 ff.
Besitz 5020
Besondere Versicherungsbedingungen 1003
betriebliche Tätigkeit 3016
betriebliche Vorschrift 3038
Betriebsbezogenheit 3021, 3024, 3039
Beweislastumkehr 3013
Bienen 3102
Billigkeitshaftung 2010
Blindenhund 3104

C
Culpa in contrahendo 3013

D
Deliktische Haftung 2005
Dienst 3027, 3036, 3050
Dienstboten 4003
dienstliche Verrichtung 3028
Doppelversicherung 4020

E
eheähnliches Verhältnis 4025
Ehefrau 4003
Ehegatte 4003, 4022
Ehemann 4003
Ehescheidung 4023
Ehrenamt 3051 f.
Eigentumswohnung 3085
Einfamilienhaus 3081, 5025
Einliegerwohnung 3084
Einwirkungshaftung 5059
Entgelt 3036, 3041
Entgeltlichkeit 3024, 3037, 3048
Entstehung 1023
Ereignistheorie 4024
Erfüllungsgehilfe 4057
Erfüllungsleistung 3012

F
Fahrzeug 6003
Familienvorstand 3041
Ferienhaus 5025
Ferienwohnung 3081
Fortbildung 4043
Freizeittätigkeit 3036
Fremdversicherung 4018
Führer 6005

G
Garage 3082
Garten 3082
Gebrauch des Fahrzeuges 6002
Gefährdungshaftung 3004, 5058
Gefälligkeit 3037
Gefälligkeitshandlung 4064
Gefahr des täglichen Lebens 3015, 3035, 3039, 3059 ff.
Gefahrenbereich 3029 f.
Gefahren eines Berufes 3042
Gefahren eines Betriebes 3017, 3046
Gefahrengemeinschaft 1008
Gemeinschaftsanlagen 3088
Gemeinschaftseigentum 3086
Gemeinschaft, häusliche 4005
Genehmigung 1011

171

Genehmigungspflicht 1011, 5002
Geräte, technische 5029
Geschäftsplan 1011, 1023, 1025, 1028
Geschäftsplanänderung 1029
Geschäftsplanmäßige Erklärung 1019
Geschoß 3094
gesetzliche Haftpflichtbestimmungen 3004
Gewährleistungsansprüche 3005, 3008 f.
Gewässerschaden 5063
Glasschäden 5030

H
Haftpflichtansprüche 3014
Haftpflichtgefahren des täglichen Lebens 3034
Haftpflichtversicherung 3003
Haftungsgefahr 3036
halbzwingende Vorschriften 1015
Halter 6004
Handlung, mutwillige 3019
Handlung, strafbare 3100
Handlung, unerlaubte 3004
Hausangestellte 4050, 4053
Hausfrau 3041
Haushalt 3036
Haushaltsvorstand 3041
Haustiere 3102
Heimwerker 3060, 3075
Hiebwaffe 3094
Hobby 3026

I
Informationspflicht 1012
Inland 5011

J
Jäger 3091
Jagd 3097
Jagdveranstaltung 3091
juristische Person 4018

K
Katzen 3104
Kind 4003, 4035, 4047
Kleintiere 3102
Kollusionsgefahr 4033
Kraftfahrzeug 6006, 6020
Krankenfahrstuhl 6007

L
Leihe 5023
Luftfahrzeuge 6016

M
Mangelfolgeschaden 3009
Mangelschaden 3009
Miete 5023
Mietsachschaden 5023
Mithilfe 3048
Modellauto 6020
Munition 3094
Musterbedingung 1024
Mutwille 3019, 3030, 3035 ff.

N
Normativbedingung 1024
Notwehr 3100

O
Obliegenheit 4010
Obliegenheit, verhüllte 6025

P
Pferderennen 3101
Pflegekind 3041, 4003, 4048, 4049
Positive Vertragsverletzung 3004
Prämie 4011
private Tätigkeit 3016
Privatperson 3015 f.

R
Radfahrer 3090
Radiusklausel 6028
Radrennen 3090
Rangverhältnis 1015
Regreßanspruch 4063, 5016
Regreßverzicht der Feuerversicherer 5031
Reichs-Haftpflicht-Gesetz 2001
Reiter 3101
Restrisiko 5064
Rettungskosten 5068
Revisibilität 1021
Risikogleichheit 1017

S
Sondereigentum 3086
Sorgfaltspflichten 3040
soziale Bedeutung 2006
Spielzeugauto 6021
Sport 3091
Sportkampf 3093

Sch
Schadenersatzrecht 2006
Schlachtvieh 3104
Schrebergarten 3082

Schulausbildung 4042, 4047
Schuldnerverzug 3005
Schußwaffe 3094
Schutzgesetz 5044
Schwarzarbeit 3023, 3079
Schweißarbeiten 6024

St
Stiefkinder 4003, 4048
Stoßwaffe 3094
Streupflicht 4055
Surfbrett 6018

T
Tarifliche Zuschläge 2015
Teilnahme am Straßenverkehr 3020, 3033 f.
Terrasse 5026
Tiere 5033
Tierhalter 3101 f.
Tierhaltung 3102

U
Umgang, vorschriftswidriger 6022
unabdingbare Vorschriften 1015
Unfallverhütungsvorschriften 5044, 6024
Unklarheitenregel 1018
Unterschrift 1013
ursächlicher Zusammenhang 3029 ff.

V
Verantwortung 3054

Vereine 3053
Vereinigung, Bestätigung in 3027, 3053
Verlobte 4026
Vermietung 3083
Vermögensschäden 5038
Verrichtungsgehilfe 4056
Verschleiß 5028
Verschulden bei Vertragsschluß 3013
Vertragserfüllung 3012
Vertragspartner 4018
Vertragsübernahme 4019
Vorsorgeversicherung 4012

W
Wachhund 3104
Waffen 3095
Wasserfahrzeug 6016
Wasserhaushaltsgesetz 5058
Wassersportfahrzeug 6018
Wehrdienst 4045
Weisung des Versicherers 5074
wirtschaftliche Bedeutung 2003
Wochenendhaus 3081
Wohnräume 5025
Wohnung 3081

Z
Zuchtvieh 3104
Zustandsstörer 5072
Zuwiderhandlung 1026

If you have any concerns about our products,
you can contact us on
ProductSafety@springernature.com

In case Publisher is established outside the EU,
the EU authorized representative is:
**Springer Nature Customer Service Center GmbH
Europaplatz 3, 69115 Heidelberg, Germany**

Printed by Libri Plureos GmbH
in Hamburg, Germany